新编会计学原理

XINBIAN KUAIJIXUE YUANLI

（修订版）

高等学校财经管理系列规划教材

陈汉亭 ⊙ 编著

暨南大学出版社
JINAN UNIVERSITY PRESS

中国·广州

图书在版编目（CIP）数据

新编会计学原理/陈汉亭编著. —修订版. —广州：暨南大学出版社，2014.8（2019.11 重印）

（高等学校财经管理系列规划教材）

ISBN 978 - 7 - 5668 - 1098 - 4

Ⅰ.①新…　Ⅱ.①陈…　Ⅲ.①会计学—高等学校—教材　Ⅳ.①F230

中国版本图书馆 CIP 数据核字（2014）第 183251 号

新编会计学原理（修订版）

XINBIAN KUAIJIXUE YUANLI（XIUDINGBAN）

编著者：陈汉亭

- -

出　版　人：徐义雄

责任编辑：暨　南　汤慧君　张学颖

责任校对：黄　颖

责任印制：周一丹

出版发行：暨南大学出版社（510630）

电　　话：总编室（8620）85221601

　　　　　营销部（8620）85225284　85228291　85228292（邮购）

传　　真：（8620）85221583（办公室）　85223774（营销部）

网　　址：http://www.jnupress.com

排　　版：广州市天河星辰文化发展部照排中心

印　　刷：广州市穗彩印务有限公司

开　　本：787mm×1092mm　1/16

印　　张：16.625

字　　数：435 千

版　　次：2010 年 2 月第 1 版　2014 年 8 月修订版

印　　次：2019 年 11 月第 6 次

印　　数：15501—16300 册

定　　价：38.00 元

（暨大版图书如有印装质量问题，请与出版社总编室联系调换）

修订版前言

作为主要面向地方大专院校使用的教材《新编会计学原理》，自2010年出版发行以来，承蒙全国众多高校的师生，以及其他会计爱好者、朋友的厚爱，历经四年，前后印刷了四次，发行量逾万册。在本书再版之际，我谨向选用本教材以及对本教材提出宝贵意见的全国高校的广大师生和其他会计爱好者及朋友表示由衷的谢意！

《新编会计学原理》第一版出乎意料的发行量极大地满足了我编一部优秀教材的良好愿望。广大读者在使用本教材的同时也充分肯定了本书的优点，即思路清晰，体系完整，由浅入深，图、表、文并茂，浅显易懂，便于理解；重视实操、习题众多，并体现、把握和应用了国家新的会计改革政策及会计发展中的制度建设。但是，《新编会计学原理》第一版已经使用四年了，四年来我国经济社会发展突飞猛进，会计实践日新月异，新的投资、财税、分配政策层出不穷，因此，修订再版《新编会计学原理》就显得尤为迫切。

这次修订《新编会计学原理》过程中，我努力做了以下工作：第一，为了满足自学者的需要增加了大部分习题的答案；第二，纠正了第一版书中的多处错误；第三，为了使选用本教材的广大师生和其他会计爱好者及朋友学习到新的会计知识，增加了四年来国家会计政策变化的有关内容；第四，为了配合广大职业经理和其他会计上岗证考试爱好者及朋友学习会计学基础知识后去考会计证，增加了大量的针对会计证考试的综合复习题。

本次修订工作有两大亮点：第一，充分考虑大学会计教育与会计职业考试的联系。目前，青年学生就业压力倍增，就业市场对在校教育的影响日益增大。具体到会计职业方面，一个突出的表现是，会计职业考试对大学会计教育的影响在迅速增大。如何处理好大学会计教育与会计职业考试的关系，成为我们必须面对的一个十分突出的现实难题。作者认为，不能无视学生参加会计职业考试的需要，更不能削弱对学生实际能力的培养，故在教材内容和知识点的编排上尽可能满足会计职业考试的需要，并力求超越会计考试用书的广度与深度。此外，在关注学生参加会计职业考试这一客观需要的同时，更加重视学生的长远发展，重视学生基本素质和能力的培养。故《新编会计学原理》更多地注重引导学生积极思考，更好地将对会计准则、会计方法的掌握融入到对会计实践的关注和对解决问题的探索之中。第二，充分考虑会计学原理在经济管理中的基础地位。修订过程中，作者更加重视会计学原理课程内容与其他经济管理类各门专业课程之间的内容联系，以更好地帮助学生把握相关专业知识的系统性和整体性，尽力避免局部知识之间相互隔离、彼此割裂的态势。

尽管作者在修订《新编会计学原理》中殚精竭虑、尽其所能，但由于能力所限，本书可能仍存在诸多问题，故恳请并欢迎广大师生和其他会计爱好者一如既往地提出批评意见和建议，以便再次完善。

编　者
2014年5月

前　言

在世界经济全球化的进程中，会计作为一种"国际通用的经济活动交流的语言"起着举足轻重的作用。会计学科是一门具有极强专业性、技巧性、实用性，并正处于发展中的管理学科。会计既是一项重要的经济管理活动，又是一门现代经济管理工作者必备的知识。近代会计已成为宏观经济管理和微观经济管理以及经济资源配置的重要工具。会计学原理不仅是会计和会计电算化、财务管理、审计、理财专业的基础课程，而且是企业管理、工商管理、市场营销、国际贸易、金融、投资等大多数经济、管理类专业的必修课程，是学好其他许多专业课程的基础。通过会计学原理的学习，会计和会计电算化、财务管理、审计、理财专业的学生可以为学习财务会计、成本管理、财务管理、管理会计等其他专业课程打下良好的基础；企业管理、工商管理、市场营销、国际贸易、金融、投资等专业的学生可以对会计学的理论方法有一个基本的了解。

编写本教材的动力有以下五点：一是在教育部"面向二十一世纪课程内容和课程体系改革"的精神鼓舞下，笔者早有自编教材的想法；二是笔者从事会计学原理课程的教学工作已近三十年，积累了许多教改方法和体会，想通过编写教材固化后长期惠及学子；三是在高等教育趋于大众化的今天，编写一部适合于地方性大学学生学习的教材；四是在我国会计制度与国际接轨、会计制度改革日益深入和完善的形势下，编写一部既与会计、税法及其他经济管理新制度相适应，又与经济工作实际结合密切、有利于学生就业的教材；五是为了本科办学评估。在本科办学评估中，教材建设是一大要务。

经过近两年的努力，笔者编写了这本《新编会计学原理》。全书共 11 章，总计 34 万字，包括图 40 余幅、表 120 余张、大小例题 200 余道。本书具有以下特点：一是遵循了最新的会计改革政策；二是思路清晰、体系完整；三是课本与我国的会计制度改革方向和现实情况相结合；四是理论与实践并重；五是图、表、文并茂，便于理解；六是重视实操，配备了来自会计实践的思考题、练习题等；七是充分体现了会计的发展及制度建设。例如，提出会计账户与会计账簿在会计电算化发展下的趋同论，强调会计内部控制和职业道德建设，等等。

本书可作为财务管理、会计及会计电算化、审计、理财专业的基础教材，亦可作为企业管理、工商管理、市场营销、国际贸易、金融、投资等大多数经济、管理类等专业的会计普及教材，也可作为经营管理人员和广大会计爱好者的入门参考书。

编　者

2010 年 1 月

目　录

修订版前言 …………………………………………………………………… 1

前　言 ……………………………………………………………………… 1

第一章　绪　论 …………………………………………………………… 1
　第一节　会计的职能和会计的对象 …………………………………… 1
　第二节　会计核算的基本前提 ………………………………………… 4
　第三节　会计对象计量的制度安排 …………………………………… 8
　第四节　会计要素和会计等式 ………………………………………… 9
　第五节　会计核算的具体内容 ………………………………………… 16

第二章　会计科目和会计账户 …………………………………………… 21
　第一节　会计科目 ……………………………………………………… 21
　第二节　会计账户 ……………………………………………………… 24

第三章　记账方法 ………………………………………………………… 30
　第一节　复式记账法 …………………………………………………… 30
　第二节　借贷记账法 …………………………………………………… 31
　第三节　会计分录 ……………………………………………………… 44
　第四节　总账与其所属明细账之间的平行登记 …………………… 46

第四章　借贷记账法的应用 ……………………………………………… 54
　第一节　筹集资金的核算 ……………………………………………… 54
　第二节　供应阶段的核算 ……………………………………………… 56
　第三节　生产阶段的核算 ……………………………………………… 60
　第四节　销售阶段的核算 ……………………………………………… 70
　第五节　利润形成及分配的核算 ……………………………………… 75

第五章　会计凭证 91

第一节　会计凭证概述 91

第二节　原始凭证 93

第三节　记账凭证 100

第四节　会计凭证的管理 111

第六章　会计账簿 117

第一节　会计账簿概述 117

第二节　会计账簿启用与记账规则 120

第三节　账簿的格式和账簿记入方法 122

第四节　期末账项调整 128

第五节　对　账 131

第六节　查错账和错账更正 132

第七节　结　账 137

第八节　账簿更换、保管 138

第七章　会计核算组织程序 142

第一节　会计核算组织程序概述 142

第二节　记账凭证会计核算组织程序 143

第三节　汇总记账凭证会计核算组织程序 144

第四节　科目汇总表会计核算组织程序 145

第八章　财产清查 162

第一节　财产清查概述 162

第二节　财产清查的方法 164

第三节　财产清查结果的处理方法 168

第九章　财务会计报告 175

第一节　财务会计报告概述 175

第二节　资产负债表 180

第三节　利润表 188

第四节　现金流量表 192

第五节　所有者权益变动表 193

第六节　会计报表附注 195

第十章 会计档案·· 202

第一节 会计档案概述·· 202

第二节 会计档案的归档······································ 202

第三节 会计档案的保管期限································ 203

第四节 会计档案的查阅与复制····························· 205

第五节 会计档案的销毁······································ 206

第十一章 会计工作组织·· 208

第一节 会计工作组织概述··································· 208

第二节 会计法律规范··· 209

第三节 会计机构·· 213

第四节 会计人员·· 215

第五节 会计职业道德建设··································· 219

第六节 内部会计控制制度··································· 220

第七节 会计电算化简介······································ 224

总复习题··· 230

参考文献··· 258

第一章 绪 论

第一节 会计的职能和会计的对象

一、会计的定义

"生产越发展，会计越重要"，会计是人类社会生产活动发展的产物。物质资料的生产是人类社会赖以生存和发展的基础。在人类社会早期，由于数字和文字还没有出现，对于劳动及其成果的记录和计量，只能用"垒石、绘图、结绳、刻木记事"的方法，这些简单的原始记录是会计的萌芽。在后来的生产活动中，为了获得一定的劳动成果，必然要耗费一定的人力、财力、物力。人们一方面关心劳动成果的多少，另一方面也注重劳动耗费的高低，于是，便产生了专门记录和计算经济活动过程中所得与所费的会计。随着生产与经营活动的进一步发展，会计已由简单的记录和计算逐渐发展成为以货币为单位来综合地核算和监督经济活动过程的一种价值管理活动。现代会计的概念可以表述为：会计是以货币作为主要计量单位，以会计凭证为依据，使用专用的技术方法，对一定主体的经济活动进行全面、连续、系统、综合的核算和监督，并向有关方面提供会计信息的一种经济管理活动。

随着社会化生产规模的扩大和管理水平的不断提高，会计理论和实务日趋完善。会计按其报告的对象不同，又有财务会计与管理会计之分。财务会计主要侧重于向企业外部关系人提供有关企业的财务状况、经营成果和现金流量情况等信息；管理会计主要侧重于向企业内部管理者提供进行经营规划、经营管理、预测、决策所需的相关信息。财务会计侧重于过去的信息，为外部有关各方提供所需数据；管理会计侧重于未来的信息，为内部管理部门提供数据。

二、会计的基本职能

会计管理的目的是通过会计的职能来实现的。会计的职能是指会计在经济管理过程中客观上具有的功能。会计的基本职能包括进行会计核算和实施会计监督两个方面。

（一）会计核算职能

会计核算是会计最基本的职能，它贯穿于经济活动的全过程。会计核算职能是指会计以货币为主要计量单位，通过确认、记录、计算、报告等环节，对特定主体的经济活动进行记账、算账、报账，为各有关方面提供会计信息的功能。其中，记账是指采用一定的记账方法对特定对象的经济活动在账簿中进行登记；算账是指在记账的基础上，对企业单位一定时期内的收入、费用（成本）、利润和一定日期的资产、负债、所有者权益进行计算（行政、事业单位是对一定时期的收入、支出、结余和一定日期的资产、负债、净资产进行计算）；报账是指在算账的基础上，对企业单位的财务状况、经营成果和现金流量情况（行政、事业单位是对其经费收入、经费支出、经费结余及其财务状况）以会计报表的形式向有关方面报告。

会计核算方法包括以下七个方面：

（1）设置会计科目和账户。设置会计科目和账户是对会计对象的具体内容进行分类核算的方法。经济活动的具体内容纷繁多样、错综复杂，需要科学地、分门别类地反映，故需要设置相应的科目，作为会计上记录、汇总的项目（指标），然后再配备一定格式和结构的账页，这就构成会计账户。账户是会计核算的具体账本。

（2）复式记账。复式记账是对每一项经济业务（会计事项），在两个或两个以上有关账户中进行登记的方法。任何一项经济业务，都会引起会计主体财产、费用或债权债务的增减变动，复式记账能够全面地、相互联系地反映经济业务的来龙去脉及其引起的增减变动。

（3）填制和审核凭证。这是日常会计工作的第一步，是会计核算的基础。会计凭证可分为原始凭证和记账凭证。每一项经济业务，都要取得或填制原始凭证，根据审核过的原始凭证填制记账凭证，根据审核过的记账凭证登记账簿。可见，填制和审核凭证是日常会计工作的基本步骤。

（4）登记账簿。登记账簿是将审核无误的记账凭证，连续、完整地登记在账页上。账簿是记录会计事项的簿籍。通过账簿记录可以提供完整、系统的会计资料。

（5）成本计算。成本计算是一种会计计量、算账活动，它是按照一定的成本对象，对于生产经营过程中发生的成本、费用进行归集，以确定各个成本对象的总成本和单位成本。成本计算主要是在企业会计中采用，例如，制造业需要计算产品的生产成本，而商业企业需要计算商品的销售成本。

（6）财产清查。财产清查是通过盘点实物、核对、查询往来款项、债权债务，以查明财产物资实有数，保证账账相符、账实相符的工作。通过财产清查，监督财产的安全完整和促进债权债务的清理，并为编制会计报表提供正确的资料。

（7）编制会计报表。编制会计报表是根据审核无误的账簿记录，定期编制总括地反映经济活动及其成果的会计报告，向有关方面和人员提供系统、全面并且简明扼要的经济信息。

根据《会计法》的规定，企业单位发生的一切经济业务，如款项和有价证券的收付、财产物资的收发和增减及使用、债权债务的发生和结算、资本和基金的增减及经费的收支、收入和费用及成本的计算、财务成果的计算和处理等，都必须借助会计核算，通过记账、算账、报账如实、全面、系统地反映出来，为有关各方面进行决策提供有用的会计信息。

但随着管理要求的提高、内部控制力度的加强，会计核算的职能不仅是对经济活动进行事后反映，为了在经营管理上加强计划性和预见性，还要对经济活动进行事前核算和事中核算。事前核算的主要形式是进行预测、参与决策，而事中核算的主要形式是在计划执行过程中通过核算和监督相结合的方法，对经济活动进行控制，使经营活动过程按照计划或预期的目标进行。

（二）会计监督职能

对经济活动进行会计核算的过程，也是实施会计监督的过程。会计监督职能是指会计人员在进行会计核算的同时，对特定主体经济活动的真实性、合法性和合理性进行审查。其中，真实性审查是指对各项经济业务应当以实际发生的交易或者事项为依据进行确认、计量和报告，保证会计信息真实、可靠、内容完整；合法性审查是指要保证各项经济业务符合国家的有关法律法规，遵守财经纪律，执行国家的各项方针政策，杜绝违法乱纪行为；合理性审查是指要检查各项财务收支是否符合特定对象的财政收支计划，是否有利于预算目标的实现，是否有奢侈浪费行为，是否有违背内部控制制度要求等现象，为增收节支、提高经济效益严格把关。

会计监督按其经济活动过程的关系不同分为事前、事中和事后监督。事前监督就是在过程之初，对原始凭证、计划、合同的真实性、合法性和合理性所做的核查；事中监督就是在过程之中对计划、预算执行等所做的控制；事后监督就是在过程之后，对会计资料所做的分析检查。

核算和监督都是会计的基本职能，两项基本会计职能是相辅相成、辩证统一的关系。一方面，会计核算是会计监督的基础，没有核算所提供的各种信息，监督就失去了依据；另一方面，会计监督又是会计核算质量的保障。只有核算，没有监督，就难以保证核算所提供信息的真实性和可靠性。

随着生产力水平的日益提高、社会经济关系的日益复杂和管理理论的不断深化，会计发挥的作用日益重要，其职能也在不断丰富和发展。除上述基本职能外，会计还具有预测经济前景、控制经济活动、参与经济决策、评价经营业绩等功能。

三、会计的对象

会计的对象是指会计所核算和监督的客体，即会计核算和监督什么。研究会计对象的目的是要明确会计在经济管理中的活动范围，从而确定会计的任务，建立和发展会计的方法体系。

会计对象是会计核算与监督的内容。会计是在一定的实体（单位或组织）中运作的，这些实体一般可以分为两大类：一类是以盈利为目的的会计实体，通常称为企业；另一类是不以盈利为目的的会计实体，即非企业单位，一般包括事业单位、政府和各类团体。本书将主要讲述企业会计。我们可以把企业的会计对象概括为资金或资本的运动。企业又可分为多种类型，如建筑企业、安装企业、流通企业、制造企业等，由于在各种企业中制造企业的业务相对全面完整。因此，本书如无特别说明，都将以制造企业为例进行讲述。在制造企业中，企业的资金或资本的运动具体包括投入、使用、消耗、增值、收回、分配等活动，它们要经过供应、生产、销售三个阶段，相应地采取货币资金、储备资金、生产资金、成品资金四种形态。制造企业的上述资金运动过程如图 1 - 1 所示：

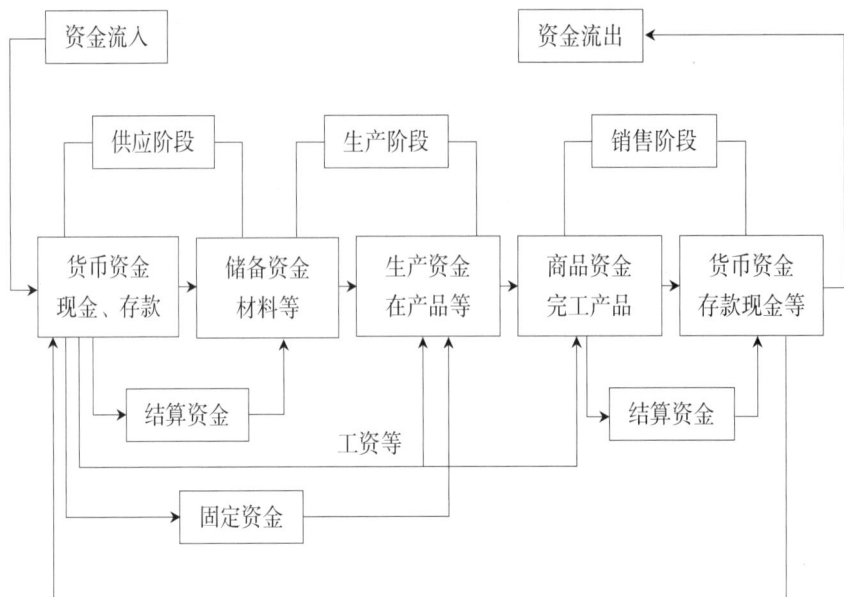

图 1-1

把会计的对象确定为资金或资本运动是否意味着会计与物资管理就毫无关系呢？当然不是。物资和资金的关系，实际上是使用价值和价值的关系。企业的会计部门虽然不直接管理物资运动，但应当积极协助管理物资部门，把产品、设备、材料和其他有使用价值的物资管理好，具体可以从两方面入手：一方面，利用本部门工作综合性强、处理信息全面和及时的特点，通过对资金运动的核算与监督，积极影响物资管理部门的工作，使其业务活动能够沿着价值和使用价值实现最佳结合的方向进行，以保证取得稳定的、持久的综合经济效益；另一方面是企业的财会人员要深入生产、技术和经营管理的各个领域，直接协助有关部门把工作做好，充分发挥会计工作在企业经营管理工作中的作用。在实践中，由于种种原因，资金运动和物资运动经常出现相背离的情况，在这种情况下，充分发挥资金运动对物资运动的控制作用就更为必要了。

我们把会计对象确定为资金或资本运动，是一种对会计对象的抽象表述。在实际生活中，资金或资本具体表现为各种实物或货币形态，而且来源又有不同的渠道。资金或资本在运动过程中所呈现的不同形态及其来源渠道的不断变化形成了会计的具体对象，会计部门和会计人员日常反映和控制的是会计的具体对象。通常我们把会计的具体对象称为"会计要素"，亦称会计对象要素、财务报表要素等。我国于2007年7月1日起施行的企业《基本会计准则》规定了六项会计要素，即资产、负债、所有者权益、收入、费用和利润。

应该说明的是，不是企业生产经营过程的全部内容都是会计核算的对象，只有能以货币表现的经济活动，才是会计核算和监督的对象。

第二节 会计核算的基本前提

会计的基本前提也称会计的基本假设，研究会计的基本假设要使用哲学中抽象的方法。会计的基本假设是对复杂的经济活动环境抽象的结果，也是会计确认、计量和报告方法使用的条件，是对会计核算所处时间、空间环境等作的合理设定。会计所处的社会经济环境十分复杂，会计核算面对的是各种各样、变化莫测的社会经济环境。由于会计实务中存在一些不确定因素，在会计处理上难以从正面作出肯定的判断和估计，而为了依据现时的情况进行正常的业务处理，这就需要依据时空观先行设定一些基本假设。例如，企业在一般情况下是连续经营下去的，为了及时计算企业的损益情况，就有必要将连续不断的经营过程人为地划分为一定的期间作为会计核算的期间。再如，会计核算必须以某一方式反映企业的生产经营情况，就必须选择、确定具体的计量单位。只有规定了这些会计核算的基本假设，会计核算才得以正常地进行下去，才能选择正确的会计处理方法。因此，会计核算的基本假设是进行会计核算时必须明确的前提条件。一般认为，会计核算的基本假设包括会计主体、持续经营、会计分期和货币计量四项。

一、会计主体

会计主体假设解决的是谁设会计和会计核算范围边界的问题。会计主体是指设置会计的经济单位或组织，它是会计确认、计量和报告的空间范围。每一个会计主体在社会上应具有独立性，是一个有独立资金、能够独立进行生产经营活动和业务活动的独立会计核算单位。会计工作是在这个主体内进行的，会计报表也只能是反映这个主体的报表。一般来说，凡拥有独立的资金、自主经营、独立核算收支、盈亏并编制会计报表的企业或单位就构成了一个会计主体。

这一会计基本假设的主要作用在于：①将特定主体的经济活动与该主体所有者及职工个人的经济活动区别开来；②将该主体的经济活动与其他单位的经济活动区别开来，从而界定了从事会计工作和提供会计信息的空间范围，同时说明某会计主体的会计信息仅与该会计主体的整体活动和成果相关。

在会计主体假设下，企业应当对其本身发生的交易或者事项进行会计确认、计量和报告，反映企业本身所从事的各项生产经营活动。明确界定会计主体是开展会计确认、计量和报告工作的重要前提。首先，只有明确了会计主体，才能划定会计所要处理的各项交易或事项的范围。在会计工作中，只有那些影响企业本身经济利益的各项交易或事项才能加以确认、计量和报告，那些不影响企业本身经济利益的各项交易或事项则不能加以确认、计量和报告。会计工作中通常所讲的资产、负债的确认、收入的实现、费用的发生等都是针对特定会计主体而言的。其次，只有明确了会计主体，才能将会计主体的交易或者事项与会计主体所有者的交易或者事项以及其他会计主体的交易或者事项区分开来。例如，企业所有者自己的经济交易或者事项是属于企业所有者主体所发生的，不应纳入企业会计核算的范围，但是，企业所有者投入到企业的资本或者企业向所有者分配的利润，则属于企业主体所发生的交易或事项，应当纳入企业会计核算的范围。

需特别强调的是，对会计主体概念应明确以下两点：①会计主体与法律主体（法人）并不是对等的概念。会计主体不同于法律主体。一般来说，法人可作为会计主体。但是，会计主体不一定就是法人。例如，在企业集团中，一个母公司拥有若干子公司，母子公司虽然是不同的法律主体，但是母公司对于子公司拥有控制权，为了全面反映企业集团的财务状况、经营成果和现金流量，就有必要将企业集团作为一个会计主体，编制合并财务报表。因此，会计主体可以是独立法人，也可以是非法人；可以是一个企业，也可以是企业内部的某一个单位或企业中的一个特定部分；可以是一个单一的企业，也可以是由几个企业组成的企业集团。②会计主体不仅要与其他会计主体分开，而且还要独立于本企业主体的所有者和职工。当企业与业主和职工有经济往来时，会计应将业主和职工当作另一个实体，做到往来账目清楚。

二、持续经营

持续经营假设解决的问题是会计核算方法首先要满足社会上大部分会计主体核算需要的问题。持续经营是指在可以预见的将来，会计主体会按当前的规模和状态持续经营下去而不会停业，也不会大规模削减业务，即在可预见的未来，该会计主体不会破产清算，所持有的资产将正常营运，所负有的债务将正常偿还。《企业会计准则——基本准则》规定，企业会计核算必须以持续经营为前提。

在持续经营的前提条件下，会计确认、计量和报告应当以企业持续、正常的生产经营活动为必要条件。企业是否持续经营，在会计原则、会计方法的选择上有很大差别。一般情况下，应当假定企业将会按照当前的规模和状态继续经营下去。明确这个基本假设，就意味着会计主体将按照既定用途使用资产，按照既定的合约条件清偿债务，会计人员就可以在此基础上选择会计原则和会计方法。历史成本原则就是假定企业在正常、持续的情况下运用于会计核算之中的。例如，如果判断企业会持续经营，就可以假定企业的固定资产会在持续经营的生产经营过程中长期发挥作用，服务于生产经营过程，固定资产就可以根据历史成本进行记录，并采用折旧的方法，将历史成本分摊到各个会计期间或相关产品的成本中。如果判断企业不会持续经营，固定资产就不应采用历史成本进行记录并按期计提折旧，只能采用可变现净值来予以计量。又如，对于企业所承担的债务，即应付款项等，也只有在持续经营的前提下，才可以按照规定的条件偿还。如果没有规定这一前提，负债则必须按照资产变现后的实际负担能力来清偿。

目前，会计处理方法大部分是建立在持续经营假设上的，否则，一些公认的会计处理方法将缺乏存在的基础。如果一个会计主体在不能持续经营时还假定企业能够持续经营，并仍按持续经营的基本假设选择会计确认、计量和报告原则与方法，就不能客观地反映企业的财务状况、经营成果和现金流量，会误导会计信息使用者的经济决策。

三、会计分期

会计分期假设解决的问题是会计主体在持续经营假设的前提下，如何满足劳动力再生产和社会分配以及会计信息及时性的问题。会计分期是指将一个企业持续经营的生产经营活动划分为一个个连续的、长短相同的期间，以便分期结算账目和编制财务会计报告。会计分期的目的在于通过会计期间的划分，将持续经营的生产经营活动划分为连续的、相等的期间，据以结算盈亏、按期编报财务报告，从而及时向财务报告使用者提供有关企业的财务状况、经营成果和现金流量的信息。《企业会计准则——基本准则》规定，企业应当划分会计期间，分期结算账目和编制财务会计报告。

在会计分期的前提条件下要人为地划分会计主体的会计期间，通常可分为中期和年度两种。会计中期是指短于一个完整的会计年度的报告期间，一般有月度、季度、半年度等；会计年度一般采用日历年度，即将每年的 1 月 1 日至 12 月 31 日作为一个会计年度。

从会计主体原本约定的经营期来讲，要计算会计主体的利润实现情况，反映其生产经营成果，只有等到会计主体的所有生产经营活动最终结束时，才能通过收入和费用的归集与比较，进行准确的计算。但是，无论是企业的生产经营决策人还是投资者、债权人等的决策都需要及时的信息，都需要将企业持续的生产经营活动划分为一个个连续的、长短相同的期间，以便分期确认、计量和报告企业的财务状况、经营成果和现金流量。为此，就需要确定从何时开始到何时截止对经济活动进行核算，也就是说，需要会计人员人为地将持续不断的生产经营活动划分为若干个相等的会计期间，以反映企业的经营成果、财务状况及其变动情况，这种人为的分期就是会计分期。

会计分期的前提条件为会计管理更好地服务于微观经济管理和宏观经济管理提供了切合实际的可能。只有会计分期，才产生了当期与以前期间、以后期间的差别；有了本期与非本期的区别，才产生了权责发生制和收付实现制，才使不同类型的会计主体有了记账的基准；采用权责发生制后，对收入和费用要按照是否具备权责在本期和以后会计期间进行分配，确定其归属的会计期间，进而出现了预收、预付、应收、应付、折旧、预提、摊销等会计处理方法。

四、货币计量

货币计量假设是会计方法设计的前提。货币计量是指会计主体在财务会计确认、计量和报告时采用货币作为统一的计量单位，反映经营者的生产经营活动。

在会计的确认、计量和报告过程中之所以选择货币为基础进行计量，是由货币本身的属性决定的。货币是商品的一般等价物，是衡量一般商品价值的共同尺度，具有价值尺度、流通手段、贮藏手段和支付手段等特点。其他计量单位，如重量、长度、容积、台、件等，只能从一个侧面反映企业的生产经营情况，无法在量上进行汇总和比较，不便于会计计量和经营管理，只有选择货币尺度进行计量，才能充分反映企业的生产经营情况，所以，《企业会计准则——基本准则》规定，会计确认、计量和报告选择货币作为计量单位。在有些情况下，统一采用货币计量也有缺陷，某些影响企业财务状况和经营成果的因素，如企业经营战略、研发能力、市场竞争力等，往往难以用货币来计量，但这些信息对于使用者决策来讲也很重要，企业可以在财务报告中补充披露有关非财务信息来弥补上述缺陷。

自新中国成立以来，人民币是我国的国家法定货币。《会计法》和《企业会计准则》都规定我国的会计核算应以人民币为记账本位币。考虑到外商投资企业等业务收支以外币为主的企业会计核算的实际需要，也允许业务收支以外币为主的企业，可以选择某种外币作为记账本位币进行会计核算，但这些企业对外提供财务报表时，应当折算为人民币来反映。在境外设立的中国企业，一般是以当地的货币进行生产经营活动，通常也以当地的货币进行日常会计核算，但为了便于国内有关部门了解其财务状况和经营成果，向国内报送的财务会计报告，应当折算为人民币来反映。

会计核算的四项基本前提是同时发挥作用的，它们是一个相互依存、相互补充、密不可分的整体。会计主体确立了会计核算的空间范围，持续经营与会计分期确立了会计核算的时间长度，而货币计量则为会计核算提供了必要度量的工具。没有会计主体，就不会有持续经营；没有持续经营，就不会有会计分期；没有货币计量，就不会有会计管理。

第三节　会计对象计量的制度安排

由于持续经营假设和会计分期假设的存在，在实践中往往会出现企业交易或者事项的发生与相关货币资金收支的时间不在同一个会计期间的情况，如本月销售的商品货款要在下月才能收到钱，年初一次性支付了半年的房屋租金，等等。这就产生了如何确认、计量和报告各相关会计期间的收入、费用问题，也就是会计的记账基础问题。对此有两种处理方法，一种是在销售业务发生的时候计入当期收入，在货币资金支出的整个受益期间公摊费用，即权责发生制；另一种是在实际收到或支出货币资金的时候计入当期收入、费用，即收付实现制。

权责发生制又称为应收应付制或应计制，是以是否取得收到现金的权利或发生支付现金的责任，即以权责的发生为标志来确认本期收入和已经发生或应当承担的费用，无论款项是否收付，都应作为当期的收入和费用；凡是不属于当期的收入和费用，即使款项已在当期收付，也不应作为当期的收入和费用。例如，某企业本月销售商品一批，购货单位承诺下月付款。在权责发生制下，虽然本月没有实际收到该笔销货款，但由于其销售业务已经完成，销售收入已经实现，因此，在会计核算中必须把该笔销货款计入本月的收入。当下月实际收到该项货款时，虽然增加了企业的货币资金，却不能计入下月的收入。再如，某企业年末预付下一年的财产保险费，虽然款项是在本年末支付的，但在权责发生制下不能算入本年的费用，而必须分摊到下年各月的管理费用。

采用权责发生制，可以正确计算各个会计时期所实现的收入和为实现收入所应扣除的费用，从而可以把各期的收入与该期相关的成本费用相配比，正确计算出各期的经营成果。因此，我国的《基本会计准则》规定，企业应当以权责发生制为基础进行会计确认、计量和报告。

收付实现制又称为现收现付制或现金制，是与权责发生制相对应的一种会计基础，它以实际收到或支付现金的时间来确认各会计期间的收入、费用。收付实现制要求，凡是当期收到的和支付的现金，都作为当期的收入和费用。例如，本月发生的销售业务下月收到货款，在收付实现制下就应当计入下月的收入。本年末为下年预付的财产保险费，在收付实现制下也应该计入本年的费用之中。

采用收付实现制，由于没有将各个会计时期所实现的收入和为实现收入所应承担支付的费用进行配比，因而也就不能正确计算各期的经营成果，但在采用收付实现制下，会计核算手续相对简单，同时也使得会计利润与现金流量比较同步。目前，我国的行政单位会计采用收付实现制，事业单位会计除经营业务可以采用权责发生制外，其他大部分业务采用收付实现制。

【例 1-1】大吉公司于 20××年 1 月 1 日开始营业，1 月底，该公司的现金账户记录的本月有关货币收支的经济业务如下：

现金收入：（1）从客户那里取得 8 000 元的定金，货物下月交付；（2）本月销售取得现金收入 400 000 元。

现金支出：（1）支付两个月的房租费 50 000 元；（2）支付全年保险费 24 000 元；（3）支付本月水电费 10 000 元；（4）支付本月工资 30 000 元。

另外的信息有：（1）本月赊销的客户欠款为 20 000 元；（2）尚未支付的电话费为 2 000 元；尚未支付的工资为 5 000 元。

要求：利用权责发生制和收付实现制计算本月的收入、费用和税前利润。

解：权责发生制下的利润 = 400 000 + 20 000 - 25 000 - 2 000 - 10 000 - 30 000 -

2 000 - 5 000

= 346 000（元）

收付实现制下的利润 = 8 000 + 400 000 - 50 000 - 24 000 - 10 000 - 30 000 = 294 000（元）

第四节　会计要素和会计等式

一、会计要素

（一）会计要素的定义

会计为了对一定主体的经济活动进行全面、连续、系统、综合的核算和监督，还应对会计所反映和监督的内容进行分类。会计要素是对会计对象进行基本分类的结果，是会计核算对象的具体化，是用于反映会计主体财务状况、确定经营成果的基本单位。从企业会计来说，其核算的对象是反映企业生产经营情况的资金运动，实质上就是企业各种经济资源的来源与运用，也就是各种经济资源的来龙去脉。为此，要表明企业的财务状况，就需要按照一定的标准对各种经济资源进行分类，通过分类将其反映在财务报表中。正是从这一意义上讲，会计要素称为财务报表的要素，作为财务报表的基本构件。

《企业会计准则——基本准则》规定，企业应当按照交易或事项的经济特征确定会计要素，规定我国的会计要素包括资产、负债、所有者权益、收入、费用、利润六项。其中，资产、负债和所有者权益三项会计要素表现资金运动的相对静止状态，即反映企业的财务状况，它们是编制负债表的基础；收入、费用和利润三项会计要素表现资金运动的显著变动状态，即反映企业的经营成果，它们是编制利润表的基础。

（二）反映财务状况的会计要素

财务状况是一个会计主体的、时时刻刻处在变化中的基本经济条件。它具体是指会计主体在一定时点上的资产及权益情况，是资金运动相对静止状态的表现。反映财务状况的会计要素包括以下三项：

1. 资产

资产是指企业过去的交易或事项形成的，由企业拥有或控制的，预期会给企业带来经济利益的资源。具体来讲，企业从事生产经营活动必须具备一定的物质资源，如货币资金、厂房场地、机器设备、原材料等等，这些都是企业从事生产经营的物质基础，称其为资产。除了这些有形资产外，还有如专利权、商标权等不具有实物形态，却有助于生产经营活动进行的无形资产，另外，对其他单位的投资等也都属于资产。

资产较之于权益有如下特点：①资产预期会给企业带来经济利益，即指资产直接或者间接导致现金和现金等价物流入企业的潜力。这种潜力可以来自企业日常的生产经营活动，也可以是非日常活动；带来的经济利益可以是现金或者现金等价物，又或者是可以转化为现金或现金等价物的形式，或者是可以减少现金或现金等价物流出的形式。资产预期能否为企业带来经济利益是资产的重要特征。例如，企业采购的原材料、购置的固定资产等可以用于生产经营过程，制造商品或者提供劳务，对外出售后收回货款，货款即为企业所获得的经济利益。如果某一项目预期不能给企业带来经济利益，那么就不能将其确认为企业的资产。前期已经确认为资产的项目，如果不能再为企业带来经济利益的，也不能再确认为企业的资产。②资产应为企业拥有或者控制的资源。它具体是指企业享有某项资源的所有权，或者虽然不享有某项资源的所有权，但该资源能被企业所控制。企业享有资产的所有权，通常表明企业能够排他性地从资产中获取经济利益。通常在判断资产是否存在时，所有权是考虑的首要因素。在有些情况下，资产虽然不为企业所拥有，即企业并不享有其所有权，但企业控制了这些资产，同样表明企业能够从资产中获取经济利益，符合会计上对资产的定义。如果企业既不拥有也不控制资产所能带来的经济利益，就不能将其作为企业的资产予以确认。③资产是由企业过去的交易或者事项形成的。过去的交易或者事项包括购买、生产、建造行为或者其他交易或事项。也就是说，只有过去的交易或者事项才能产生资产，企业预期在未来发生的交易或者事项不形成资产。例如，企业有购买某存货的意愿或者计划，但是购买行为尚未发生，就不符合资产的定义，不能因此而确认存货资产。

按其流动性，资产通常可以划分为流动资产和非流动资产，非流动资产又分为长期投资、固定资产、无形资产及其他资产。

一项资源在符合资产定义的情况下，并不一定能够作为资产确认，该资源要被确认为资产，还应该满足两个条件，即与该资源有关的经济利益还必须是很可能流入企业，并且该资源的成本或价值能够可靠地计量。

2. 负债

负债是指企业过去的交易或者事项形成的、预期会导致经济利益流出企业的现时义务。负债一般具有如下特征：①负债是企业承担的现时义务。它是负债的一个基本特征。其中，现时义务是指企业在现行条件下已承担的义务。未来发生的交易或者事项形成的义务，不属于现时义务，不应当确认为负债。②负债预期会导致经济利益流出企业。这也是负债的一个本质特征，只有企业在履行义务时会导致经济利益流出企业的，才符合负债的定义。在履行现时义务清偿负债时，导致经济利益流出企业的形式多种多样，例如，用现金偿还或以实物资产形式偿还，或以提供劳务形式偿还；部分转移资产、部分提供劳务形式偿还；将负债转为资本等。③负债是由企业过去的交易或者事项所形成的。也就是说，只有过去的交易或者事项才形成负债，企业将在未来发生的承诺、签订的合同等交易或者事项，不形成负债。例如，某企业已向银行借款，即属于过去的交易或者事项所形成的负债，同时还与银行达成了两个月后的借款意向书，该交易就不属于过去的交易或者事项，不应形成企业的负债。

企业的负债按其流动性不同，分为流动负债和非流动负债。一项义务虽然符合负债的定义，也不一定就可以确认为负债。一项义务要确认为企业的负债，还需要同时满足两个条件，即与该义务有关的经济利益很可能流出企业，未来流出的经济利益的金额能够可靠地计量。

3. 所有者权益

所有者权益也指投资人权益，是指企业资产扣除负债后，由所有者享有的剩余权益。公司的所有者权益又称为股东权益。所有者权益是所有者对企业资产的剩余索取权，它是企业资产中扣除债权人权益后应由所有者享有的净资产。

对于一个经营单位而言，其资产形成的资金来源主要有两个：一个是债权人，一个是所有者。债权人对企业资产的要求权形成企业负债，所有者对企业资产的要求权形成企业的所有者权益。因此，所有者权益就是指所有者在企业资产中所享有的经济利益，其金额为资产减去负债后的余额。所有者权益具有以下特征：①除非发生减资、清算或分派现金股利，企业不需要偿还所有者；②企业清算时，只有在清偿所有的负债后，所有者权益才可还给所有者；③所有者凭借所有者权益能够参与利润分配。

所有者权益来自所有者投入的资本、直接计入所有者权益的利得和损失、留存收益等，通常由股本（或实收资本）、资本公积（含股本溢价或资本溢价、其他资本公积）、盈余公积和未分配利润构成。其中，所有者投入的资本是指所有者所投入企业的资本部分，它既包括构成企业注册资本或股本部分的金额，也包括投入资本超过注册资本或者股本部分的金额，即资本溢价或者股本溢价；直接计入所有者权益的利得和损失是指不应计入当期损益的、会导致所有者权益发生增减变动的、与所有者投入资本或者向所有者分配利润有关的利得或损失。利得是指由企业非日常活动形成的、会导致所有者权益增加的、与所有者投入资本无关的经济利益的流入。损失是指由企业非日常活动所发生的、会导致所有者权益减少的、与向所有者分配利润有关的经济利益的流出。留存收益是企业历年实现的净利润留存于企业的部分，主要包括累计计提的盈余公积和未分配利润。

从会计主体待清算净资产的分配顺序讲，所有者权益体现的是所有者在企业中的剩余权益，因此，所有者权益的确认主要依赖于对其他会计要素的确认，尤其是对资产和负债的确认。而所有者权益金额的确定也主要取决于资产和负债的计量。会计主体在一定时点上的资产及权益情况如图1－2所示：

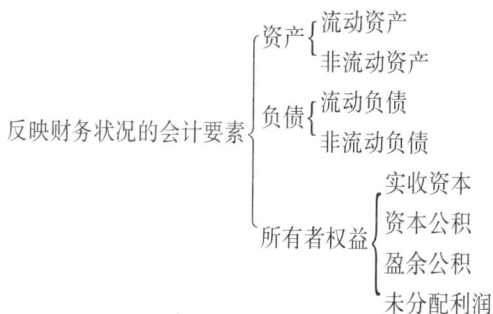

图 1－2

（三）反映经营成果的会计要素

经营成果是指企业在一定时期（月、季、半年、年）从事生产经营活动所取得的最终成果，是资金运动显著变动状态的主要体现。反映经营成果的会计要素包括以下三项：

1. 收入

收入是指企业在日常活动中形成的、会导致所有者权益增加的、与所有者投入资本无关的经济利益的总流入。收入具有以下特征：①收入是企业在日常活动中形成的。日常活动是指企业为完成其经营目标所从事的经常性活动以及与之相关的活动。例如，工业企业制造并销售产品、商业企业销售商品等，均属于企业的日常活动。②收入是与所有者投入资本无关的经济利益的总流入。经济利益的流入有时是所有者投入资本的增加所导致的，所有者投入资本的增加不应当确认为收入，应当将其直接确认为所有者权益。③收入会导致所有者权益的增加。不会导致所有者权益增加的经济利益的流入不符合收入的定义，不应确认为收入。收入的确认至少应当符合以下条件：①与收入相关的经济利益应当很可能流入企业。②经济利益流入企业的结果会导致资产的增加或者负债的减少。③经济利益的流入额能够可靠计量。

2. 费用

费用是指企业在日常活动中发生的、会导致所有者权益减少的、与向所有者分配利润无关的经济利益的总流出。费用具有以下特征：①费用是企业在日常活动中形成的。这与收入定义中涉及的日常活动的界定一致。因日常活动所产生的费用通常包括销售成本（营业成本）、职工薪酬、折旧费、无形资产摊销费等。企业非日常活动所形成的经济利益的流出不能确认为费用，而应当计入损失。②费用是与向所有者分配利润无关的经济利益的总流出。其表现形式包括现金或者现金等价物的流出，存货、固定资产和无形资产等的流出或消耗等。③费用会导致所有者权益的减少。不会导致所有者权益减少的经济利益的流出不符合费用的定义，不应确认为费用。费用只有在经济利益很可能流出从而导致企业资产减少或者负债增加，且经济利益的流出额能够可靠计量时才能予以确认。

3. 利润

利润是指企业在一定会计期间的经营成果。通常情况下，如果企业实现了利润，表明企业的所有者权益将增加，业绩得到了提升；反之，如果企业发生了亏损（即利润为负数），表明企业的所有者权益将减少、业绩下滑。利润包括收入减去费用后的净额、直接计入当期利润的利得和损失等。其中，收入减去费用后的净额反映的是企业日常活动的业绩，直接计入当期利润的利得和损失反映的是企业非日常活动的业绩。直接计入当期利润的利得和损失，是指应计入当期损益、最终会引起所有者权益发生增减变动的、与所有者投入资本或者向所有者分配利润无关的利得或者损失。企业应当严格区分收入和利得、费用和损失之间的差别，以更加全面地反映企业的经营业绩。利润反映的是收入减去费用、利得减去损失后的净额的概念，因此，利润的确认主要依赖于收入和费用以及利得和损失的确认，其金额的确定也主要取决于收入、费用、利得和损失金额的计量。反映经营成果的会计要素如图 1 - 3 所示。

应该说明的是，收入、费用和利润只是企业生产经营成果的一种表述形式，而不是唯一形式。企业生产经营的成果还可以用营业净现金流量和所得额来描述。

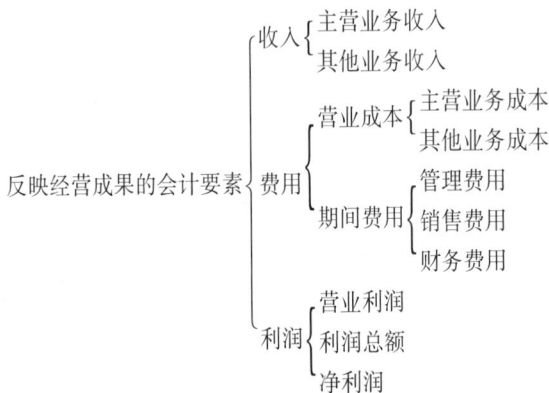

$$
\text{反映经营成果的会计要素} \begin{cases} \text{收入} \begin{cases} \text{主营业务收入} \\ \text{其他业务收入} \end{cases} \\ \text{费用} \begin{cases} \text{营业成本} \begin{cases} \text{主营业务成本} \\ \text{其他业务成本} \end{cases} \\ \text{期间费用} \begin{cases} \text{管理费用} \\ \text{销售费用} \\ \text{财务费用} \end{cases} \end{cases} \\ \text{利润} \begin{cases} \text{营业利润} \\ \text{利润总额} \\ \text{净利润} \end{cases} \end{cases}
$$

图 1 - 3

二、会计要素的计量

会计要反映一定主体的经济活动，首先面临所反映对象的计量问题。会计计量是为了将符合确认条件的会计要素登记入账并列报于财务报表而确定其金额的过程。企业在将符合确认条件的会计要素登记入账并列报于会计报表及其附注（又称财务报表）时，应当按照规定的会计计量属性进行计量，确定其金额。计量属性是指所予计量的某一要素的特性方面，如桌子的长度、铁矿的重量、楼房的高度等。会计计量属性主要包括历史成本、可变现净值、重置成本、公允价值和现值。

（一）历史成本

历史成本又称为实际成本，就是取得或制造某项财产物资时所实际支付的现金或现金的其他等价物。在历史成本计量下，资产按照其购置时支付的现金或者现金等价物的金额，或者按照购置资产时所付出的对价的公允价值计量。负债按照其因承担现时义务而实际收到的款项或者资产的金额，或者承担现时义务的合同金额，或者按照日常活动中为偿还负债预期需要支付的现金或者现金等价物的金额计量。历史成本用于一般情况下大部分资产和权益的计价中。

（二）可变现净值

"现"指现金，这里指广义现金的概念，"可变现"指将非货币性资产变为现金。可变现净值是指在正常生产经营过程中，以资产的预计售价减去进一步加工成本和销售所必需的预计税金、费用后的净值。在可变现净值计量下，资产按照其正常对外销售所能收到现金或者现金等价物的金额扣减该资产至完工时估计将要发生的成本、估计的销售费用以及相关税金后的金额计量。可变现净值多用于期末资产确认中。

（三）重置成本

重置成本又称重置完全价值或现行成本，是指按照当前市场条件，重新取得同样一项资产所需支付的现金或现金等价物金额。在重置成本计量下，资产按照现在购买相同或者相似资产所需支付的现金或者现金等价物的金额计量。负债按照现在偿付该项债务所需支付的现金或者现金等价物的金额计量。重置成本用于固定资产盘盈、接受捐赠的固定资产等业务的计价中。

（四）公允价值

公允价值是指在公平交易中，熟悉情况的交易双方自愿进行资产交换或者债务清偿的金额。在公允价值计量下，资产和负债按照在公平交易中，熟悉情况的交易双方自愿进行资产交换或者债务清偿的金额计量以及期末部分资产确认中。

（五）现值

现值是指对未来现金流量以恰当的折现率进行折现后的现在价值，是考虑货币时间价值因素等的一种计量属性。在现值计量下，资产按照预计从其持续使用和最终处置中所产生的未来净现金流入量的折现金额计量。负债按照预计期限内需要偿还的未来净现金流出量的折现金额计量。现值多用于会计主体投资、筹资决策中。

在会计要素的各种计量方法中，历史成本通常反映的是资产或者负债过去的价值，而重置成本、可变现净值、现值以及公允价值通常反映的是资产或者负债的现时成本或者现时价值，是与历史成本相对应的计量属性。当然这种关系也并不是绝对的。比如，资产或者负债的历史成本有时就是根据交易时有关资产或者负债的公允价值确定的，公允价值相对于历史成本而言，具有很强的时间概念，也就是说，当前环境下某项资产或负债的历史成本可能是过去环境下该项资产或负债的公允价值，而当前环境下某项资产或负债的公允价值也许就是未来环境下该项资产或负债的历史成本。

企业在对会计要素进行计量时，通常应当采用历史成本。采用重置成本、可变现净值、现值和公允价值计量的，应当保证所确定的会计要素金额能够取得并可靠计量。

三、企业会计等式

会计等式是反映会计主体资金占用和资金来源之间平衡关系的计算等式，它是设计各项会计核算方法的理论基础。

（一）如何理解"资产＝负债＋所有者权益"

不管经营规模大小的任何会计主体都需要一定数量的资金，俗称本钱。例如，一个工厂有500万元资金。为满足生产经营的需要，500万元资金必须要有一个合理的分布，假如这样分布：现金5万元、银行存款45万元、应收款50万元、原材料50万元、库存产品50万元、固定资产250万元、无形资产50万元，总共500万元。把资金从分布、占用角度来研究的结果称为资产，即有500万元资产。因此，资产是资金的具体表现形式，资金是资产的抽象化的结果或称谓。500万元资金从另一个角度来研究，即从资金来源角度来研究，假定得到的结果是短期借款50万元、长期借款50万元、企业债券50万元、应付款50万元、股本200万元、盈余公积（企业过去的积累）80万元、未分配利润（现在的利润）20万元，共计500万元。把资金从来源角度来研究的结果称为权益，因此，权益是资金从来源角度研究得到的结果。可见，同一个资金数量从两个角度进行研究，使用同一个计量尺度即货币，则得到的数量描述结果肯定相等，这就是"资产＝权益"。权益又分为负债和所有者权益，因此，会计等式公认的表达方式是：资产＝负债＋所有者权益。在此，应该明白，同一企业内的资金、资产、权益，知道其中一个，就该知道其他两个。

资产最终都来源于所有者的投入和从债权人借入的资金，以及其在生产经营活动中所产生的效益，即分别来源和归属于所有者或投资人和债权人。归属于所有者的部分形成所有者权益；归属于债权人的部分形成负债（即债权人权益）。资产与负债和所有者权益实际是企业所拥有的经济资源在同一时点上所表现出的不同形式。资产表明的是资源在企业存在、分布的具体形态，而负债和所有者权益则表明了资源的取得和形式的渠道。因此，企业有多少数额的资产，也就必然有与其等量的负债或所有者权益，即在任何情况下企业的资产与权益（包括所有者权益和债权人权益）必然相等。企业经济活动的发生，只是表现在数量上影响企业资产总额与权益总额的同时增减变化，并不会破坏这一基本的恒等关系。

"资产＝负债＋所有者权益"这一会计等式表明：①某一会计主体基本的经济条件，即某一会计主体在某一特定时点所拥有的各种资产，债权人和投资者对企业资产要求权的基本状况；资产、负债和所有者权益的基本关系。②它是企业编制资产负债表的理论依据。③在该会计等式基础上设计了复式记账法。正是在此基础上，才能运用复式记账法记录某一会计主体资金运动的来龙去脉，反映会计主体的资产、负债和所有者权益的情况，才能通过编制资产负债表提供企业财务状况或经济条件的信息。

某一会计主体各项经济业务发生所引起会计要素的变动情况，归纳起来有四大类、九小类。四大类是指资金流入企业、资金在资产类周转、资金在权益类周转、资金流出企业。九小类包括：①一项资产和一项负债同时增加；②一项资产和一项所有者权益同时增加；③一项资产和一项负债同时减少；④一项资产和一项所有者权益同时减少；⑤一项资产增加，另一项资产减少；⑥一项负债增加，另一项负债减少；⑦一项负债增加，一项所有者权益减少；⑧一项负债减少，一项所有者权益增加；⑨一项所有者权益增加，一项所有者权益减少。

（二）如何理解"收入－费用＝利润"

企业经营的目的是获取收入、实现盈利。企业在取得收入的同时，也必然要发生相应的费用。通过收入与费用的比较，才能确定一定时期的盈利水平，确定实现的利润总额。它们之间的关系用公式表示为：收入－费用＝利润。

企业在一定时期所获得的收入扣除所发生的各项费用后的余额，表现为利润。在实际工作中，由于收入不包括处置固定资产净收益、固定资产盘盈、出售无形资产收益等，费用也不包括处置固定资产净损失、自然灾害损失等，所以，收入减去费用，并经过调整后，即考虑利得和损失，才等于利润。收入、费用和利润之间的上述关系，是企业编制利润表的基础。

（三）"资产＝负债＋所有者权益"与"收入－费用＝利润"的关系

企业在生产经营活动中，一方面必须取得收入，另一方面也必将伴随着收入的取得发生相应的费用。在某一具体时点上，通过收入和费用的比较，形成企业一定期间的利润。作为企业经营成果，利润的取得表明企业现金流入大于现金流出，说明企业资产总额和净资产总额的增加。由于企业是由企业的所有者投资所组成的，企业实现的利润也只能属于所有者，利润的实现总是表明所有者在企业中的所有者权益数额增加；反之，企业经营亏损，只能由所有者承担，则表明所有者在企业所有者权益数额的减少。将等式"收入－费用＝利润"代入等式"资产＝负债＋所有者权益"，则可以得出如下等式：

$$资产＝负债＋（所有者权益＋利润）＝负债＋（所有者权益＋收入－费用）$$
$$＝负债＋所有者权益＋（收入－费用）$$

这一等式表明会计主体的财务状况与经营成果之间的相互联系。财务状况表现企业在一定时点上资产的来源与占用情况，反映在一定时点上的资产的存量情况。经营成果则表现企业在一定期间的净资产增加（或减少）情况，反映一定期间资金的增量（或减量）。企业的经营成果最终要影响企业的财务状况，企业实现利润将使企业资产增加或负债减少；企业发生亏损将使企业资产减少或负债增加。

总之，"收入－费用＝利润"寓于"资产＝负债＋所有者权益"之中。

第五节　会计核算的具体内容

一、会计核算的具体内容

会计核算的内容是指进行会计核算的经济业务事项。根据《会计法》的规定，对下列经济业务事项应当及时办理会计手续和进行会计核算：

1. 款项和有价证券的收付

款项是作为支付手段的货币资金，主要包括现金、银行存款以及其他视同现金和银行存款的银行汇票存款、银行本票存款、信用卡存款、信用证存款等。有价证券是指表示一定财产拥有权或支配权的证券，如国库券、股票、企业债券等。款项和有价证券是流动性最强的资产。如果款项和有价证券收付环节出现问题，不仅使企业款项和有价证券受损，更直接影响到企业货币资金的供应，从而影响企业的生产经营活动。各企业必须按照国家统一的会计制度的规定，及时、如实地核算款项和有价证券的收付及结存，保证企业货币资金的流通性、安全性，提高货币资金的使用效率。

2. 财物的收发、增减和使用

财物是财产物资的简称，企业的财物是企业进行生产经营活动，且具有实物形态的经济资源，一般包括原材料、燃料、包装物、低值易耗品、在产品、库存商品等流动资产，以及房屋、建筑物、机器、设备、设施、运输工具等固定资产。这些物资在企业资产总额中往往占有很大比重。财物的收发、增减和使用，是会计核算中的经常性业务，也是发挥会计在控制和降低成本、保证财物安全和完整、防止资产流失等职能作用的重要方面。因此，各企业必须加强对财物收发、增减和使用环节的核算，维护企业正常的生产经营秩序。

3. 债权债务的发生和结算

债权是企业收取款项的权利，一般包括各种应收和预付款项等。债务则是指由于过去的交易、事项形成的企业需要以资产或劳务等偿付的现时义务，一般包括各项借款、应付和预收款项以及应交款项等。债权和债务是企业日常生产经营和业务活动中大量发生的经济业务事项。由于债权债务的发生和结算，涉及本企业与其他单位或有关方面的经济利益，关系到企业自身的资金周转，影响着企业的生产经营活动和业务活动，因此，各企业必须及时、真实、完整地核算本企业的债权债务，防止在债权债务环节发生非法行为。

4. 资本的增减

资本是投资者为开展生产经营活动而投入的资金。会计上的资本，专指所有者权益中的投入资本。资本的利益关系人比较明确，用途也基本定向。办理资本增减的政策性强，一般都应以具有法律效力的合同、协议、董事会决议等为依据，各单位必须按照国家统一的会计制度的规定和具有法律效力的文书为依据进行资本的核算。

5. 收入、支出、费用、成本的计算

收入是指企业在日常活动中所形成的、会导致所有者权益增加的、与所有者投入资本无关的经济利益的总流入。支出是企业所实际发生的各项开支以及在正常生产经营活动以外的支出和损失。费用是指企业在日常活动中所发生的、会导致所有者权益减少的、与向所有者分配利润无关的经济利益的总流出。成本是指企业为生产产品、提供劳务而发生的各种耗费，是按一定的产品或劳务对象所归集的费用，是对象化了的费用。收入、支出、费用、成本都是计算和判断企业经营成果及其盈亏状况的主要依据。各企业应当重视收入、支出、费用和成本环节的管理，按照国家统一的会计制度的规定，正确核算收入、支出、费用和成本。

6. 财务成果的计算和处理

财务成果主要是指企业在一定时期内通过从事生产经营活动而在财务上所取得的结果，具体表现为盈利或亏损。财务成果的计算和处理一般包括利润的计算、所得税的计算、利润分配或亏损弥补等。财务成果的计算和处理，涉及所有者、国家等方面的利益，因此，各单位必须按照国家统一的会计制度和其他法规制度的规定，对财务成果进行正确计算和处理。

7. 需要办理会计手续、进行会计核算的其他事项

需要办理会计手续、进行会计核算的其他事项，也应按照国家统一的会计制度规定办理会计手续、进行会计核算。

二、会计核算的一般要求

根据《会计法》和国家统一的会计制度的规定，企业在进行会计核算时应遵循以下一般要求：

（1）各单位必须按照国家统一的会计制度进行会计核算。会计核算包括设置会计科目和账户、复式记账、填制会计凭证、登记会计账簿、进行成本计算、财产清查和编制财务会计报告。在现行的会计制度中，对企业设置的会计科目和账户、复式记账、填制会计凭证、登记会计账簿、成本计算方法、财产清查以及财务会计报告的编制等均作了具体的规定，企业应当根据本企业的实际情况，确定应设置的会计科目和账户，确定成本计算方法等。企业可以对统一会计制度规定的会计科目进行适当的调整，在规定的范围内选择、使用会计处理方法和程序。

（2）各单位须根据实际发生的经济业务事项进行会计核算。实际发生的经济业务是会计核算的依据，是保证会计信息真实性和可靠性的基础。单位只能以实际发生的真实的经济业务为对象，通过记录经济业务的真实情况，并据以编制财务会计报告。计划的或将要发生的经济业务或交易不得作为会计核算的依据，虚假的经济业务更不能作为会计核算的依据。

（3）不得设账外账或两本账。各单位发生的各项经济业务事项应当在依法设置的会计账簿上统一登记、核算，不得违反会计法和国家统一的会计制度的规定私设会计账簿且登记、核算。

（4）会计资料要归档保管。各单位对会计凭证、会计账簿、财务会计报告和其他会计资料应当建立档案、妥善保管。财政部制定并发布了《会计档案管理办法》，对包括会计凭证、会计账簿、财务会计报告和其他会计资料的保管归档等作出了具体的规定，企业、单位应当按这些规定对会计档案进行管理。

（5）会计电算化的单位要依法进行核算和管理。使用电子计算机进行会计核算的，其软件及其生成的会计凭证、会计账簿、财务会计报告和其他会计资料，也必须符合国家统一的会计制度的规定。根据《会计法》的规定，财政部制定并发布了《会计电算化管理办

法》、《会计核算软件基本功能规范》等一系列相关的法规，对单位使用会计核算软件、软件生成的会计资料、采用电子计算机代替手工记账、电算化会计档案保管等会计电算化工作作出了明确而具体的规定。

(6) 会计记录的文字应当使用中文。根据《会计法》的规定，在我国境内的企业、事业单位的会计记录所使用的文字为中文。在民族自治地方，会计记录可以同时使用当地通用的一种民族文字。在我国境内的外商投资企业、外国企业和其他外国组织的会计记录，可以同时使用一种外国文字。

复习思考题

1. 什么是资金平衡关系？
2. 会计等式是如何组成的？如何理解会计等式？
3. 试述会计要素的含义及内容。
4. 试述会计要素增减变动的四种类型及九种情况。
5. 举例说明会计要素的变化对会计等式的影响。

练习题一

(一) 目的

了解资产与权益的内容。

(二) 资料

库存现金、银行存款、实收资本、资本公积、应付账款、应付票据、无形资产、短期借款、交易性金融资产、原材料、应交税费。

(三) 要求

指出哪些项目属于资产，哪些项目反映负债和所有者权益。

练习题二

(一) 目的

了解资产、负债、所有者权益项目的平衡关系。

(二) 资料

1. 光大公司 20××年 10 月 31 日资产、负债和所有者权益各项目的余额如表 1 - 1 所示：

表 1 - 1 资产负债表 单位：元

资产	金额	负债和所有者权益	金额
库存现金	55 000	短期借款	40 000
银行存款	600 000	应付账款	124 000
短期投资	150 000	其他应付款	21 000
应收账款	25 000	应交税费	45 000

（续上表）

资产	金额	负债和所有者权益	金额
其他应收款	10 000	应付股利	25 000
原材料	500 000	长期借款	450 000
库存商品	250 000	实收资本	1 960 000
长期投资	100 000	资本公积	150 000
固定资产	1 110 000	盈余公积	260 000
无形资产	300 000	利润分配	25 000
资产合计	3 100 000	权益合计	3 100 000

2. 该公司 11 月发生下列经济业务：

（1）以银行存款 25 000 元购入甲材料一批，已验收入库；

（2）收到广丰公司投入设备一套，价值 500 000 元；

（3）以银行存款 45 000 元偿还应付购货款；

（4）企业将资本公积金 20 000 元转增实收资本；

（5）从银行提取现金 10 000 元备用；

（6）从银行取得短期借款 50 000 元存入企业存款账户；

（7）用存款偿还短期借款 20 000 元；

（8）收到投资者用存款投资的 30 万元；

（9）从银行借了 3 年期贷款 20 000 元，立即归还前欠王光光货款；

（10）以存款 5 万元归还前欠张光光货款；

（11）赊购材料 10 万元；

（12）用存款 9 万元购回股权；

（13）决定用盈余公积 15 万元向投资者分配股利；

（14）发行债券 50 万元存入银行；

（15）将已发行债券 20 万元转为投资；

（16）用盈余公积 3 万元转增资本；

（17）购入不需安装的设备一批 15 万元，用存款支付 10 万元，其余暂欠；

（18）企业收到三毛以存款 10 万元、设备 20 万元、材料 5 万元的投资；

（19）将现金 20 000 元存入银行；

（20）收回前欠货款 5 万元存入银行；

（21）生产领用材料 10 万元；

（22）赊销产品 9 万元；

（23）用存款支付水电费 3 万元；

（24）用现金支付广告费 500 元；

（25）小王出差借现金 3 000 元；

（26）小王出差回厂报销发票 2 800 元，退回现金 200 元；

（27）以存款支付财产保险费 2 万元；

（28）以存款支付利息 1 500 元（财务费用）。

（三）要求

确认每项经济业务引起的资产、负债和所有者权益的变化，编制 11 月末的资产、权益变化表，如表 1-2 所示。（答案：4 835 000 元）

表 1-2   资产、权益变化表   单位：元

资产					权益（负债＋所有者权益）				
项目	月初余额	增加数	减少数	月末余额	项目	月初余额	增加数	减少数	月末余额
资产合计					权益合计				

练习题三

（一）目的

进一步了解资产、负债、所有者权益项目的平衡关系。

（二）资料

资料如表 1-3 所示：

表 1-3

	A	B	C
期初余额			
资产	105 000	50 000	110 000
负债	50 000	20 000	60 000
期末余额			
资产	160 000	70 000	（1）
负债	70 000	35 000	80 000
所有者权益			
所有者新增投资	（2）	0	10 000
所有者收回投资	100 000	40 000	70 000
收入	430 000	230 000	400 000
费用	320 000	（3）	300 000

（三）要求

请根据以上所给出的数据，计算（1）、（2）、（3）的数据（请写出计算过程）。

第二章 会计科目和会计账户

第一节 会计科目

一、会计科目的概念

会计科目是对会计对象即会计主体的众多经济事项进行细分类而得的名称，或者说会计科目是对会计要素进行进一步分类而起的名称。会计要素是对会计对象的基本分类或粗分类的结果。资产、负债、所有者权益、收入、费用和利润这六个会计要素是会计核算和监督的内容。而这六个会计要素对纷繁复杂的企业经济业务的反映又显得过于粗略，因此，为满足经济管理及有关各方对会计信息的质量要求，必须对会计要素进行细化，即采用一定的形式，对每一个会计要素所反映的具体内容进一步进行分门别类的划分，设置会计科目。因此，会计科目是对会计对象进行细分类的结果。其中资产、负债、所有者权益用来描述会计等式，收入、费用和利润用来描述经营成果。

会计科目是为完成会计最终任务服务的，它是进行各项会计记录和提供各项会计信息的基础，在会计核算中具有重要的作用。其主要表现在：①会计科目是复式记账的基础或工具。复式记账借助会计科目对每一笔经济业务在两个或两个以上相互联系的账户中进行登记，以反映资金运动的来龙去脉。②会计科目是编制记账凭证的基础。记账凭证是确定所发生的经济业务应记入何种科目以及分门别类登记账簿的凭据。③会计科目为成本计算与财产清查提供了前提条件。通过会计科目的设置，有助于成本核算，使各种成本计算成为可能，而通过账面记录与实际结存的核对，又为财产清查、保证账实相符提供了必备的条件。④会计科目为编制财务报表提供了方便。财务报表是提供会计信息的主要手段，为了保证会计信息的质量及其提供的及时性，财务报表中的许多项目与会计科目是相同的，并根据会计科目（会计账户的名称）的本期发生额或余额填列。

二、会计科目的分类

会计科目与会计账户的分类方法相同，并根据不同的标志分为不同的类别。

会计科目按其所提供信息的详细程度及其统驭关系不同，可分为总分类科目和明细分类科目。

总分类科目是对会计要素具体内容进行总括分类、提供总括信息的会计科目，如"应收账款"、"应付账款"、"原材料"等。为满足管理的需要，要对总分类科目进行更进一步的分类就得到明细分类科目，因此，明细分类科目是对总分类科目作进一步分类，提供更详细、更具体会计信息的科目。如"应收账款"科目按债务人名称或姓名设置明细科目，反映应收账款的具体对象；"应付账款"科目按债权人名称或姓名设置明细科目，反映应付账款的具体对象；"原材料"科目按原料及材料的类别、品种和规格等设置明细科目，反映各种原材料的具体构成内容。对于明细科目较多的总账科目，可在总分类科目与明细科目之间设置二级或多级科目。

会计科目按其所归属的会计要素不同进行分类。对于执行《企业会计准则》的企业，会计科目分为资产类、负债类、共同类、所有者权益类、成本类、损益类六大类。对于未执行《企业会计准则》的企业，会计科目分为资产类、负债类、所有者权益类、成本类、损益类五大类。资产类科目是指用于核算资产增减变化，提供资产类项目会计信息的会计科目。负债类科目是指用于核算负债增减变化，提供负债类项目会计信息的会计科目。共同类科目是指可能具有资产性质，也可能具有负债性质的科目，其性质取决于科目核算的结果，当其核算结果出现借方余额时，则作为资产科目，而当其核算结果出现贷方余额时，则作为负债科目。所有者权益类科目是指用于核算所有者权益增减变化，提供所有者权益有关项目会计信息的会计科目。成本类科目则是用于核算成本的发生和归集情况，提供成本相关会计信息的会计科目。损益类科目是指用于核算收入发生或费用的归集，提供会计主体在一定期间与损益相关的会计信息的会计科目。

我国新发布的《企业会计准则应用指南》就是按照上述进行分类的。根据《企业会计准则应用指南》，常用的工商企业的主要会计科目如表2-1所示：

表2-1   会计科目

序号	编号	会计科目	序号	编号	会计科目
		一、资产类	45	2111	应付票据
1	1001	库存现金	46	2121	应付账款
2	1002	银行存款	47	2131	预收账款
3	1009	其他货币资金	48	2141	代销商品款
4	1101	交易性金融资产	49	2151	应付职工薪酬
5	1102	交易性金融资产跌价准备	50		应付利息
6	1111	应收票据	51	2161	应付股利
7	1121	应收股利	52	2171	应交税费
8	1122	应收利息	53		
9	1131	应收账款	54	2181	其他应付款
10	1133	其他应收款	55	2191	预提费用
11	1141	坏账准备	56		
12	1151	预付账款	57	2211	预计负债
13		长期应收款	58	2301	长期借款
14	1201	材料采购	59	2311	应付债券
15	1211	原材料	60	2321	长期应付款
16	1221	周转材料	61		
17	1231		62		
18	1232	材料成本差异			三、所有者权益
19	1241	自制半成品	63	3101	实收资本或股本

（续上表）

序号	编号	会计科目	序号	编号	会计科目
20	1243	库存商品	64		
21	1244	商品进销差价	65	3111	资本公积
22	1251	委托加工物资	66	3121	盈余公积
23	1261	委托代销商品			
24	1271	受托代销商品			
25	1281	存货跌价准备	67	3131	本年利润
26	1291	发出商品	68	3141	利润分配
27	1301	待摊费用			四、成本类
28	1401	长期股权投资	69	4101	生产成本
29			70	4105	制造费用
30	1421	长期股权投资减值准备	71	4107	劳务成本
31					五、损益类
32	1501	固定资产	72	5101	主营业务收入
33	1502	累计折旧	73	5102	其他业务收入
34	1505	固定资产减值准备	74	5201	投资收益
35	1601	工程物资	75	5203	补贴收入
36	1603	在建工程	76	5301	营业外收入
37	1605	在建工程减值准备	77	5401	主营业务成本
38	1701	固定资产清理	78	5402	营业税金及附加
39	1801	无形资产	79	5405	其他业务支出
40		累计摊销	80	5501	销售费用
41	1805	无形资产减值准备	81	5502	管理费用
42	1901	长期待摊费用	82	5503	财务费用
43	1911	待处理财产损溢	83	5601	营业外支出
		二、负债类	84	5701	所得税费用
44	2101	短期借款	85	5801	以前年度损益调整

三、会计科目的设置原则

会计科目的设置是按照统一性和灵活性相结合的方式完成的。会计科目主要是国家会计主管部门通过统一的会计制度来提供的，但允许会计主体选用、取舍和设置部分会计科目，因此，各单位应很好地把握会计科目的设置原则。

会计科目作为反映会计要素的构成及其变化情况，是为投资者、债权人、企业经营管理者等提供会计信息的重要手段，在其设置过程中应努力做到科学、合理、适用。应遵循下列原则：

（1）合法性原则，即会计科目的设置要以遵纪守法为前提。为了保证会计信息的可比性，国家财政部门对企业所使用的会计科目都作出了较为具体的规定。企业应当按照国家财政部门制定的会计制度中规定的会计科目，结合本单位实际设置适用的会计科目。对于国家统一会计制度规定的会计科目，企业可以根据自身的生产经营特点，在不影响会计核算要求和财务报表指标汇总以及对外提供统一的财务报表的前提下，自行增设、减少或合并某些会计科目。

（2）相关性原则，即会计科目的设置要有用、有效。会计科目的设置既是企业分类核算经济业务的基础，也是生成会计信息的基础，设置会计科目应为提供有关各方所需要的会计信息服务，满足企业有关方面对其财务报告的要求。因此，企业必须考虑会计信息的使用者对本企业会计信息的需要，考虑会计信息相关性的要求，设置本企业所适用的会计科目。同时，企业也应当考虑到本企业内部管理的要求，考虑到强化内部经营管理和内部控制对会计信息的要求，为企业提高内部管理水平提供信息支持。

（3）实用性原则，即会计科目的设置要因地制宜。企业的组织形式、所处行业、经营内容及业务种类等不同，在会计科目的设置上亦应有所区别。会计核算的目的在于客观真实地反映企业的经营活动情况、提供会计信息。因此，企业在合法性的基础上，应根据企业自身特点，设置符合企业实际情况的会计科目。对本企业的重要的经济业务，可以按照重要性原则的要求，对会计科目进行细分，设置更为具体的会计科目，以细化对经济业务的核算；对于一些不是很重要的经济业务，或不经常发生的经济业务，也可以对会计科目进行适当的归并。对于会计科目的名称，在不违背会计科目使用原则的基础上，也可以结合本企业的实际情况，设置本企业特有的会计科目。

第二节　会计账户

一、会计账户的概念

会计账户是根据会计科目设置的、由一定的格式和结构的账页所组成的、用于分门别类反映经济活动和事项及其结果的载体。据前所述，会计科目只是对会计对象具体内容进行分类的项目或名称，还不能进行具体的会计核算。为了全面、序时、连续、系统地反映和监督会计要素的增减变动，还必须设置会计账户。会计账户是用于分类反映会计要素增减变动情况及其结果的载体。设置会计账户是会计核算的重要方法之一。

会计账户是用来记录会计科目所反映经济业务内容的账本。它是根据会计科目设置的，会计账户以会计科目作为它的名称，同时它又具备自己一定的格式，即结构。会计科目是对会计对象的具体内容进行分类，但它只有分类的名称而没有一定的格式，还不能把发生的经济业务连续、系统地记录下来，以取得经营管理所需的信息资料。因此，还必须根据规定的会计科目来设置会计账户，利用会计账户来记账，有利于分门别类地，连续、系统地记录和反映各项经济业务，以及计算由此而引起的有关会计要素具体内容的增减变化及其结果。

二、会计账户的分类

会计账户与会计科目的分类方法相同。会计账户根据不同的标志分为不同的类别。

（1）根据其所提供信息的详细程度及其统驭关系，会计账户可分为总分类账户和明细分类账户。总分类账户又称为总账账户或一级账户，简称总账。它是根据总分类会计科目设置的，是提供总括分类核算资料指标的会计账户，在总分类账户中只使用货币计量单位反映经济业务。它可以提供概括核算资料和指标，是对其所属明细分类账户资料的综合。总账以下的会计账户称为明细会计账户。

明细分类账户又称明细账户，简称明细账。它是根据明细分类科目设置的，明细账提供明细核算资料和指标，是对其总账资料的具体化和补充说明。对于明细账的核算，除用货币计量反映经济业务外，必要时还需用实物计量或劳动量计量单位从数量和时间上进行反映，以满足经营管理的需要。

总账和明细账的关系是：①总账和其所属的明细账的核算内容相同，都是核算和反映同一事物，只不过反映内容的详细程度有所不同。②总账反映总括情况，明细账反映具体详细情况。两者相互补充、相互制约、相互核对。③总账统驭和控制明细账，是明细账的统驭账户。明细账户是对总账户的细化或补充说明的账户。

（2）根据账户所反映的经济内容不同，账户可分为资产类账户、负债类账户、所有者权益类账户、成本类账户、损益类账户。会计科目表就是根据账户所反映的经济内容不同而编制的，会计账户的使用方法也是按这种分类形式的结果来讲述的。

（3）根据账户与财务报表的关系不同，账户可以分为资产负债表账户和利润表账户。资产负债表账户是指为资产负债表的编制提供资料的会计账户。资产负债表账户包括资产类会计账户、负债类会计账户和所有者权益类会计账户，分别与资产负债表中这三类项目相对应，如银行存款账户、库存现金账户、固定资产账户、应收账款账户、实收资本账户等。利润表账户是指为利润表的编制提供资料的会计账户，包括损益类账户中收入类账户与费用类账户，如主营业务收入账户、其他业务收入账户、主营业务成本账户、其他业务成本账户。

三、账户的基本结构

会计账户的用途有：①分门别类地记载各项经济业务；②提供日常会计核算资料和数据；③为编制财务报表提供依据。为此，会计账户不但要有明确的核算内容，而且还应该具有一定的格式和结构。为使会计账户完成记载各项经济业务的任务，会计账户的基本结构应包括：①账户的名称，即会计科目；②日期和摘要，即记载经济业务的日期和概括说明经济业务的内容；③一定时期增加方和减少方的金额和期初余额、期末余额；④凭证号数，即说明记载账户记录的依据。

在会计实务中，会计账户是根据以上的基本内容来设置账户格式的。上述会计账户的基本结构通常有两种表示；①"T"字形账户，或称为"丁字形"账户，它被用于会计教学，有时用于试算平衡方面。"T"形账户如图2-1所示。②实物型账户，即会计实务中应用的账户，如表2-2所示：

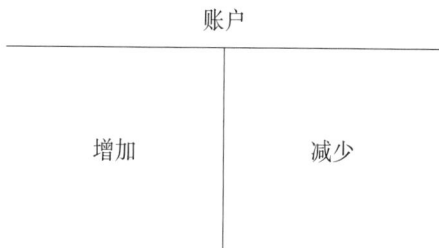

账户

增加　　　　　　减少

图2-1

　　上列"T"形会计账户格式分左右两方，分别用来记录经济业务发生所引起的会计要素的增加额和减少额。增加额和减少额相抵的差额，形成会计账户的余额，余额按其表现的不同时间，分为期初余额和期末余额。本期增加发生额和本期减少发生额是记在账户的左方还是右方和账户的余额反映在左方还是右方，取决于会计账户的性质和类型。由于所使用的记账方法不同，账户左右两方具体反映的内容也不相同。

表 2-2　　　　　　　　　　　　　　账户名称（会计科目）

年		凭证编号	摘要	增加额	减少额	余额
月	日					

　　通过会计账户记录的金额可以提供期初余额、本期增加额、本期减少额和期末余额四个会计核算指标。本期增加额是指在一定时期内（月、季、半年、年）记入账户增加金额的合计数，也叫本期增加发生额。本期减少额是指在一定时期内（月、季、半年、年）记入账户减少金额的合计数，也叫本期减少发生额。本期发生额是一个动态指标，它说明资产或权益的增减变动情况。在期初余额基础上加本期增加发生额减本期减少发生额以后的差额，叫期末余额。余额是一个静态指标，它说明资产或权益在某一时点上增减变动的结果。本期的期末余额就是下期的期初余额。上述四项金额的关系为：

期初余额 + 本期增加发生额 - 本期减少发生额 = 期末余额

　　我国《企业会计准则》规定采用借贷记账法。在借贷记账法下的账户，其左方一律称为借方，右方一律称为贷方。运用借贷记账法在账户中登记经济业务时，凡是记入账户借方的账项称为借项；凡是记入账户贷方的账项称为贷项，每一个账户的借方和贷方在一定期间内所登记的金额的合计数称为本期发生额，账户借方的金额合计称为借方本期发生额，账户贷方的金额合计额称为贷方本期发生额。同一账户的借方本期发生额和贷方本期发生额相抵后的差额称为余额。对于不同性质的账户，"借"和"贷"的含义各不相同。账户的性质是指账户是属于资产类还是权益类账户。以工业企业为例，各类性质的账户"借"和"贷"的含义可以概括如下（见图 2-2）：

借方	账户	贷方
资产类账户增加		资产类账户减少
负债类账户减少		负债类账户增加
所有者权益账户减少		所有者权益账户增加
收入类账户减少		收入类账户增加
费用类账户增加		费用类账户减少
成本类账户增加		成本类账户减少

图 2 - 2

各类账户的期末余额分别按下列公式计算：

资产类账户的期末余额 = 期初余额 + 本期借方发生额 - 本期贷方发生额
负债、所有者权益类账户的期末余额 = 期初余额 + 本期贷方发生额 - 本期借方发生额

成本类账户期末如有余额的，可参照资产类账户期末余额的公式计算。

四、会计账户与会计科目的联系和区别

会计账户和会计科目是既存在密切联系，又有区别的两个概念。

（1）会计账户和会计科目的联系：①会计科目和会计账户所反映的会计对象的具体内容是相同的，两者口径一致、性质相同，都是体现对会计要素具体内容的分类。②会计科目是会计账户的名称，也是设置会计账户的依据。③会计账户是根据会计科目来设置的，会计账户是会计科目的具体运用。因此，会计科目的性质决定了会计账户的性质。④会计科目和会计账户对会计对象的经济内容分类的方法和分类的用途及分类的结果是完全相同的。如会计科目和会计账户都可分为资产类、负债类、所有者权益类、收入类、费用类、利润类等。再如，按提供核算资料的详细程度分类，会计科目和会计账户相应地分为总分类账户和明细分类账户等。例如，"固定资产"科目与"固定资产"账户的核算内容、范围完全相同。没有会计科目，会计账户便失去了设置的依据；没有会计账户，会计科目就没有存在的价值了。

（2）会计科目与会计账户的区别：①会计科目仅仅是账户的名称，不存在结构，而会计账户则具有一定的格式和结构。②会计科目仅说明反映的经济内容是什么，而会计账户不仅说明反映的经济内容是什么，而且是系统反映和控制其增减变化及结余情况的工具。③会计科目的作用主要是为开设账户、填制凭证所运用，而会计账户的作用主要是提供某一具体会计对象的会计资料，为编制财务报表所运用。

在会计实务口语中，会计账户和会计科目这两个概念已不加严格区别，往往是互相通用的。

复习思考题

1. 什么是会计科目？什么是会计账户？会计科目与会计账户有什么区别和联系？

2. 会计科目包括哪几类? 内容各是什么?

3. 什么是复式记账法? 什么是借贷记账法?

4. 总分类账户与明细分类账户有什么联系和区别?

练习题一

(一) 目的

分析会计科目并按隶属关系分类。

(二) 资料

某企业使用的部分会计科目，子目和细目如下:

1 原材料	2 短期借款	3 B 产品生产成本
4 应收 B 公司货款	5 主要材料	6 辅助材料
7 应付丑厂货款	8 应付账款	9 临时借款
10 固定资产	11 甲材料	12 乙材料
13 生产成本	14 基本生产成本	15 润滑油
16 运输工具	17 生产用房	18 建筑材料
19 A 产品生产成本	20 机器设备	21 应收账款
22 辅助生产成本	23 应收 A 单位货款	24 应付子公司货款

(三) 要求

分析上列科目中哪些属于一级科目，哪些属于二级科目，哪些属于明细科目，并列示于下 (见表 2-3):

表 2-3 　　　　　　　　　　　　　按科目隶属关系分类表

(一级) 总账科目	二级子目	三级细目

练习题二

(一) 目的

分析会计科目按经济内容的分类。

(二) 资料

某企业发生下列各项经济业务:

(1) 存放在出纳处的现金 50 000 元;

(2) 存放在银行里的资金 1 445 000 元;

(3) 向银行借入 3 个月期限的临时借款 600 000 元;

(4) 仓库中存放的材料 3 800 000 元;

（5）仓库中存放的已完工产品 600 000 元；

（6）正在加工中的产品 750 000 元；

（7）向银行借入 1 年以上期限的借款 1 450 000 元；

（8）房屋及建筑物 2 400 000 元；

（9）所有者投入的资本 5 645 000 元；

（10）机器设备 750 000 元；

（11）应收外单位的货款 1 400 000 元；

（12）应付外单位的材料款 1 200 000 元；

（13）以前年度积累的未分配利润 2 800 000 元；

（14）对外长期股权投资 500 000 元。

（三）要求

1. 判断上列各项经济业务的科目名称及所属会计要素，填入表 2-4 中。

表 2-4 按科目经济内容分类表

序号	项目	会计科目	资产	负债	所有者权益
1					
2					
3					
4					
5					
6					
7					
8					
9					
10					
11					
12					
13					
14					
	总计				

2. 试算资产总额是否等于负债和所有者权益总额。（答案：11 695 000 元）

第三章 记账方法

第一节 复式记账法

账户能够全面、系统地反映各有关项目的增减变动情况及结果，但是如何将所发生的经济业务记录到有关的账户中去，就需要采用一定的记账方法。所谓记账方法，是指在账簿中登记经济业务的方法。按其记录经济业务的方式不同，可以将记账方法分为单式记账法和复式记账法两种。

一、单式记账法

所谓单式记账法，是指对所发生的每一项经济业务，只在一个账户中进行登记的一种记账方法。在单式记账法下，一般只登记现金和银行存款的收付金额以及债权债务的结算金额，而不登记实物的收付金额。例如，用现金 950 元购买原材料，该笔经济业务发生后，只在"库存现金"账户中登记现金减少了 950 元，而并不登记现金用在哪里；又如，用银行存款 10 000 元购买一台设备，该笔经济业务发生后，只在"银行存款"账户中登记银行存款减少了 10 000 元，而对购入设备这一业务，却不进行记录。单式记账法的记账手续比较简单，但是，由于它对于所发生的经济业务没有进行系统、完整的记录，账户之间不能形成相互对应关系，所以不能全面地反映出经济业务的来龙去脉，也不利于检查账户记录是否正确和完整，所以，单式记账法是一种欠科学的记账方法。

二、复式记账法

复式记账法是指以资产与权益平衡关系作为记账基础，对每一笔经济业务，都要在两个或两个以上的账户中相互联系地进行登记，系统地反映资金运动变化结果的一种记账方法。由于复式记账法是对所发生的经济业务在两个或两个以上相互联系的账户中进行登记，所以，它克服了单式记账法的缺点，是一种科学的记账方法。例如，用银行存款 10 000 元购买一台设备，对于这笔经济业务，一方面在"银行存款"账户记录银行存款减少了 10 000 元，另一方面在"固定资产"账户记录固定资产增加了 10 000 元，通过这样登记就能够清晰地反映该笔经济业务的来龙去脉。具体记录结果如图 3−1 所示：

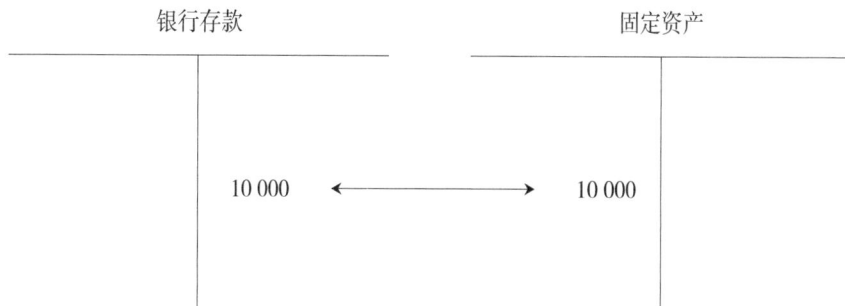

银行存款		固定资产	
10 000	←——————→	10 000	

图 3 - 1

复式记账法具有与单式记账法明显不同的特点：①对于企业所发生的每一笔经济业务，复式记账法都要在两个或两个以上的账户中进行登记。通过这样进行账户记录以后，既可以全面、清晰地反映经济业务的来龙去脉，也能通过会计要素的增减变动情况，全面、系统地反映经济活动的过程和结果。②在复式记账法下，由于在每项经济业务发生后，都要以相等的金额在两个或两个以上的账户中进行登记，所以，便于对账户记录的结果进行试算平衡，以便进一步检查账户记账的正确性。

可见，复式记账法是一种科学的记账方法，目前世界各国都广泛采用这种方法。在2000 年以前，我国所采用的复式记账法主要有借贷记账法、增减记账法和收付记账法。收付记账法是以"收"和"付"作为记账符号的一种复式记账方法；增减记账法是以"增"和"减"作为记账符号的一种复式记账方法。由于增减记账法和收付记账法各有其不足之处，而最科学的记账方法就是借贷记账法。2000 年以后，我国会计主体都已采用借贷记账法记账，2006 年颁布的《企业会计准则——基本准则》中明确规定，我国企业应当采用借贷记账法记账。

第二节 借贷记账法

一、借贷记账法的概念

复式记账法是以记账符号来定义的。所谓借贷记账法，是指以"借"和"贷"作为记账符号的一种复式记账方法。借贷记账法是建立在"资产＝负债＋所有者权益"会计等式的基础上，以"有借必有贷，借贷必相等"作为记账规则，反映会计要素的增减变动情况的一种复式记账方法。

二、借贷记账法的记账符号

记账符号是会计上用来表示发生经济业务所涉及的金额应记入有关账户的左方金额栏还是右方金额栏的符号。借贷记账法是以"借"和"贷"为记账符号，在"丁字形"账户中借方在账户的左方，贷方在账户的右方，如图 3 - 2 所示。即使没标明借贷，也应这样认可。

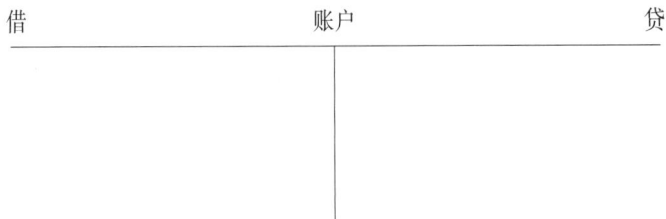

借	账户	贷

图 3 - 2

借贷记账法作为一种复式记账方法，最早起源于地中海沿岸的意大利。在 13 世纪，借贷资本家把收进的存款记在贷主方的名下，表示债务；把付出的放款记在借主方的名下，表示债权。用"借"和"贷"两个字来反映债权和债务的变化。后来，随着借贷记账法的应用越来越广泛，"借"和"贷"二字已不再具有其原有的含义，而只是单纯的记账符号，用来表示记账的方向。在账户的左右两方中，用"借"来表示左方金额栏，用"贷"来表示右方金额栏，"借"和"贷"就是表示记账方向的一种单纯的记账符号。至于在账户中，用哪一方表示增加，哪一方表示减少，则取决于账户的性质及结构。对于资产类账户，金额增加应登记在借方，金额减少应登记在贷方，即资产类账户"借"表示增加，"贷"表示减少。也就是说，对于负债类账户来说，则正好相反，金额增加应登记在贷方，金额减少应登记在借方，即负债类账户"贷"表示增加，"借"表示减少。登记贷方金额，表示该账户金额增加，登记借方金额，表示该账户金额减少。

三、借贷记账法下的账户结构

在借贷记账法下，账户的基本结构是：左方为借方，右方为贷方。但是用哪一方登记增加，哪一方登记减少，就要根据账户所反映的经济内容的性质和借贷记账法下的账户结构来决定。

（一）资产类账户结构

在资产类账户中，借方表示增加，贷方表示减少，期初期末余额都反映在借方。也就是说，资产类账户的金额增加时，应该登记在该账户的借方，金额减少时应登记在该账户的贷方。具体账户结构如图 3 - 3 所示：

借	资产类	贷
期初余额		
增加		减少
期末余额		

图 3 - 3

资产类账户期末余额的计算公式如下：

资产类账户期末借方余额 = 期初借方余额 + 本期借方发生额（增加额） − 本期贷方发生额（减少额）

【例3−1】 某企业的原材料账户期初余额为100 000元，本期购入原材料300 000元，本期发出原材料250 000元，则原材料账户期末余额为：

原材料账户期末余额 = 100 000 + 300 000 − 250 000 = 150 000（元）

（二）权益类账户结构

权益类账户包括负债类账户和所有者权益类账户，权益类账户的结构与资产类账户的结构正好相反，权益类账户的贷方表示增加，借方表示减少，期初期末余额都反映在贷方。也就是说，当权益类账户金额增加时登记在该账户的贷方，金额减少时登记在该账户的借方，其余额一般应在账户的贷方。具体账户结构如图3−4所示：

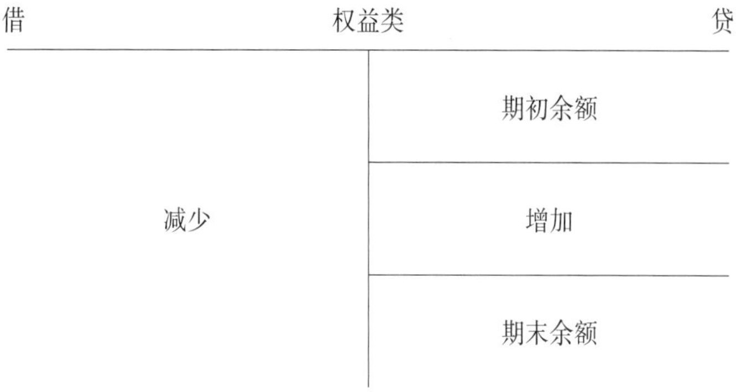

借	权益类	贷
		期初余额
减少		增加
		期末余额

图3−4

权益类账户期末余额的计算公式如下：

权益类账户期末贷方余额 = 期初贷方余额 + 本期贷方发生额（增加额） − 本期借方发生额（减少额）

【例3−2】 某企业应交税费账户的期初余额为30 000元，本期贷方发生额为20 000元，本期借方发生额为40 000元。则应交税费账户的期末余额为：

应交税费账户期末余额 = 30 000 + 20 000 − 40 000 = 10 000（元）

（三）收入类账户结构

企业在其生产经营活动中，通过销售产品或提供劳务可以获得各项收入，企业的收入将会使企业的利润增加，从而使企业的所有者权益增加。所以，收入类账户的结构与权益类账户结构相似，也就是说，对于收入类账户，金额增加时记入账户的贷方，金额减少时记入账户的借方，平时余额应反映在账户的贷方。但是收入类账户与权益类账户有一点不同，由于企业的收入是其在一定期间所获得的经营成果，应当与当期的成本费用相配比，以便计算出当期的利润，所以，在每期期末应予以结转，将全部余额转入"本年利润"账户的贷方，通过"本年利润"账户计算出本期利润。因此，收入类账户一般期末无余额。具体账户结构如图 3-5 所示：

借	收入类	贷
		期初余额
减少		增加
		期末余额

图 3-5

（四）费用（成本）类账户结构

费用是企业为了取得收入所发生的，在计算利润时将其从收入总额中扣除掉，而成本则是对象化了的费用。因此，费用（成本）类账户的结构与资产类账户的结构相同，与收入类账户相反，也就是说，费用（成本）增加时登记在借方，费用（成本）减少时登记在贷方，平时余额应反映在账户的借方，期末余额转销后账户一般没有余额。如果有余额，则期末余额在借方。具体账户结构如图 3-6 所示：

借	费用（成本）类	贷
期初余额		
增加		减少
期末余额		

图 3-6

下面将借贷记账法下各类账户的结构，用图 3-7 概括如下：

借方	账户	贷方
资产类账户增加		资产类账户减少
负债类账户减少		负债类账户增加
所有者权益账户减少		所有者权益账户增加
收入类账户减少		收入类账户增加
费用类账户增加		费用类账户减少
成本类账户增加		成本类账户减少

图 3-7

综上所述，对于每一个账户来说，期初余额只可能在账户的一方，即借方或贷方反映资产、负债或所有者权益的期初金额。如果期末余额与期初余额的方向相同，说明账户的性质未变；如果期末余额与期初余额的方向相反，则说明账户的性质已发生改变。例如，"应收账款"是资产类账户，期初余额一般在借方，反映期初尚未收回的账款。如果应收账款期末余额仍然在借方，则反映期末尚未收回的账款，还是资产类的账户；如果期末余额出现在贷方，说明本期多收了，多收部分就转化成预收账款，变成负债类账户了。类似的情况在不少账户都存在，如"应付账款"、"预付账款"等反映往来款项的账户以及"固定资产清理"、"待处理财产损溢"等双重性质账户，都应该根据它们期末余额的方向来确定其性质，如果余额在借方，就是资产类账户；如果余额在贷方，就是负债类账户。对于收入、费用类账户来说，由于这类账户的本期发生额在期末时都要结转到本年利润账户，用来核算企业的财务成果，所以一般没有期初余额和期末余额。

四、借贷记账法的记账规则

每一种记账方法都有其特定的记账规则，借贷记账法的记账规则是：有借必有贷，借贷必相等。也就是说，对企业所发生的每一笔经济业务，都要在两个或两个以上账户中相互联系地进行登记，而且借方和贷方要以相等的金额进行登记。具体来说，就是指对于每一项经济业务，如果登记到一个账户的借方，必须同时以相等的金额登记在另一个或几个账户的贷方，或者是，登记到一个账户的贷方，就必须同时登记到另一个或几个账户的借方。在运用借贷记账法的记账规则登记经济业务时，一般按以下步骤进行：①要分析所发生的经济业务涉及哪些账户，并判断账户的性质；②分析判断账户中涉及的金额是增加还是减少；③根据账户的结构确定记入账户的借方或是贷方。下面举例说明借贷记账法的记账规则。

【例 3-3】　W 公司 20××年 5 月初账户期初余额如表 3-1 所示：

表 3-1 　　　　　　　　　　账户期初余额平衡表　　　　　　　　　单位：元

资产	借方金额	贷方金额
银行存款	200 000	
原材料	100 000	
固定资产	460 000	

（续上表）

资产	借方金额	贷方金额
应付账款		100 000
应付股利		
短期借款		100 000
应付债券		50 000
实收资本		400 000
盈余公积		110 000
合计	760 000	760 000

W 公司 20××年 5 月发生以下经济业务：

（1）5 月 5 日，W 公司获得乙公司追加投资 100 000 元，并存入银行。

该经济业务的发生，涉及"银行存款"账户和"实收资本"账户，"银行存款"账户属于资产账户类，"实收资本"账户属于所有者权益类账户。该经济业务的发生，使这两类账户金额同时增加。该经济业务使 W 公司的资产类账户"银行存款"增加了 100 000 元，同时使所有者权益类账户"实收资本"增加了 100 000 元，使会计恒等式两边的金额同时增加。银行存款属于资产类账户，增加记入借方。实收资本属于所有者权益类，增加记入贷方，登记入账的结果如图 3-8 所示：

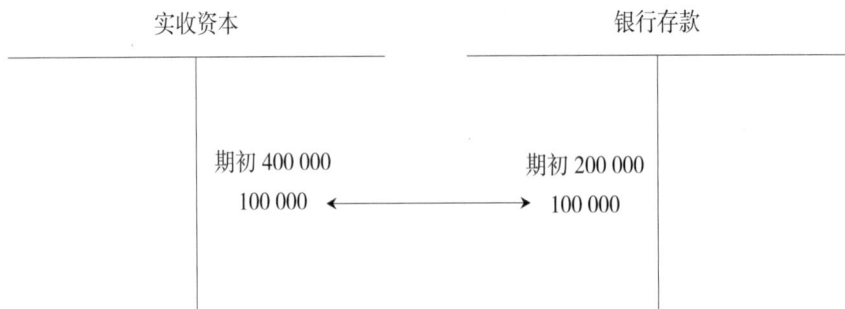

图 3-8

（2）5 月 11 日，W 公司向供货单位购入原材料一批，价值 110 000 元，货款未付，原材料已经验收入库。

该经济业务属于资产和负债同时增加，使 W 公司的"原材料"账户增加了 110 000 元，同时"应付账款"账户增加了 110 000 元。"原材料"属于资产账户类，增加记入借方。"应付账款"账户属于负债类账户，增加记入贷方。该经济业务使会计恒等式两边同时增加，登记入账的结果如图 3-9 所示：

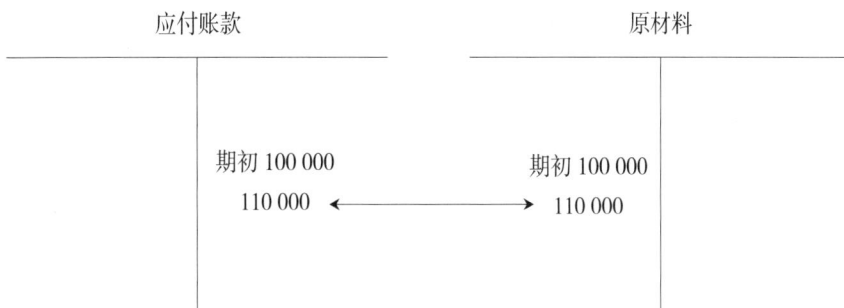

应付账款   原材料

期初 100 000   期初 100 000
110 000 ⟷ 110 000

图 3－9

（3）5 月 20 日，W 公司以银行存款支付前欠购原材料款 150 000 元。

该经济业务属于资产和负债同时减少，这项业务使 W 公司的资产类账户"银行存款"减少了 150 000 元，应记入账户的贷方，同时使负债类账户"应付账款"减少了 150 000 元，应记入该账户的借方。这项业务使会计恒等式两边同时减少，登记入账的结果如图 3－10 所示：

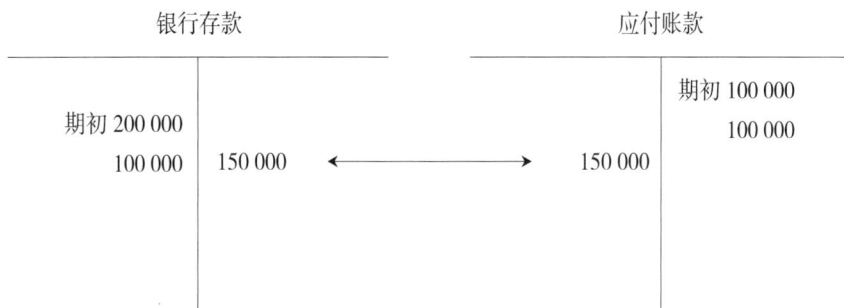

银行存款   应付账款

                                                期初 100 000
期初 200 000   100 000
100 000   150 000 ⟷ 150 000

图 3－10

（4）按法定程序减少注册资本 10 000 元，用银行存款向所有者支付。

该经济业务的发生，属于资产和所有者权益同时减少类型的经济业务。涉及资产中的"银行存款"账户和所有者权益中的"实收资本"账户，"银行存款"账户和"实收资本"账户各减少了 10 000 元。根据资产和所有者权益的账户的结构原理，资产的减少登记在贷方；所有者权益的减少登记在借方。因此，本笔经济业务事项的处理是，以相同的 10 000 元分别登记在"银行存款"账户的贷方和"实收资本"账户的借方。具体结果如图 3－11 所示：

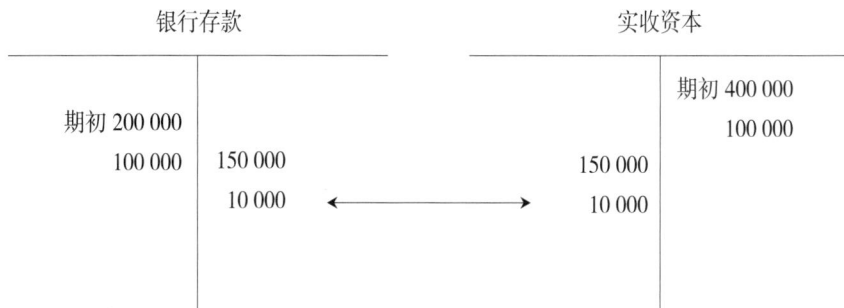

银行存款   实收资本

                                                期初 400 000
期初 200 000   100 000
100 000   150 000   150 000
          10 000 ⟷ 10 000

图 3－11

（5）5 月 24 日，W 公司支付银行存款 10 000 元购入生产用设备一台。

该经济业务属于一项资产增加，另一项资产减少的业务。这项业务使 W 公司的"固定资产"增加了 10 000 元，同时造成"银行存款"减少了 10 000 元。二者都属于资产类账户，应记入"固定资产"账户的借方和"银行存款"账户的贷方。登记入账的结果如图 3 - 12 所示：

银行存款			固定资产
期初 200 000			期初 460 000
100 000	150 000		
	10 000		
	10 000	←	10 000

图 3 - 12

（6）5 月 26 向银行借入短期借款 60 000 元立即用于归还前欠货款。

该经济业务属于一项负债增加，另一项负债减少的业务。其中，"短期借款"增加记入贷方，"应付账款"减少记入借方，仍然是有借必有贷，借贷必相等。登记入账的结果如图 3 - 13 所示：

短期借款			应付账款	
	期初 100 000			期初 100 000
			150 000	100 000
	60 000	←	60 000	

图 3 - 13

（7）以盈余公积 10 000 元准备向所有者分配利润。

该经济业务属于一项负债增加，一项所有者权益减少的业务。该经济业务的发生，引起所有者权益减少了 10 000 元，负债增加了 10 000 元。涉及负债类账户中的"应付股利"账户和所有者权益类账户中的"盈余公积"账户，"应付股利"账户增加了 10 000 元，"盈余公积"账户减少了 10 000 元。该经济业务应以 10 000 元相等的金额分别记入"应付股利"账户的贷方和"盈余公积"账户的借方。登记入账的结果如图 3 - 14 所示：

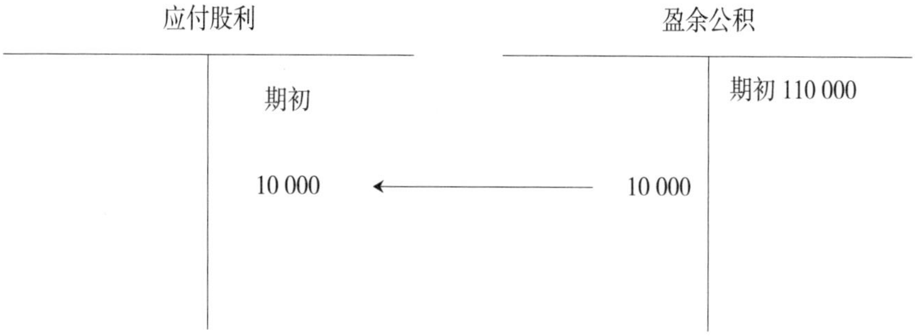

应付股利

盈余公积

	期初		期初 110 000
	10 000	←	10 000

图 3-14

（8）经批准将企业原已发行的 30 000 元应付债券转化为实收资本。

此经济业务的发生，引起负债和所有者权益的变动，属于一项负债减少，一项所有者权益增加的业务。涉及负债类账户中的"应付债券"账户和所有者权益类账户中的"实收资本"账户，"应付债券"账户减少了 30 000 元，"实收资本"账户增加了 30 000 元。负债减少登记在借方，所有者权益增加登记在贷方。因此，该经济业务是以 30 000 元相等的金额分别记入"应付债券"账户的借方和"实收资本"账户的贷方。登记入账的结果如图 3-15 所示：

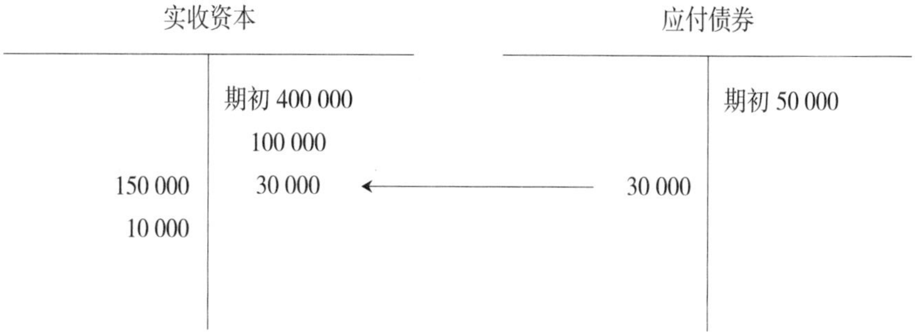

实收资本

应付债券

	期初 400 000		期初 50 000
	100 000		
150 000	30 000	← 30 000	
10 000			

图 3-15

（9）经批准企业用盈余公积 60 000 元转增资本。

此经济业务的发生，引起了所有者权益内部的变动，属于一项所有者权益减少，另一项所有者权益增加的业务。涉及所有者权益类账户中的"盈余公积"和"实收资本"两个账户，"盈余公积"账户减少了 60 000 元，"实收资本"账户增加了 60 000 元。所有者权益增加记入贷方，所有者权益减少记入借方。因此，该经济业务是以相等的金额 60 000 元记入"盈余公积"的借方和"实收资本"的贷方。登记入账的结果如图 3-16 所示：

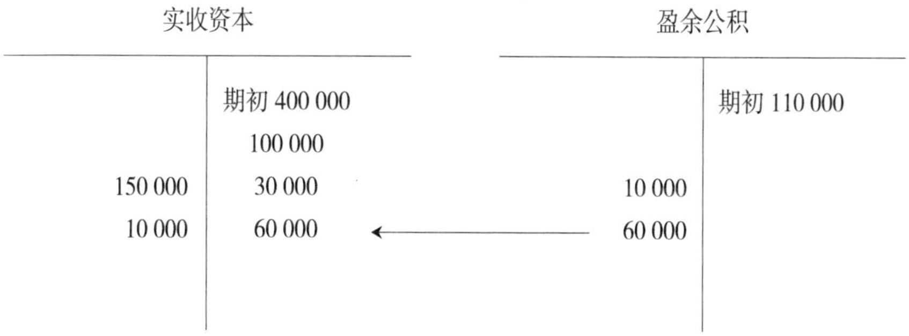

实收资本

盈余公积

	期初 400 000		期初 110 000
	100 000		
150 000	30 000	10 000	
10 000	60 000	← 60 000	

图 3-16

可见，在借贷记账法下，企业无论发生哪一种类型的经济业务，在进行账务处理时都要遵守"有借必有贷，借贷必相等"的记账规则。

在上述所举的例子中，企业每发生一笔经济业务，所涉及的账户只有一个借方账户和一个贷方账户，但是，在现实生活中的经济业务往往都很复杂，可能同时涉及一个账户的借方和几个账户的贷方，或者是一个账户的贷方和几个账户的借方，或者是多个账户的借方和多个账户的贷方。无论一笔经济业务多么复杂，在借贷记账法下，都应遵循"有借必有贷，借贷必相等"的记账规则。当一笔经济业务涉及一个账户的借方和几个账户的贷方时，就应该使该借方账户的金额等于该贷方的几个账户的金额之和，使借贷两方的金额相等。反之，一笔经济业务涉及一个账户的贷方和几个账户的借方时，也应该使贷方账户的金额与借方的几个账户的金额之和相等。

（10）W 公司购入原材料一批，价款 20 000 元，以银行存款支付 15 000 元，余款尚未支付，原材料已经验收入库。

对于这一笔经济业务，所涉及的账户有资产类账户中的"原材料"账户和"银行存款"账户以及负债类账户中的"应付账款"账户。原材料增加 20 000 元，银行存款减少 15 000 元，应付账款增加 5 000 元。资产类账户，增加记入借方、减少记入贷方；负债类账户，增加记入贷方、减少记入借方。在涉及的三个账户中，"原材料"账户是资产类账户，其增加记入借方；"银行存款"账户是减少，应记入贷方；"应付账款"账户是增加，应记入贷方。因此，借方有一个账户，贷方有两个账户。在进行账务处理时，要使借方"原材料"账户的金额等于记入贷方的"银行存款"账户和"应付账款"账户的金额之和，即"原材料"账户借方登记 20 000 元，"银行存款"账户贷方登记 15 000 元和"应付账款"账户贷方登记 5 000 元，借贷两方金额相等。登记入账的结果如图 3 - 17 所示：

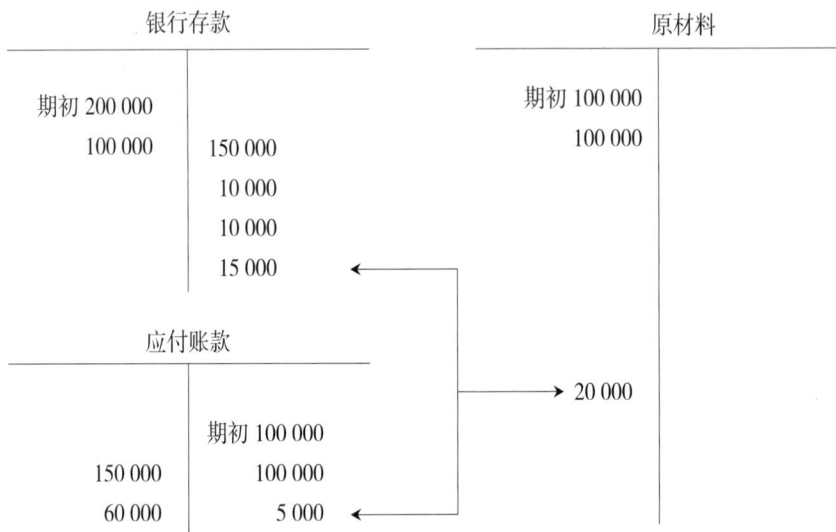

图 3 - 17

（11）W 公司于 5 月 30 日收到某企业投入的资本，其中 100 000 元是货币资金，款项已存入银行，另外 50 000 元的材料已经验收入库。

这项经济业务涉及"银行存款"、"原材料"两个资产类账户以及"实收资本"一个所有者权益账户，三者账户涉及的金额均增加，资产类账户增加记入借方，所有者权益类账户增加记入贷方。因此，这笔经济业务应记入"银行存款"账户借方 100 000 元，"原材料"账户借方 50 000 元，同时记入"实收资本"账户贷方 150 000 元。登记入账的具体结果如图 3 - 18 所示：

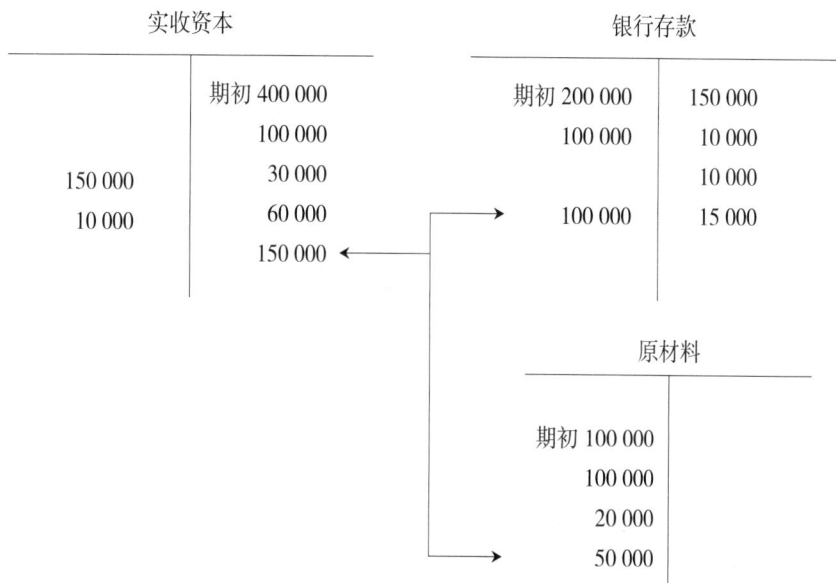

图 3 - 18

从上述例子中可以看出，在借贷记账法下，经济业务可以概括为四种类型，如图 3 - 19 所示：

①资金流入企业，资产与权益同时增加，资金总额增加；
②资金流出企业，资产与权益同时减少，资金总额减少；
③资金在资产类周转，资产内部有增有减，资金总额不变；
④资金在权益类周转，权益内部有增有减，资金总额不变。

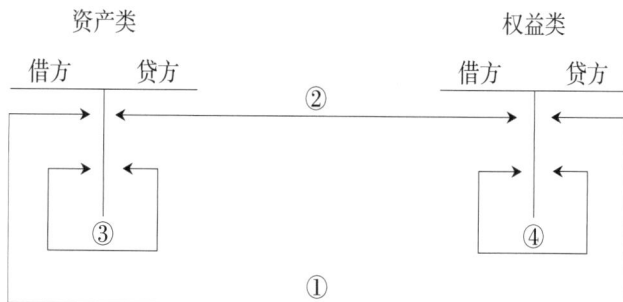

图 3 - 19

无论哪一种类型的经济业务，都将以相等的金额记入有关账户的借方或贷方，都应遵循"有借必有贷，借贷必相等"的记账规则。

五、借贷记账法试算平衡采用自动平衡

所谓试算平衡，是指根据资产与权益的恒等关系以及借贷记账法的记账规则，检查所有账户记录是否正确的过程。试算平衡包括发生额试算平衡法和余额试算平衡法两种。

（一）发生额试算平衡法

发生额试算平衡法是根据本期所有账户借方发生额合计与贷方发生额合计的恒等关系检验本期发生额记录是否正确的方法。公式为：

全部账户本期借方发生额合计 = 全部账户本期贷方发生额合计

表3-2 　　　　　　　　　　　　　　**账户发生额试算平衡表** 　　　　　　　　　单位：元

账户	借方金额	贷方金额
银行存款	①100 000　⑪100 000	③150 000　④10 000 ⑤10 000　⑩15 000
原材料	②110 000 ⑩20 000　⑪50 000	
固定资产	⑤10 000	
应付账款	③150 000　⑥60 000	②110 000　⑩5 000
应付股利		⑦10 000
短期借款		⑥60 000
应付债券	⑧30 000	
实收资本	④10 000	①100 000　⑧30 000 ⑨60 000　⑪150 000
盈余公积	⑦10 000　⑨60 000	
合计	710 000	710 000

由于借贷记账法对每项经济业务的记录都是按照"有借必有贷，借贷必相等"的记账规则进行的，这样一个会计主体在一定时期内的全部账户的借方发生额合计与贷方发生额合计就一定相等。

从W公司5月份发生的经济业务来看，由于借贷记账法对每项经济业务的记录都是按照"有借必有贷，借贷必相等"的记账规则进行的，这样一个会计主体在一定时期内的全部账户的借方发生额合计与贷方发生额合计就一定相等。

根据【例3-3】W公司5月份发生的11笔经济业务，可以编制如表3-2所示的发生额试算平衡表。

（二）余额试算平衡法

余额试算平衡法是根据本期所有账户的借方余额合计等于贷方余额合计的恒等关系，检验本期账户记录是否正确的方法。根据余额时间不同，又分为期初余额平衡和期末余额平衡两类。公式为：

全部账户的借方期初余额合计 = 全部账户的贷方期初余额合计

全部账户的借方期末余额合计 = 全部账户的贷方期末余额合计

根据"资产 = 负债 + 所有者权益"的恒等关系，运用借贷记账法在账户中记录经济业务的结果，各项资产余额合计必然等于各项负债和所有者权益的余额合计。在借贷记账法下，资产账户的余额应在账户的借方，负债和所有者权益账户的余额应在账户的贷方，因此，所有账户的借方余额合计与所有账户的贷方余额合计一定相等。

由于借贷记账法对每项经济业务的记录都是按照"有借必有贷，借贷必相等"的记账规则进行的，这样一个会计主体在一定时期内的全部账户的借方发生额合计与贷方发生额合计就一定相等。

根据【例3-3】W公司5月份发生的11笔经济业务，以及表3-1、表3-2所示的期初余额、发生额试算平衡表，可编制如表3-3所示的账户试算平衡表：

表3-3　　　　　　　总分类账户期初余额、本期发生额和期末余额试算平衡表

账户	期初余额		本期发生额		期末余额	
	借	贷	借	贷	借	贷
银行存款	200 000		200 000	185 000	215 000	
原材料	100 000		180 000		280 000	
固定资产	460 000		10 000		470 000	
应付账款		100 000	210 000	115 000		5 000
应付股利				10 000		10 000
短期借款		100 000		60 000		160 000
实收资本		400 000	10 000	340 000		730 000
盈余公积		110 000	70 000			40 000
应付债券		50 000	30 000			20 000
合计	760 000	760 000	710 000	710 000	965 000	965 000

在编制试算平衡表时，要注意以下几个方面的问题：①必须将所有账户的余额都记入到试算平衡表中。如果有遗漏的话，就会造成期初或期末余额合计与贷方余额合计不相等。②如果试算平衡表借贷不相等，就说明账户记录一定有错误，要仔细查找原因，使得试算平衡表能够平衡。③如果试算平衡表经过试算都是平衡的，也不能说明账户记录就一定是正确的，因为有些错误并不会影响借贷双方的平衡关系。比如：漏记某项经济业务，将使本期借贷双方的发生额同时减少，借贷仍然平衡；重记某项经济业务，将使本期借贷双方的发生额同时增加，借贷仍然平衡；某项经济业务发生后，记错了账户，借贷仍然平衡，等等。所以，在编制试算平衡表之前，一定要认真核对有关的账户记录，避免出现上述问题。

第三节　会计分录

一、会计分录的概念

会计分录是指对某项经济业务事项标明其应借应贷账户及其金额的记录，它是记账凭证的主要内容。在实务中，会计分录是在记账凭证上登记的。一笔会计分录主要包括三个要素，即会计科目、记账符号和金额。

二、会计分录的分类

按照所涉及的账户的多少，会计分录可分为简单会计分录和复合会计分录。

（1）简单会计分录。简单会计分录是指只涉及一个账户借方和另一个账户贷方的会计分录，即一借一贷的会计分录。这种会计分录下的会计科目间的对应关系十分清晰，比较容易理解和掌握。

（2）复合会计分录。复合会计分录是指由两个或两个以上账户所组成的会计分录，即一借多贷、多借一贷和多借多贷的会计分录。企业编制复合会计分录，可以全面地反映经济业务的来龙去脉，并简化记账手续，提高工作效率。

三、会计分录的编制步骤

编制会计分录时，应按照以下步骤进行：

（1）分析经济业务事项涉及的账户。一项经济业务发生后，首先分析该经济业务涉及的账户是资产类账户、负债类账户、所有者权益类账户，还是收入类账户、成本类账户、费用类账户等。

（2）确定涉及的账户是增加还是减少。在第一步的基础上，确定经济业务涉及的账户的金额是增加还是减少。

（3）确定应记入哪个（或哪些）账户的借方，哪个（或哪些）账户的贷方。根据前面确定的账户及其增减情况，进一步确定应该记入该账户的借方还是贷方。

（4）编制会计分录并检查是否符合记账规则。

【例3-4】　仍以【例3-3】W公司20××年5月的经济业务为例，编制会计分录如下：

（1）借：银行存款　　　　　　　　　　　　　　　　　　　100 000
　　　　　贷：实收资本　　　　　　　　　　　　　　　　　　　100 000
（2）借：原材料　　　　　　　　　　　　　　　　　　　　　110 000
　　　　　贷：应付账款　　　　　　　　　　　　　　　　　　　110 000
（3）借：应付账款　　　　　　　　　　　　　　　　　　　　150 000
　　　　　贷：银行存款　　　　　　　　　　　　　　　　　　　150 000

（4）借：实收资本　　　　　　　　　　　　　　　　10 000
　　　贷：银行存款　　　　　　　　　　　　　　　　　　10 000
（5）借：固定资产　　　　　　　　　　　　　　　　10 000
　　　贷：银行存款　　　　　　　　　　　　　　　　　　10 000
（6）借：应付账款　　　　　　　　　　　　　　　　60 000
　　　贷：短期借款　　　　　　　　　　　　　　　　　　60 000
（7）借：盈余公积　　　　　　　　　　　　　　　　10 000
　　　贷：应付股利　　　　　　　　　　　　　　　　　　10 000
（8）借：应付债券　　　　　　　　　　　　　　　　30 000
　　　贷：实收资本　　　　　　　　　　　　　　　　　　30 000
（9）借：盈余公积　　　　　　　　　　　　　　　　60 000
　　　贷：实收资本　　　　　　　　　　　　　　　　　　60 000

上述会计分录都是一借一贷的简单会计分录。

（10）借：原材料　　　　　　　　　　　　　　　　20 000
　　　　贷：银行存款　　　　　　　　　　　　　　　　　15 000
　　　　　　应付账款　　　　　　　　　　　　　　　　　　5 000
（11）借：银行存款　　　　　　　　　　　　　　　50 000
　　　　　原材料　　　　　　　　　　　　　　　　100 000
　　　　贷：实收资本　　　　　　　　　　　　　　　　150 000

（10）、（11）的分录都是复合会计分录，都涉及两个以上的账户。（10）是一借多贷的分录，（11）是一贷多借的分录，它们的借方和贷方的金额合计是相等的，符合借贷记账法"有借必有贷，借贷必相等"的记账规则。复合会计分录可以分解为几笔简单会计分录，其结果相同。上述两项复合会计分录可以分解如下：

（10）分录可以分解为：
借：原材料　　　　　　　　　　　　　　　　　　15 000
　　贷：银行存款　　　　　　　　　　　　　　　　　　15 000
借：原材料　　　　　　　　　　　　　　　　　　　5 000
　　贷：应付账款　　　　　　　　　　　　　　　　　　　5 000
（11）分录可以分解为：
借：银行存款　　　　　　　　　　　　　　　　　50 000
　　贷：实收资本　　　　　　　　　　　　　　　　　50 000
借：原材料　　　　　　　　　　　　　　　　　100 000
　　贷：实收资本　　　　　　　　　　　　　　　　100 000

在采用借贷记账法记录经济业务时，在同一会计分录中会使有关账户之间形成一种应借应贷的对应关系，称为账户间的对应关系；发生应借应贷对应关系的账户互为对应账户。在编制会计分录时，保持账户间的对应关系能反映资金的来龙去脉，便于查账对错，因此，做账时应尽量保持账户间的对应关系。为了能保持账户之间的对应关系，一般情况下不编制多借多贷的会计分录。

第四节　总账与其所属明细账之间的平行登记

如前所述，账户按其所归属的会计要素的不同，可以分为资产类、负债类、所有者权益类、成本类、损益类五大类。账户按其提供信息的详细程度及其统驭关系的不同，可以分为总分类账户和明细分类账户。总分类账户，是指根据总分类科目设置的、用于对会计要素具体内容进行总括分类核算的账户，又称为一级账户，简称总账账户或总账。为了保持会计信息的一致性和可比性，目前，总分类账户一般根据国家统一的会计制度的有关规定设置。明细分类账户，是指根据明细分类科目设置的，用于对会计要素具体内容进行明细分类核算的账户，简称明细账。明细分类账户也可以进一步分为二级明细账、三级明细账等。

一、总分类账户与明细分类账户的关系

1. 总分类账户对明细分类账户具有统驭作用

总分类账户提供的总括核算资料，是对有关明细分类账户资料的综合；而明细分类账户提供的明细核算资料，是对其总分类账户资料的具体化。因此，总分类账户对其所属的明细分类账户具有统驭作用。

2. 明细分类账户对总分类账户具有补充说明作用或进一步说明的作用

总分类账户是对会计要素各项目增减变化的总括反映，提供总括的资料；而明细分类账户反映的是会计要素各项目增减变化的详细情况，提供了某一具体方面的详细资料，有些明细分类账户还可以提供实物数量指标和劳动量指标等。因此，明细分类账户对总分类账户具有补充说明的作用或进一步说明的作用。

3. 总分类账户与其所属明细分类账户在总金额上应当相等

由于总分类账户与其所属明细分类账户是根据相同的依据来进行平行登记，所反映的经济内容是相同的，其总金额必然相等。比如，"原材料"总分类账户与其所属的"燃料"、"辅助材料"等明细分类账户都反映了原材料的收发结存情况，因此，"原材料"总分类账户的金额与其所属的"燃料"、"辅助材料"等明细分类账户的总金额应当相等。

二、总分类账户与明细分类账户的平行登记

平行登记是指对所发生的每项经济业务事项都要以会计凭证为依据，一方面记入有关总分类账户，另一方面记入有关总分类账户所属明细分类账户的方法。

总分类账户与明细分类账户平行登记有如下四方面的要求：

（1）所依据会计凭证相同。对于发生的经济业务事项，要根据相同的会计凭证，一方面要在有关的总分类账户中登记，另一方面要在该总分类账户所属的明细分类账户中登记。

（2）借贷方向相同。对于发生的每项经济业务，记入总分类账户和其所属明细分类账户的方向必须相同。如果总分类账户登记在借方，那么所属明细分类账户也应该登记在借方；反之，如果总分类账户登记在贷方，那么其所属明细分类账户也应该登记在贷方。

（3）所属会计期间相同。对于发生的每项经济业务，在记入总分类账户和明细分类账

户时，必须在同一会计期间全部登记入账，即一项经济业务发生后，必须在记入总分类账户进行总括登记的同一会计期间，在其所属明细分类账户中进行明细分类登记。

（4）记入总分类账户的金额与记入明细分类账户的合计金额相等。对于发生的每一项经济业务，记入总分类账户的金额必须等于其所属明细分类账户的金额之和，使得总分类账户本期发生额与其所属明细分类账户本期发生额合计相等；总分类账户期初余额与其所属明细分类账户期初余额合计相等；总分类账户期末余额与其所属明细分类账户期末余额合计相等。

下面以"原材料"账户和"应付账款"账户为例，说明总分类账户与明细分类账户的平行登记方法。

【例3-5】 W公司20××年7月1日"原材料"和"应付账款"两个总分类账户及其所属明细分类账户的有关资料如下：

"原材料"总分类账户有借方金额60 000元，其所属明细分类账户余额如下：

名称	重量	单价	金额
A 材料	200 千克	200 元	40 000 元
B 材料	200 千克	100 元	20 000 元
		合计	60 000 元

"应付账款"总分类账户有贷方金额80 000元，其所属明细分类账户余额如下：

丁公司	20 000 元
丙公司	60 000 元
合计	80 000 元

该公司7月份发生下列经济业务：

（1）7月2日，向丁公司购入A材料400千克，单价200元，价款80 000元；B材料400千克，单价100元，价款40 000元。材料已验收入库，货款尚未支付。编制会计分录如下：

借：原材料——A 材料 80 000
    ——B 材料 40 000
 贷：应付账款 ——丁公司 120 000

（2）7月6日，车间从仓库领用原材料一批，其中A材料600千克，单价200元，计120 000元；B材料300千克，单价100元，计30 000元。编制会计分录如下：

借：生产成本 150 000
 贷：原材料——A 材料 120 000
    ——B 材料 30 000

（3）7月12日，向丙公司购入材料一批，其中A材料200千克，单价200元，价款40 000元；B材料400千克，单价100元，价款40 000元。材料已验收入库，货款尚未支付。编制会计分录如下：

借：原材料——A 材料 40 000
    ——B 材料 40 000
 贷：应付账款——丙公司 80 000

（4）7月20日，以银行存款偿还丁公司的货款40 000元，偿还丙公司的货款50 000元。编制会计分录如下：

借：应付账款——丁公司　　　　　　　　　　　　　　　　　　40 000

　　　　　　——丙公司　　　　　　　　　　　　　　　　　　50 000

　　贷：银行存款　　　　　　　　　　　　　　　　　　　　　　　90 000

根据上述资料，在"原材料"和"应付账款"的总分类账户及其所属的明细分类账户中进行平行登记，有关步骤如下：①将月初余额分别记入"原材料"和"应付账款"总分类账户及其所属的明细分类账户，在"原材料"的明细分类账户中，还需要登记各种材料的数量和单价。②根据经济业务发生的先后次序和编制的会计分录，依次在"原材料"和"应付账款"两个总分类账户和其所属的明细分类账户中进行平行登记，并计算出各账户的本期发生额和期末余额。有关"原材料"和"应付账款"总分类账户和其所属的明细分类账户的登记结果如图3-20、图3-21所示：

原材料（总账）		原材料——A		原材料——B	
60 000		40 000		20 000	
(1) 120 000		(1) 80 000		(1) 40 000	
	(2) 150 000		(2) 120 000		(2) 30 000
(3) 80 000		(3) 40 000		(3) 40 000	
200 000	150 000	120 000	120 000	80 000	30 000
110 000		40 000		70 000	

图3-20

应付账款（总账）		应付账款——丁		应付账款——丙	
	80 000		20 000		60 000
	(1) 120 000		(1) 120 000		
	(3) 80 000				(3) 80 000
(4) 90 000		(4) 40 000		(4) 50 000	
90 000	200 000	40 000	120 000	50 000	80 000
	190 000		100 000		90 000

图3-21

从上述总分类账户和其所属的明细分类账户记录中可以看出，在平行登记下，"原材料"和"应付账款"总分类账户的期初余额、本期借方发生额、本期贷方发生额以及期末余额，都分别与其所属的明细分类账户的期初余额之和、本期借方发生额之和、本期贷方发生额之和以及期末余额之和相等。这样，总分类账户对明细分类账户的统驭作用，明细分类账户对总分类账户的补充作用一目了然。

因总分类账户与其所属的明细分类账户的本期发生额及余额的必然相等关系，在期末可以对总分类账户和其所属的明细分类账户进行核对和检查，以便发现和纠正错误。通常这种核对是通过编制"总分类账户与明细分类账户发生额及余额"对照表进行的，其格式和内容如表 3 - 4 所示，该表列示了图 3 - 20、图 3 - 21 中"原材料"和"应付账款"两个总分类账户与其所属的明细分类账户的对照情况。

表 3 - 4　　　　　　　总分类账户与明细分类账户发生额及余额对照表

20 × ×年 7 月

会计科目	期初余额		本期发生额		期末余额	
	借方	贷方	借方	贷方	借方	贷方
原材料	60 000		200 000	150 000	110 000	
A 材料	40 000		120 000	120 000	40 000	
B 材料	20 000		80 000	30 000	70 000	
应付公司		80 000	90 000	200 000		190 000
丁公司		20 000	40 000	120 000		100 000
丙公司		60 000	50 000	80 000		90 000

复习思考题

1. 借贷记账法有何特点?

2. 什么是账户的试算平衡?

3. 什么叫会计分录? 会计分录的种类有哪些?

4. 什么是账户对应关系?

5. 什么是账户的平行登记? 平行登记的要点有哪些?

6. 举例说明经济业务的类型对会计等式的影响。

7. 资金流入企业有哪些渠道?

8. 资金退出企业有哪些渠道?

练习题一

(一) 目的

计算账户中的有关数据。

（二）资料

账户资料如表 3 - 5 所示：

表 3 - 5

账户名称	期初余额	借方发生额	贷方发生额	期末余额
银行存款	430 000	1 985 000	2 040 000	？
固定资产	2 400 000	？	496 000	1 990 000
短期借款	？	160 000	260 000	300 000
应付账款	230 000	？	200 000	55 000

（三）要求

根据已知数据，计算每个账户的未知数据。

练习题二

（一）目的

练习资金变化类型。

（二）资料

某企业发生经济业务如下：

（1）用银行存款购买材料；

（2）用银行存款支付前欠 A 单位货款；

（3）从税后利润中提取职工奖励和福利费；

（4）向银行借入长期借款；

（5）收到所有者投入的设备；

（6）向国外进口设备，款未付；

（7）用银行存款归还长期借款；

（8）企业以固定资产向外单位投资；

（9）将前欠 B 单位货款转为应付票据；

（10）经批准，退还所有者乙资本金并代其偿还应付其他单位欠款；

（11）企业所有者甲代企业归还银行借款，并将其转为投入资本；

（12）将盈余公积转作资本。

（三）要求

分析上列各项经济业务的资金变化类型，填入表 3 - 6 中。

表 3 - 6   经济业务的资金变化类型

类型	经济业务序号
1. 一项资产增加，另一项资产减少	
2. 一项负债增加，另一项负债减少	
3. 一项所有者权益增加，另一项所有者权益减少	

（续上表）

类型	经济业务序号
4. 一项资产增加，一项负债增加	
5. 一项资产增加，一项所有者权益增加	
6. 一项资产减少，一项负债减少	
7. 一项资产减少，一项所有者权益减少	
8. 一项负债减少，一项所有者权益增加	
9. 一项负债增加，一项所有者权益减少	

练习题三

（一）目的

练习借贷记账法。

（二）资料

使用第一章练习题二的资料。

（三）要求

1. 编制会计分录。

2. 开设（丁字账）总账，登记总分类账并结出期末余额。

3. 编制试算平衡表，填入表 3 - 7 中。（答案：4 555 000 元）

表 3 - 7 　　　　　　　总分类账户期初余额、本期发生额和期末余额试算平衡表

账户	期初余额		本期发生额		期末余额	
	借	贷	借	贷	借	贷

练习题四

（一）目的

熟悉工业企业发生经济业务时引起的资产与权益的变化情况，练习借贷记账法。

（二）资料

1. 某企业 20××年 9 月各账户期初余额如下：

固定资产	800 000（借方）	实收资本	800 000（贷方）
材料采购	7 000（借方）	短期借款	20 000（贷方）
原材料	15 000（借方）	应交税费	9 000（贷方）
银行存款	7 000（借方）		829 000
	829 000		

2. 该企业 9 月份发生下列经济业务：

（1）收到投资者投入资本 200 000 元，存入银行；

（2）购进材料 56 000 元，以银行存款支付；

（3）向银行借入短期借款 50 000 元；

（4）以银行存款购入固定资产 60 000 元。

（三）要求

1. 根据上述资料开设丁字账。

2. 根据以上经济业务编写会计分录，并登记丁字账。

3. 结账后，进行试算平衡。（答案：1 079 000 元）

练习题五

（一）目的

练习试算平衡。

（二）资料

下面这张试算平衡表（见表 3 - 8）因为有些错误而未平衡。

表 3 - 8

账户名称	借方（更正前）	贷方（更正前）
银行存款	8 752	
应收账款	5 678	
库存商品	1 500	
固定资产	50 000	
累计折旧		10 000
应付账款		13 000
应付票据		3 000

（续上表）

账户名称	借方（更正前）	贷方（更正前）
实收资本		40 000
管理费用	4 500	
销售费用	2 000	
主营业务收入		15 000
合计	72 430	81 000

经检查发现下列错误：银行存款余额多记了 1 000 元；收到银行存款 2 000 元过账时记入贷方；销售费用 200 元记入试算平衡表时记为 2 000 元；一笔价值 5 370 的应收账款漏记；一笔价值 2 000 元的应付账款记了两次。（答案：79 000 元）

（三）要求

请用更正后的余额编制新的试算平衡表。

练习题六

（一）目的

练习总分类账户与明细分类账户的平行登记。

（二）资料

某工厂 20 × × 年 10 月 31 日"原材料"总分类账户借方余额 65 000 元。其中，A 材料 20 000 千克，每千克 1.00 元，计 20 000 元；B 材料 15 000 千克，每千克 3.00 元，计 45 000 元。"应付账款"总分类账户贷方余额 12 500 元。其中，W 厂 6 000 元；Q 公司 6 500 元。

该厂 11 月份发生以下部分经济业务：

（1）向 Q 公司购入 A 材料 1 000 千克，每千克 1.00 元，材料已验收入库，贷款暂欠；

（2）以银行存款 6 500 元偿还 Q 公司货款；

（3）车间领用下列原材料投入产品生产：

A 材料　20 000 千克　每千克 1.00 元　计 20 000 元
B 材料　 6 000 千克　每千克 3.00 元　计 18 000 元
　　　　　　　　　　　　　　　　　合计 38 000 元

（4）向 W 厂购入 A 材料 10 000 千克，每千克 1.00 元；B 材料 5 000 千克，每千克 3.00 元，计货款 25 000 元，用银行存款支付货款 20 000 元，其余暂欠。材料已验收入库。

（三）要求

1. 根据资料开设（丁字账）"原材料"、"应付账款"的总分类账户与明细分类账户，登记期初余额。

2. 根据经济业务编制相应的会计分录，并据以登记总账和明细账。

3. 结出有关总账和明细账的本期发生额及月末余额，并对其进行核对。（答案：应付账款 12 000 元、原材料 53 000 元）

第四章 借贷记账法的应用

如前所述，会计主体的会计对象概括为资金或资本的运动，而企业又可分为多种类型，如建筑企业、安装企业、商品流通企业、制造企业等，由于在各种企业中制造企业的业务相对全面、完整，因此，本书就借贷记账法的应用惯以工业为例。工业企业的主要经济业务核算有供应阶段、生产阶段、销售阶段和利润形成与分配环节的核算以及资金流入、资金流出等业务的核算。

第一节　筹集资金的核算

一、企业筹集资金阶段的主要业务

任何企业要想从事生产经营活动，首先必须有一定数量的资金投入。可供企业运用的资金来源主要有两个方面：一是投资者投入的资本金，二是向债权人借入的款项。

投资者投入的资本金，在会计上称为"实收资本"，是各种不同身份的投资者依据国家有关法律、法规的规定向被投资企业注入的启动资金，包括国家资本金、法人资本金、外商资本金和个人资本金。投资者作为企业的所有者，将视企业经营状况的好坏，按照出资比例或投资契约来分享红利或分担亏损。投资者的投资方式包括货币投资、实物投资和无形资产投资等。企业收到货币投资，入账金额以实际收到的款项为准；收到实物投资、无形资产投资和其他投资，必须以公允价值为基础进行评估作价，入账金额以核实后双方认可的评估价为准。入账的实收资本，在企业清算前，除依法转让外，不得以任何形式抽回。

向企业提供借款的债权人主要是银行或非银行金融机构，企业取得的借款分为长期借款和短期借款。长期借款是指企业借入的归还期在 1 年以上的借款，如企业为扩大经营规模，谋求长远发展向银行借入的长期贷款等。短期借款是指企业借款归还期在 1 年以下（含 1 年）的借款，如为补充企业生产周转资金的不足而向银行借入的流动资金贷款等。向企业提供借款的投资者即为债权人。企业借入的长、短期借款必须按照规定用途使用，定期支付利息，按期归还本金。

二、账户的设置及应用

为了核算企业筹集资金的过程，应设置"实收资本"、"资本公积"等账户来反映筹资时所有者权益的增加；设置"银行存款"、"固定资产"等账户来反映筹资时资产的增加；设置"短期借款"、"长期借款"等账户来反映筹资时向银行借款的增加。

（1）"实收资本"账户。"实收资本"账户是所有者权益类账户，用来核算企业接受投资者投资的账户。投资者投入企业的资本记入"实收资本"账户。该账户贷方登记企业实际收到的投资者投入的资本数；借方登记企业按法定程序报经批准减少的注册资本数，期末贷方余额反映企业实有的资本或股本数额。

（2）"资本公积"账户。"资本公积"账户是所有者权益类账户，用来核算企业取得的资本公积金。该账户的贷方登记企业取得的资本公积金增加数；借方登记资本公积金的减少数。

（3）"短期借款"账户。"短期借款"账户是一个流动负债账户，用来核算企业向银行或其他金融机构等借入的期限在1年以下（含1年）的各种借款。企业借入的各种短期借款，表明流动负债的增加，应记入"短期借款"账户的贷方；归还借款时，表明流动负债的减少，应记入"短期借款"账户的借方。期末余额在贷方，表示期末尚未归还的短期借款的本金。

（4）"长期借款"账户。"长期借款"账户是一个非流动负债账户，用来核算企业借入的期限在1年以上（不含1年）的各种借款。该账户贷方登记企业借入的各种长期借款数（包括本金和利息）；借方登记各种长期借款归还数（包括本金和利息）。期末贷方余额表示企业尚未归还的长期借款本金和利息数。

（5）"银行存款"账户。"银行存款"账户是资产类账户，用来核算企业存入银行或其他金融机构的各种存款。该账户借方登记投资人货币资金投资或存入的款项，贷方登记提取或支出的存款。期末余额在借方，表示企业存在银行或其他金融机构的款项。

（6）"固定资产"账户。"固定资产"账户是资产类账户，用来核算企业固定资产的原值。该账户的借方登记不需要经过建造、安装即可使用的固定资产增加的原始价值；贷方登记减少固定资产的原始价值。期末借方余额反映企业期末固定资产的账面原价。

三、主要经济业务的核算

【例4-1】　W公司收到国家投入的流动资金3 000 000元，款项存入银行。

企业收到国家投入资本，国家资本金增加，应记入"实收资本"账户的贷方；同时收到的资金已存入银行，银行存款增加，应记入"银行存款"账户的借方。该业务应编制会计分录如下：

借：银行存款　　　　　　　　　　　　　　　　　　　　　　　3 000 000
　贷：实收资本　　　　　　　　　　　　　　　　　　　　　　　　3 000 000

【例4-2】　W公司收到丁公司投入设备一台，投出单位账面原价1 000 000元，双方协议确认的价值为500 000元，该设备已投入使用。

企业接受其他单位投资，法人资本金增加，应记入"实收资本"账户的贷方；同时收到设备，使公司的固定资产增加，应记入"固定资产"账户的借方。该业务应编制会计分录如下：

借：固定资产　　　　　　　　　　　　　　　　　　　　　　　1 000 000
　贷：实收资本　　　　　　　　　　　　　　　　　　　　　　　　500 000
　　累计折旧　　　　　　　　　　　　　　　　　　　　　　　　500 000

【例4-3】　丙公司以专用技术向W公司投资，经专家评估确认其价值为100 000元。

企业接受其他单位投资，法人资本金增加，应记入"实收资本"账户的贷方，同时收到专用技术资料使无形资产增加，应记入"无形资产"账户的借方。该业务应编制会计分录如下：

借：无形资产   100 000
　　贷：实收资本   100 000

【例4-4】   W公司接收M公司捐赠的设备一台，价值200 000元。

企业接受捐赠的设备与投资者以设备向企业投资情况不同，虽然也会增加企业的资本金，但不能作为实收资本处理，应将其作为资本公积金处理。一方面应记入"资本公积"账户的贷方；另一方面收到设备，使公司的固定资产增加，应记入"固定资产"账户的借方。该业务应编制会计分录如下：

借：固定资产   200 000
　　贷：资本公积   200 000

【例4-5】   由于季节性储备材料需要，W公司向银行申请借入流动资金500 000元，借款期限为3个月，已办妥借款手续，款项已转存银行。

公司向银行借入流动资金，一方面说明增加临时借款，应记入"短期借款"的贷方；另一方面说明银行存款增加，应记入"银行存款"账户的借方。该业务应编制会计分录如下：

借：银行存款   500 000
　　贷：短期借款   500 000

【例4-6】   W公司向银行借入两年期借款1 000 000元，借款存入银行。

公司将借款存入银行，一方面使银行存款增加，应记入"银行存款"账户的借方；另一方面说明企业的长期借款增加，应记入"长期借款"账户的贷方。该业务应编制会计分录如下：

借：银行存款   1 000 000
　　贷：长期借款   1 000 000

【例4-7】   赊购设备货款300 000元，增值税51 000元，设备已交付使用，货款、增值税未付。该业务应编制会计分录如下：

借：固定资产   300 000
　　应交税费——应交增值税（进项税额）   51 000
　　贷：应付账款   351 000

第二节   供应阶段的核算

一、供应阶段业务的基本内容

任何企业为生产经营都需要采购原料和其他物资。而相对于其他类型企业，制造企业采购物质的种类最多、核算也比较复杂。采购业务是制造企业为生产产品所做的储备工作，主要是采购原材料、燃料等存货。采购业务的基本内容包括：企业与供货单位或其他有关单位签订购销合同，并按合同的规定办理款项的结算。这中间除了要支付所购货物的价款和增值税以外，还要支付与购进货物有关的运输费、装卸费、保险费、包装费等各种采购费用。所以，采购货物支付的价款及全部采购费用组成购进货物的采购成本（增值税因为是价外税，所以不记入购进材料、设备等的成本）。

发生购进业务的企业支付以上款项时会涉及若干个单位，因付款的时间也可能各有不同，可能是钱货两清，即现购；可能是先付款、后取货，即预购；还可能是先到货、后付款，即赊购。凡此种种，虽说都购货付款，但反映在会计处理上是各不相同的。采购货物运达企业后应办理验收入库手续，交由仓库管理，以备生产车间和其他部门领用。

二、材料的采购成本

工业企业材料采购成本包括：①买价，指进货发票所开列的货款金额；②运杂费，包括运输费、装卸费、包装费、保险费、仓储费等；③运输途中的合理损耗，指企业与供应或运输部门所签订的合同中规定的合理损耗或必要的自然损耗；④入库前的挑选整理费用，指购入的材料在入库前需要挑选整理而发生的费用，包括挑选过程中所发生的工资、费用支出和必要的损耗，但要扣除下脚残料的价值；⑤购入材料负担的税金（如关税、消费税等，除增值税、所得税等）和其他费用等。

三、设置的账户

（1）"材料采购"账户。"材料采购"账户是资产类账户，用来核算企业采用计划成本进行材料日常核算而购入的各种材料的采购成本。该账户的借方登记外购材料的实际采购成本（包括买价和采购费用）；贷方登记已验收入库材料的实际成本；月末借方余额表示企业已经收到发票账单付款等，但尚未到达或尚未验收入库的在途材料的采购成本。

（2）"原材料"账户。"原材料"账户是资产类账户，用来核算企业库存的各种材料的增减变动及其结余情况。该账户借方登记已验收入库材料的实际成本（或计划成本），贷方登记发出材料的实际成本（或计划成本）；月末借方余额表示企业库存的各种材料的实际成本（或计划成本）。

（3）"应交税费"账户。"应交税费"账户属于负债类账户，用来核算企业按照税法规定计算应交纳的各种税费。企业应在"应交税费"科目下设置"应交增值税"明细科目。在"应交增值税"明细账中，应设置进项税额、销项税额等专栏进行明细核算。企业采购物资时，应按可抵扣的增值税额借记本账户；销售物资或提供应税劳务时，按营业收入和应收取的增值税额贷记本账；月末，"应交税费——应交增值税"账户如为贷方余额，则为企业尚未交纳的增值税，如为借方余额，则为企业多交的或尚未抵扣的增值税。

（4）"应付票据"账户。"应付票据"账户属于负债类账户，用来核算企业购买材料、商品和接受劳务供应等开出、承兑的商业汇票（包括商业承兑汇票和银行承兑汇票），该账户贷方登记企业已开出、承兑的汇票或以承兑汇票抵付的货款；借方登记收到银行付款通知后实际支付的款项；月末贷方余额表示尚未到期的商业汇票的票面余额。其特点是会计主体已出具商业承兑汇票或银行承兑汇票许诺何时付款的业务记到该账户。

（5）"应付账款"账户。"应付账款"账户是负债类账户，用来核算企业因购买材料、商品和接受劳务供应等而应付给供应单位的款项。该账户的贷方登记因购买材料、商品或接受劳务供应等而发生的应付未付的款项；借方登记已经支付或已开出承兑商业汇票抵付的应付款项；月末贷方余额表示尚未支付的应付账款。其特点是会计主体未许诺何时付款的业务记到该账户。

（6）"其他应付款"账户。"其他应付款"账户是负债类账户，用来核算企业因购买材料、商品和接受劳务供应等而应付给其他单位或个人的款项。该账户的贷方登记因非购买材料、商品或接受劳务供应等而发生的应付未付的款项；借方登记已经支付的应付款项；月末贷方余额表示尚未支付的其他应付款。其特点是会计主体非采购的业务形成的账项记到该账户。

（7）"预付账款"账户。"预付账款"账户是资产类账户，用来核算企业按照购货合同规定预付给供应单位的款项或定金。该账户借方登记按照合同规定预付给供应单位的货款、定金和补付的款项；贷方登记收到所购货物的货款和退回多付的款项；期末借方余额表示企业预付的款项；期末如为贷方余额，表示企业尚未补付的款项。

四、采购材料示意图

采购材料示意图如图 4-1 所示：

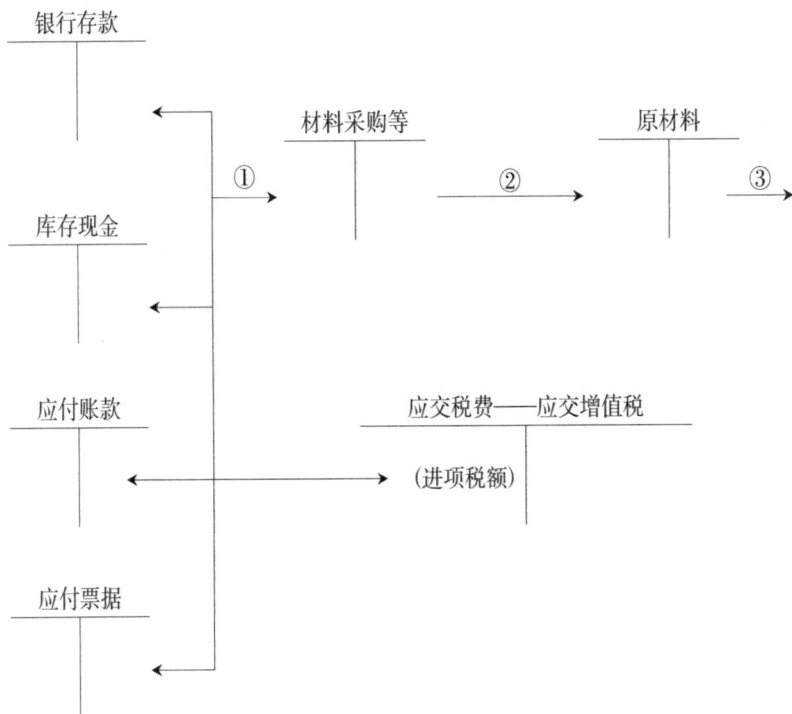

图 4-1

五、主要经济业务的核算

【例 4-8】   W 公司从 M 企业购入丁材料 1 000 千克，买价 50 000 元，增值税 8 500 元，对方代垫运费 500 元，款项尚未支付，材料已验收入库。

分析：该业务使原材料增加，应付账款增加，应交税金减少。原材料属于资产类账户，其增加记入借方，应交税费和应付账款均属于负债类账户，增加记入贷方，减少记入借方。

该业务应编制会计分录如下：

采购付款时：

借：材料采购——M 企业 50 500

应交税费——应交增值税（进项税额） 8 500

贷：应付账款——M 企业 59 000

验收入库时：

借：原材料——丁材料 50 500

贷：材料采购——M 企业 50 500

【例 4 - 9】 W 公司用银行存款归还 M 企业的货款。

分析：该业务使银行存款减少，应付账款减少。银行存款属于资产类账户，其减少记入贷方；应付账款属于负债类账户，其减少记入借方。该业务应编制会计分录如下：

借：应付账款——M 企业 59 000

贷：银行存款 59 000

【例 4 - 10】 根据合同规定，W 公司向本地 Y 企业预付 40 000 元货款用于采购丙材料。

分析：该业务使预付账款增加，银行存款减少。预付账款和银行存款均属于资产类账户，其增加记入借方，减少记入贷方。该业务应编制会计分录如下：

借：预付账款——Y 企业 40 000

贷：银行存款 40 000

【例 4 - 11】 W 公司购入 C 材料 5 000 千克，每千克 100 元，货款 500 000 元，增值税 85 000 元，材料验收入库，企业开出商业汇票支付货款。

分析：该业务使原材料增加，应付票据增加，应交税费减少。原材料属于资产类账户，其增加记入借方，应交税费和应付票据均属于负债类账户，增加记入贷方，减少记入借方。该业务应编制会计分录如下：

采购付款时：

借：材料采购——C 材料 500 000

应交税费——应交增值税（进项税额） 85 000

贷：应付票据 585 000

验收入库时：

借：原材料——C 材料 500 000

贷：材料采购——C 材料 500 000

【例 4 - 12】 W 公司上述票据到期支付票款。

分析：该业务使银行存款减少，应付票据减少。银行存款属于资产类账户，其减少记入贷方；应付票据属于负债类账户，其减少记入借方。该业务应编制会计分录如下：

借：应付票据 585 000

贷：银行存款 585 000

六、需要分配费用的经济业务的核算

有时采购一批货物包括几种材料但共同支出了费用，其费用要在几种材料间分配。一般用比例分配法，其模型如下：

$$分配率 = 待分配费用总额/分配总标准$$
$$某对象应负担的费用 = 该对象应具备的分配标准 \times 分配率$$

【例 4 – 13】　20×× 年 7 月 20 日，W 公司从西安购入 H 材料 5 000 千克，每千克 100 元，货款 500 000 元，增值税 85 000 元；材料验收入库，企业开出商业汇票支付货款。K 材料 2 000 千克，每千克 50 元，货款 100 000 元，增值税 17 000 元，货款、增值税用存款支付。

借：材料采购——西安 × × 单位　　　　　　　　　　　600 000
　　应交税费——应交增值税（进项税额）　　　　　　102 000
　　贷：银行存款　　　　　　　　　　　　　　　　　　　117 000
　　　　应付票据　　　　　　　　　　　　　　　　　　　585 000

【例 4 – 14】　20×× 年 7 月 28 日，W 公司从西安购入 H 和 K 材料验收入库并支付运费 7 000 元。

分配率 = 待分配费用总额/分配总标准 = 7 000/（5 000 + 2 000）= 1

H 应负担的费用 = 5 000 × 1 = 5 000 元

K 应负担的费用 = 2 000 × 1 = 2 000 元

借：原材料——H 材料　　　　　　　　　　　　　　　505 000
　　　　　——K 材料　　　　　　　　　　　　　　　102 000
　　贷：材料采购——西安 × × 单位　　　　　　　　　　600 000
　　　　银行存款　　　　　　　　　　　　　　　　　　　7 000

第三节　生产阶段的核算

生产过程是制造企业生产经营活动的中心环节。从企业将原材料、人工、机器设备等生产要素投入生产开始，到生产出新的产品完工入库为止的整个过程中发生的交易、事项称为企业的生产阶段。企业的生产经营是以劳动力、劳动对象和劳动资料的消耗为代价的，在会计上将其概括为生产费用，它主要包括各种原材料费用、各种固定资产折旧费、生产工人及生产管理人员的人工费及以货币支付的用于产品生产的其他费用等。为制造产品而发生的各种耗费构成产品的成本，它的金额大小与当期生产的产品产量有直接关系，产品产量越大，生产费用就越多。与此同时，企业为组织管理生产经营还会发生与产品生产无直接关系的各种费用，如管理费用、财务费用等，这些费用不计入产品成本，则计入当期损益，称为期间费用。企业生产过程的会计业务主要是归集发生的各种耗费和分配并结转这些费用。

一、费用与制造成本

企业在生产经营过程中所发生的各项费用，按其经济用途，可分为直接材料、直接人工、其他直接支出、制造费用和期间费用。

（1）直接材料是指为生产产品而耗用的原材料、辅助材料、备品备件、外购半成品、燃料、动力、包装物、低值易耗品以及其他直接材料。

（2）直接人工是指企业直接从事产品生产的人员的工资、奖金、津贴和补贴。

（3）其他直接支出是指直接从事产品生产的人员的职工福利费等。

（4）制造费用是指企业的各生产单位为组织和管理生产所发生的各项间接费用，包括各生产单位管理人员和工程技术人员的工资和福利费、折旧费、修理费、机物料消耗、办公费、水电费、保险费、劳动保护费等。

（5）期间费用是指企业在生产经营过程中发生的销售费用、管理费用和财务费用。

销售费用是指企业在销售商品过程中发生的各项费用以及专设销售机构的各项经费。

管理费用是指企业为管理和组织企业生产经营活动而发生的各项费用。

财务费用是指企业为筹集和使用生产经营所需资金而发生的各项费用。

二、设置的账户

（1）"生产成本"账户。"生产成本"账户用来核算企业进行工业性生产，包括生产各种产品（如产成品、自制半成品、提供劳务等）、自制材料、自制工具、自制设备等所发生的各项生产费用。该账户借方登记为制造产品直接发生的材料、燃料、工资以及职工福利费等直接费用及间接费用；贷方登记生产完工并已验收入库的产品、自制半成品等实际成本；月末借方余额表示尚未加工完成的各项在产品的成本，如图4-2所示：

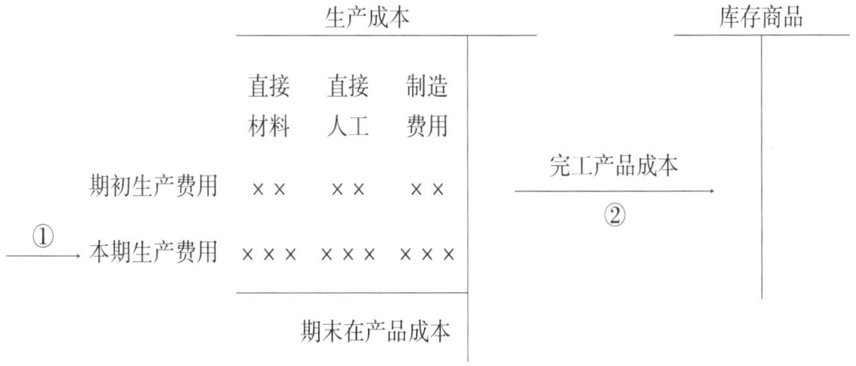

图4-2

（2）"制造费用"账户。"制造费用"账户用来核算企业为生产产品和提供劳务而发生的各项间接费用，包括生产车间为组织和管理生产经营活动而发生的各项管理费用、工资和福利费、折旧费、修理费、办公费、水电费、机物料消耗、劳动保护费、季节性和修理期间的停工损失等。应当注意的是，企业行政管理部门为组织和管理生产经营活动而发生的各项管理费用，不构成产品制造成本的内容，不在本账户中核算，而应作为期间费用，在另设置的"管理费用"账户中核算。"制造费用"账户的借方登记各项间接费用的发生数；贷方登记分配计入有关的成本计算对象的间接费用；月末，除季节性生产企业外，该账户借方归集多少间接费用，都应按照适当的分配标准分配给各有关的成本计算对象，从其贷方转出，月末一般应无余额，如图4-3所示：

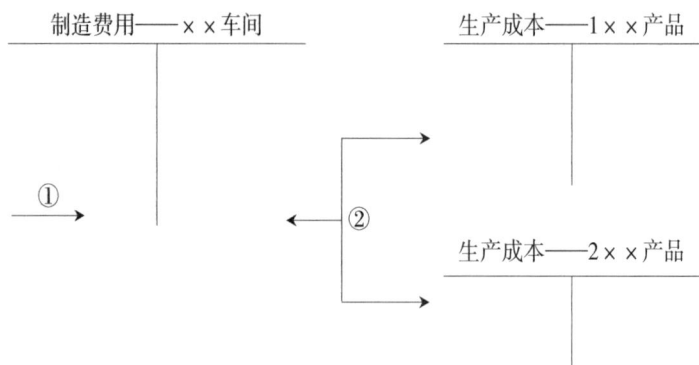

图 4 - 3

（3）"待摊费用"账户。"待摊费用"账户按其反映的经济内容属于资产类账户。它用来核算企业已经支出但应由本期和以后各期分别负担的分摊期在 1 年以内（包括 1 年）的各项费用，如低值易耗品摊销、预付保险费、固定资产修理费用等。该账户的借方登记各项待摊费用的发生数；贷方登记这些费用的摊销额；月末借方余额表示已经支出但尚未摊销的费用数，如图 4 - 4 所示：

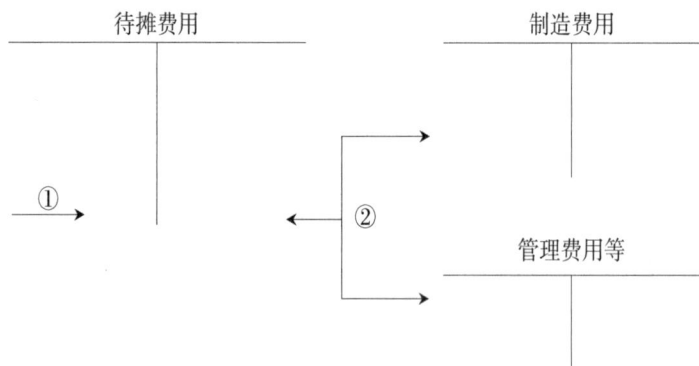

图 4 - 4

（4）"预提费用"账户。"预提费用"账户按其反映的经济内容属于负债类账户。它用来核算企业预先提取应由各期负担但尚未实际支出的各项费用，如预提的租金、保险费、固定资产修理费用等。该账户的贷方登记预先计提应由各期负担的各项费用；借方登记这些费用的实际支出数；月末贷方余额表示已预提但尚未实际支出的费用数；期末如为借方余额，表示企业实际支出的费用大于预提数的差额，即尚未摊销的费用，如图 4 - 5 所示：

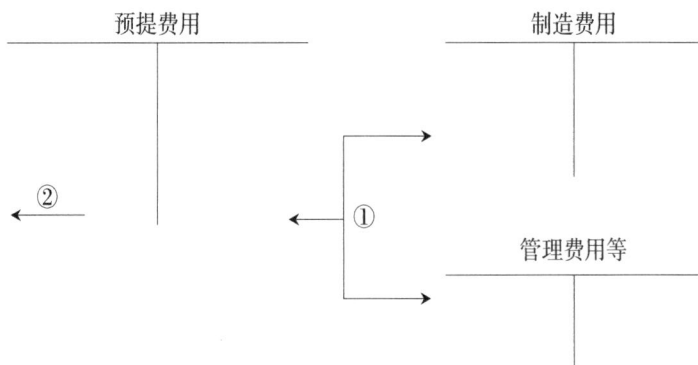

图 4 - 5

（5）"库存商品"账户。"库存商品"账户是用来核算企业库存各种商品成本增减变动情况的账户。借方登记已经验收入库商品的成本；贷方登记发出商品的成本；月末借方余额表示库存商品的成本。

三、费用核算的一般程序

制造企业生产过程的核算，主要有如下内容：①归集、分配一定时期内企业生产过程中发生的各项费用，如材料、工资及计提的福利费、折旧费、修理费等各项费用；②按一定种类的产品汇总各项费用，最终计算出各种产品的制造成本，如图 4 - 6 所示：

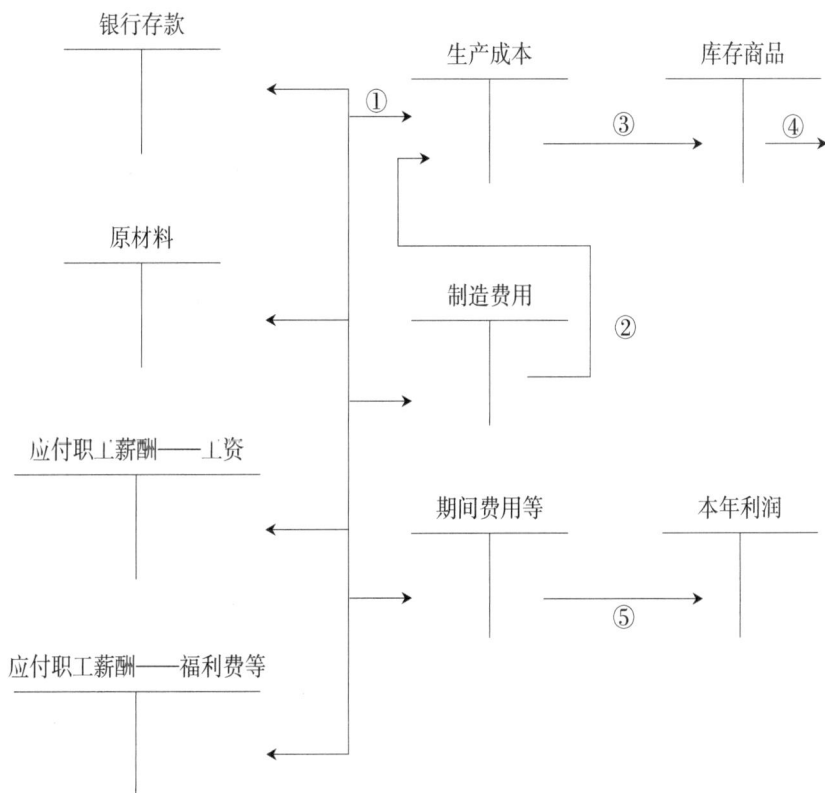

图 4 - 6

四、费用归集的方法与会计处理

(一) 材料费用的归集和分配

企业在生产过程中必然要消耗材料。生产部门需要材料时,应该填制有关的领料凭证,向仓库办理领料手续。月末会计部门根据领料凭证编制领料汇总表,根据材料汇总表进行会计处理 (见图 4 - 7):

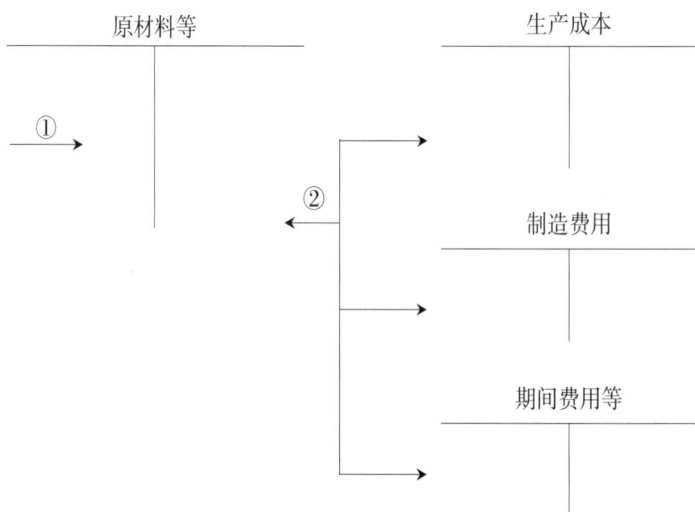

图 4 - 7

【例 4 - 15】   永兴公司 20 × ×年 9 月根据当月领料凭证编制领料凭证汇总表如表 4 - 1 所示:

表 4 - 1   领料凭证汇总表

用途	A 材料	B 材料	合计
甲产品	400 000	100 000	500 000
乙产品	250 000	200 000	450 000
车间一般耗用	120 000	10 000	130 000
企业管理部门	20 000	5 000	25 000
合计	790 000	315 000	1 105 000

借:生产成本——甲产品   500 000
　　　　　　——乙产品   450 000
　　制造费用   130 000
　　管理费用   25 000
　　贷:原材料   1 105 000

(二) 工资及福利费等的归集和分配

工资及福利费等也叫职工薪酬。职工薪酬是指企业支付给职工的各种薪酬,包括职工工资、奖金、津贴和补贴、职工福利费、医疗、养老、失业、工伤等社会保险费，以及住房公积金、工会经费、职工教育经费及非货币性福利等。

为了正确地计算产品成本、确定当期损益，企业必须正确地归集和分配人工费用。为核算职工薪酬，会计上应设置"应付职工薪酬"账户。"应付职工薪酬"账户是用来核算企业应付职工薪酬的提取、结算和使用等情况的。该账户的借方登记实际发放职工薪酬的数额；贷方登记已分配计入有关成本费用项目的职工薪酬的数额；该账户期末贷方余额表示企业应付未付的职工薪酬，如图4-8、图4-9所示：

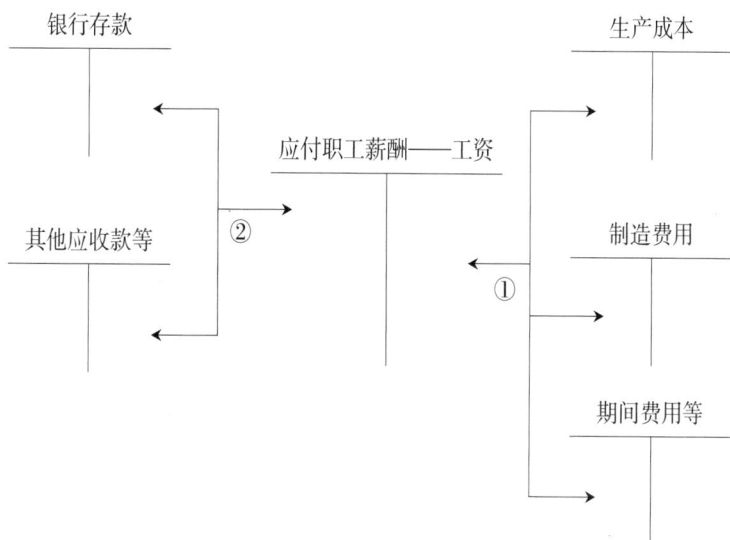

图4-8

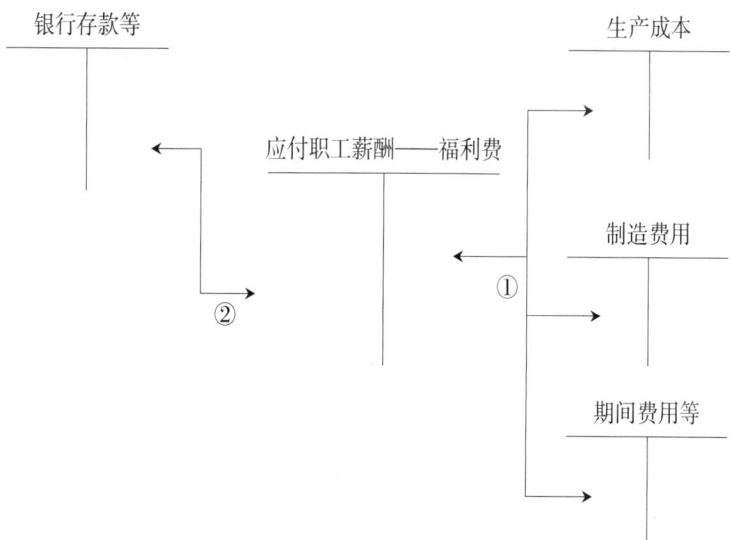

图4-9

【例4-16】 永兴公司20××年9月根据考勤记录和产量记录计算职工的工资如表4-2所示：

表4-2   职工工资费用分配表

用途	直接计入	分配计入	合计
甲产品	400 000	100 000	500 000
乙产品	250 000	200 000	450 000
车间一般耗用	300 000		300 000
企业管理部门	400 000		400 000
合计	1 350 000	300 000	1 650 000

根据以上资料，应编制会计分录如下：

借：生产成本——甲产品　　　　　　　　　　　　　　　　500 000

　　　　　——乙产品　　　　　　　　　　　　　　　　450 000

　　制造费用　　　　　　　　　　　　　　　　　　　　300 000

　　管理费用　　　　　　　　　　　　　　　　　　　　400 000

　　贷：应付职工薪酬——工资　　　　　　　　　　　　　　1 650 000

【例4-17】　开出现金支票一张，扣除代扣款项后支付本月工资1 500 000元。应编制
会计分录如下：

借：应付职工薪酬——工资　　　　　　　　　　　　　　1 500 000

　　贷：银行存款　　　　　　　　　　　　　　　　　　　1 500 000

【例4-18】　永兴公司20××年9月根据需要，计提职工福利费如表4-3所示：

表4-3   职工福利费分配表

用途	直接计入	分配计入	合计
甲产品	40 000	10 000	50 000
乙产品	25 000	20 000	45 000
车间一般耗用	30 000		30 000
企业管理部门	40 000		40 000
合计	135 000	30 000	165 000

根据以上资料，应编制会计分录如下：

借：生产成本——甲产品　　　　　　　　　　　　　　　　50 000

　　　　　——乙产品　　　　　　　　　　　　　　　　45 000

　　制造费用　　　　　　　　　　　　　　　　　　　　30 000

　　管理费用　　　　　　　　　　　　　　　　　　　　40 000

　　贷：应付职工薪酬——职工福利　　　　　　　　　　　　165 000

（三）制造费用的归集与分配

制造费用是企业为生产产品和提供劳务而发生的各项间接费用，包括车间发生的工资和
福利费、折旧费、修理费、办公费、水电费、劳动保护费等。这些费用由企业通过按月设置
"制造费用"账户将它们归集在一起，月末转入"生产成本"账户。在生产多种产品的企业
中，还需要选用一定的分配标准在各种产品之间进行分配。

【例4-19】　永兴公司20××年9月以存款购买车间办公用品10 000元。

办公用品属于消耗物品，可以视同为材料。但现在多采用"平时送货、月底结算"的结算方式，因此就采用简略办法，在结算时直接作为费用处理。该业务的会计分录如下：

借：制造费用　　　　　　　　　　　　　　　　　　　　　　10 000

　贷：银行存款　　　　　　　　　　　　　　　　　　　　　　　　10 000

【例4-20】　永兴公司20××年9月以银行存款支付水电费共为50 000元，其中车间为30 000元、管理部门为20 000元。水电费属于最常见的费用，在支付时可视其具体情况作为费用处理。水电费各月波动较大，要通过预提，否则直接摊销（见图4-10、图4-11）。

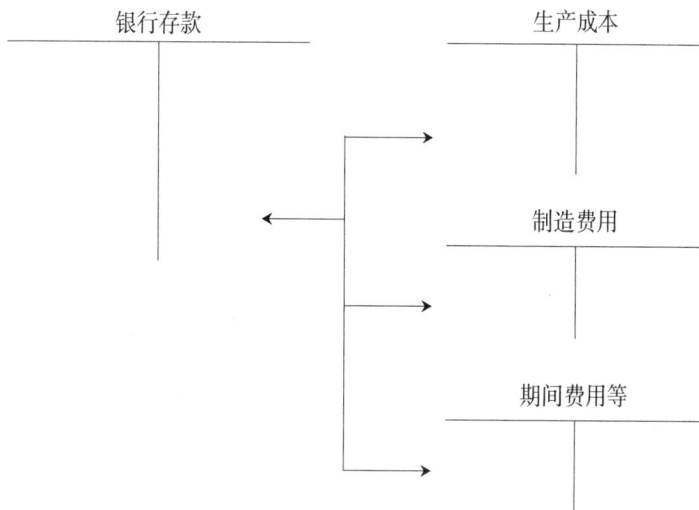

图4-10

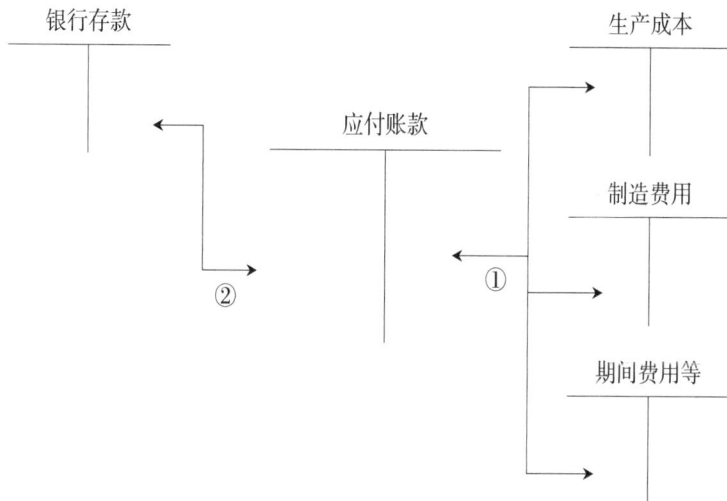

图4-11

该业务的会计分录如下：

借：制造费用　　　　　　　　　　　　　　　　　　　　　　30 000

　　管理费用　　　　　　　　　　　　　　　　　　　　　　20 000

　贷：银行存款　　　　　　　　　　　　　　　　　　　　　　　　50 000

【例4-21】　永兴公司20××年9月计提折旧70 000元。其中车间为50 000元、管理部门为 20 000 元。

折旧费账务处理如图 4 - 12 所示：

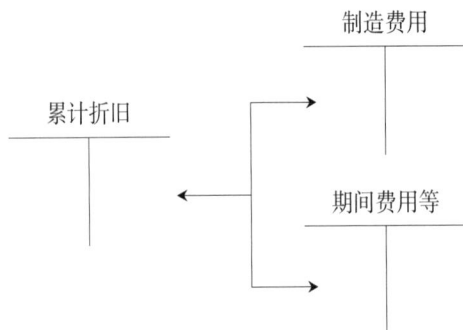

图 4 - 12

编制折旧费用分录如下：

借：制造费用 50 000

　　管理费用 20 000

　　贷：累计折旧 70 000

【例 4 - 22】　永兴公司 20 × × 年 9 月末结转本月制造费用（根据甲、乙产品的生产工时比例分配制造费用，甲、乙产品的生产工时分别为 30 000 小时和 20 000 小时）。

本月发生的制造费用共为 550 000 元（可通过登记"制造费用"账户来计算制造费用本月发生额）。

编制制造费用分配表，如表 4 - 4 所示：

表 4 - 4　　　　　　　　　　　　制造费用分配表

分配对象	生产工时	分配率	分配金额
生产成本——甲产品	30 000	0.6	330 000
——乙产品	20 000	0.4	220 000
合计	50 000	1	550 000

根据表 4 - 4，编制制造费用分配的会计分录如下：

借：生产成本——甲产品 330 000

　　　　——乙产品 220 000

　　贷：制造费用 550 000

(四) 完工产品的核算

生产成本明细分类账将期初在产品成本和本期发生的材料费用、人工费用和制造费用等生产费用，在期末没有在产品的情况下，归集到某一产品上的生产费用合计数，即为该产品的本月完工产品的制造成本；在期末产品全部未完工的情况下，归集到某一产品上的生产费用合计数，全部为本月在产品的制造成本；在期末既有完工产品又有在产品的情况下，则需采用一定的方法将归集到某一产品上的生产费用合计数在完工产品与在产品之间分配。其计算公式如下：

$$月初在产品成本 + 本月生产费用 = 本月完工产品成本 + 月末在产品成本$$
或　　　　$$本月完工产品成本 = 月初在产品成本 + 本月生产费用 - 月末在产品成本$$

【例4-23】　永兴公司20××年9月完工甲产品6 000件、乙产品2 000件，均已验收入库。其中月末在产品甲产品1 500件、乙产品1 200件；甲、乙产品月初、月末在产品成本资料如表4-5、表4-6所示：

表4-5　　　　　　　　　　　　期初在产品成本资料　　　　　　　　　　　　单位：元

产品名称	直接材料	直接人工	制造费用	合计
甲产品	80 000	100 000	60 000	240 000
乙产品	70 000	150 000	50 000	270 000
合计	150 000	250 000	110 000	

表4-6　　　　　　　　　　　　期末在产品成本资料　　　　　　　　　　　　单位：元

产品名称	直接材料	直接人工	制造费用	合计
甲产品	90 000	110 000	50 000	
乙产品	80 000	120 000	30 000	
合计	170 000	230 000	80 000	

产品成本计算过程如下：

产品成本计算是通过"生产成本明细分类账"进行的，具体如表4-7、表4-8所示：

表4-7　　　　　　　　　　　　　　　　生产成本明细账

车间：　　　　　　　　产品：甲

年		凭证字号	摘要	直接材料	直接人工	制造费用	合计
月	日						
9	1		期初在产品成本	80 000	100 000	60 000	240 000
9	30		材料费用分配表	500 000			500 000
9	30		工资费用分配表		500 000		500 000
9	30		福利费用分配表		50 000		50 000
9	30		制造费用分配表			330 000	330 000
9	30		累计费用	580 000	650 000	390 000	1 620 000
9	30		完工转出	-490 000	-540 000	-340 000	-1 370 000
9	30		期末在产品成本	90 000	110 000	50 000	250 000

表 4 - 8   生产成本明细账

车间：   产品：乙

年		凭证字号	摘要	直接材料	直接人工	制造费用	合计
月	日						
9	1		期初在产品成本	70 000	150 000	50 000	270 000
9	30		材料费用分配表	450 000			450 000
9	30		工资费用分配表		450 000		450 000
9	30		福利费用分配表		45 000		45 000
9	30		制造费用分配表			220 000	220 000
9	30		累计费用	520 000	645 000	270 000	1 435 000
9	30		完工转出	- 440 000	- 525 000	- 240 000	- 1 205 000
9	30		期末在产品成本	80 000	120 000	30 000	230 000

进行账务处理如下：

借：库存商品——甲产品   1 370 000

　　　　　　——乙产品   1 205 000

　　贷：生产成本——甲产品   1 370 000

　　　　　　　——乙产品   1 205 000

第四节　销售阶段的核算

销售业务是指从产成品完工并验收入库、形成库存商品开始，到将库存商品出售给买方为止的全部业务。销售环节是保证企业资金周转的最重要的环节。如果企业生产出来的产品不能顺利出售，那么占压在产成品上的资金就不能顺利地转化为货币资金，成本的耗费就得不到补偿。

一、销售收入与销售成本

企业在销售环节中因对外出售商品而收取货币资金或取得债权，同时形成销售收入，销售收入的实现和确认要遵循会计准则和会计制度规定的相关原则。通常企业销售收入的实现是以资产注入企业为标志，如用现销方式，以获得现金、银行存款为销售收入实现的标志；以赊销成交，则以取得收回货款的权利以及形成应收账款或应收票据为销售收入实现的标志。有时企业销售收入的实现也表现为原有债务的消失，如向已付产品定金的购货方供货，则冲销预收货款。如果企业的销售业务导致企业的资产增加或负债减少，形成经济利益的增加并能可靠地计量，就可以确认销售收入的实现。

企业为取得销售收入，必然要付出一定的代价并交纳流转税，如发生产品的销售成本、销售费用及流转税等。销售成本就是企业已经售出的库存商品的成本，未被售出的产成品仍为库存商品，形成存货资产；已被售出的产成品的销售成本要与取得的销售收入相配比。企业销售产品取得销售收入的同时还要发生各种销售费用，如包装费、运输费、广告费、保险费以及为销售本企业产品而专设的销售机构的人员工资、福利费、业务经费等经常性费用，这些费用与一定时期企业的销售收入关系密切，因而具有期间费用的性质。企业还要按国家有关税法规定的税种和税率以及实现的销售收入计算交纳销售税金及附加。销售产品、办理结算、收回货款、结转销售成本、计算应交纳的销售税金、确定销售成果构成了销售业务的基本内容。

二、账户的设置和使用方法

为了正确地反映销售过程核算的内容，企业应设置和运用以下账户：

1. "主营业务收入"账户

"主营业务收入"账户用来核算企业在销售商品、提供劳务及让渡资产使用权等日常活动中所产生的收入。该账户贷方登记企业销售商品（包括产成品、自制半成品等）或让渡资产使用权所实现的收入；借方登记发生的销售退回和转入"本年利润"账户的收入，期末将本账户的余额结转后，该账户应无余额（见图4-13）。

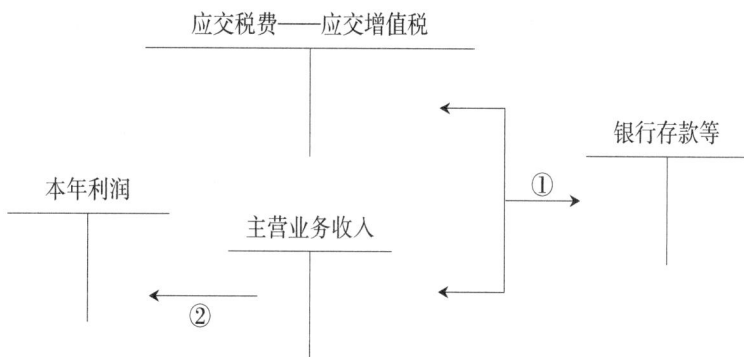

图4-13

2. "其他业务收入"账户

"其他业务收入"账户用来核算企业其他业务所取得的收入。该账户的贷方登记企业获得的其他业务收入，借方登记期末结转到"本年利润"账户的已实现的其他业务收入，结转以后该账户应无余额（见图4-14）。

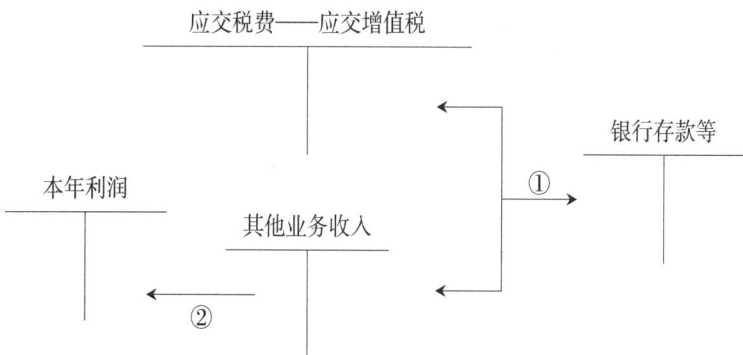

图4-14

3. "应收票据"账户

"应收票据"账户用来核算企业因销售产品等而收到的商业汇票。该账户借方登记企业收到的应收票据；贷方登记票据到期收回的票面金额和持未到期票据向银行贴现的票面金额；月末借方余额表示尚未到期的应收票据金额。

4. "应收账款"账户

"应收账款"账户用来核算企业因销售商品、产品、提供劳务等，应向购货单位或接受劳务单位收取的款项。不单独设置"预收账款"账户的企业，预收的账款也在本账户核算。该账户借方登记经营收入发生的应收款和已转作坏账损失又收回的应收款，以及代购货单位垫付的包装、运杂费等；贷方登记实际收到的应收款项和企业将应收款改用商业汇票结算而收到承兑的商业汇票，以及转作坏账损失的应收账款。月末借方余额表示应收但尚未收回的款项。

5. "预收账款"账户

"预收账款"账户用来核算企业按照合同规定向购货单位预收的款项，属于负债类账户。该账户的贷方登记预收购货单位的款项和购货单位补付的款项；借方登记向购货单位发出商品销售实现的货款和退回多付的款项。该账户月末余额一般在贷方，表示预收购货单位的款项。

6. "主营业务成本"账户

"主营业务成本"账户用来核算企业因销售商品、提供劳务或转让资产使用权等日常活动而发生的实际成本。该账户的借方登记已售商品、提供的各种劳务等的实际成本；贷方登记当月发生销售退回的商品成本和期末转入"本年利润"账户的当期销售产品成本，期末结转后，该账户应无余额（见图 4 - 15）。

图 4 - 15

7. "营业税金及附加"账户

"营业税金及附加"账户用来核算企业日常活动应负担的税金及附加。其中包括营业税、消费税、城乡建设维护税、资源税、土地增值税和教育费附加等。该账户借方登记按照规定计算应由营业额负担的税金及附加；贷方登记企业收到的先征后返的消费税、营业税等原记入本科目的各种税金，以及期末转入"本年利润"账户中的营业税金及附加。期末结转后本账户应无余额（见图 4 - 16）。

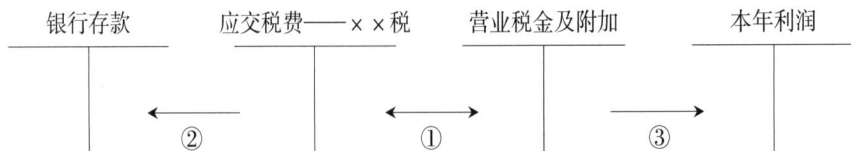

图 4 - 16

8. "其他业务成本"账户

"其他业务成本"账户用来核算企业其他业务所发生的各项支出，包括为获得其他业务收入而发生的相关成本、费用以及税金等。该账户的借方登记其他业务所发生的各项支出，贷方登记期末结转到"本年利润"账户的其他业务支出，结转以后该账户应无余额（见图4-17）。

```
    原材料等            其他业务成本            本年利润
 ───────┬───────   ───────┬───────   ───────┬───────
        │                  │                  │
        │    ①            │    ②            │
        └────────→         └────────→
```

图 4-17

9. "销售费用"账户

"销售费用"账户用来核算企业在销售商品过程中发生的费用，包括运输费、装卸费、包装费、保险费、展览费和广告费，以及为销售本企业商品而专设的销售机构（含销售网点、售后服务网点等）的职工工资及福利费、类似工资性质的费用、业务费等经营费用。该账户的借方登记发生的各种销售费用；贷方登记转入"本年利润"账户的销售费用，期末结转后，该账户应无余额。

三、主要经济业务的核算

【例4-24】 永兴公司20××年9月销售给大黑公司A产品1 000件，增值税专用发票所列的单价500元，价款为500 000元，增值税额为85 000元，款项尚未收到。

企业销售产品，款项尚未收到，使公司应收账款增加，应记入"应收账款"账户的借方；货款虽未收到，但销售已经实现，使销售收入增加，应记入"主营业务收入"账户的贷方。该业务应编制会计分录如下：

借：应收账款——大黑公司　　　　　　　　　　　　　　585 000
　　贷：主营业务收入　　　　　　　　　　　　　　　　　500 000
　　　　应交税费——应交增值税（销项税额）　　　　　　85 000

【例4-25】 永兴公司销售给利民公司B产品200件，每件售价1 000元，价款为200 000元，增值税额为34 000元，共计货款234 000元。对方以商业汇票结算。

企业销售产品收到延期付款的商业汇票金额，应记入"应收票据"账户的借方。该业务应编制会计分录如下：

借：应收票据——利民公司　　　　　　　　　　　　　　234 000
　　贷：主营业务收入　　　　　　　　　　　　　　　　　200 000
　　　　应交税费——应交增值税（销项税额）　　　　　　34 000

【例4-26】 永兴公司预收汉中公司货款100 000元。

企业预收货款使公司预收货款增加，应记入"预收账款"账户的贷方；同时使银行存款增加，应记入"银行存款"账户的借方。该业务应编制会计分录如下：

借：银行存款　　　　　　　　　　　　　　　　　　　　100 000

  贷：预收账款——汉中公司   100 000

  【例 4 - 27】 永兴公司销售一批不需用的材料，共 1 000 千克，每千克 200 元，价款为 200 000 元，增值税额为 34 000 元，共计货税款 234 000 元，款已经收到。

  企业销售不需用的材料，使其他业务收入增加，应记入"其他业务收入"账户的贷方。该业务应编制会计分录如下：

  借：银行存款   234 000

   贷：其他业务收入   200 000

    应交税费—应交增值税（销项税额）   34 000

  【例 4 - 28】 以银行存款支付应由本公司负担的销售产品运输费 50 000 元。

  企业支付运输费，使营业费用增加，应记入"销售费用"账户的借方。该业务应编制会计分录如下：

  借：销售费用   50 000

   贷：银行存款   50 000

  【例 4 - 29】 月末，永兴公司结转本月已销产品的销售成本。A 产品 1 000 件的销售成本为 230 000 元，B 产品 200 件的销售成本为 120 000 元。

  结转已销产品的成本，使销售成本增加，应记入"主营业务成本"账户的借方，同时使库存产成品减少，应记入"库存商品"账户的贷方。该业务应编制会计分录如下：

  借：主营业务成本——A 产品   230 000

       ——B 产品   120 000

   贷：库存商品——A 产品   230 000

      ——B 产品   120 000

  【例 4 - 30】 月末，永兴公司结转已售材料的成本 150 000 元。

  企业结转已销材料的成本，使其他业务的费用增加，应记入"其他业务成本"账户的借方，同时使原材料减少，应记入"原材料"账户的贷方。该业务应编制会计分录如下：

  借：其他业务成本   150 000

   贷：原材料   150 000

  【例 4 - 31】 永兴公司月末应交城乡建设维护税 6 000 元，并以银行存款上交。

  企业应交的城乡建设维护税，使营业税金及附加增加，应记入"营业税金及附加"账户的借方，同时使得应交税费增加，应记入"应交税费"账户的贷方；因上交税金使公司负债减少，应记入"应交税费"账户的借方；以银行存款上交税金，使银行存款减少，应记入"银行存款"账户的贷方。该业务应编制会计分录如下：

  借：营业税金及附加   6 000

   贷：应交税费——应交城乡建设维护税   6 000

  借：应交税费——应交城乡建设维护税   6 000

   贷：银行存款   6 000

第五节　利润形成及分配的核算

一、利润业务的基本内容

企业利润业务的基本内容包括利润的形成和利润的分配两个部分。

(一) 利润的形成概述

利润是企业在一定会计期间的经营成果，包括营业利润、利润总额和净利润。其中，净利润是企业全部收入与费用相抵以后的差额，如果收入大于费用，其差额为利润，反之为亏损。

利润是综合反映企业一定时期生产经营成果的重要指标。企业各方面的情况，诸如劳动生产率的高低、产品是否适销对路、产品成本的期间费用的节约与否，都会通过利润指标得到综合反映。因此，通过利润指标可以发现企业在生产经营中存在的问题，使企业能够不断改善经营管理，提高经济效益。

利润是通过将一定时期内相对应的收入与费用进行配比计算得出来的，收入大于费用的部分为利润，反之则为亏损。利润的确认以企业生产经营活动过程中所产生的收入和费用的确认为基础，此外还包括通过投资活动而获得的投资收益，以及那些与生产经营活动无直接关系的营业外收入和营业外支出。

有关利润的计算公式如下：

$$净利润 = 利润总额 - 所得税费用$$
$$利润总额 = 营业利润 + 营业外收入 - 营业外支出$$
$$营业利润 = 营业收入 - 营业成本 - 营业税金及附加 - 销售费用 - 管理费用 -$$
$$财务费用 - 资产减值损失 + 公允价值变动净收入 + 投资净收益$$

其中，营业收入 = 主营业务收入 + 其他业务收入；
营业成本 = 主营业务成本 + 其他业务成本。

营业外收入是与企业生产经营活动无直接关系的各项利得、盘盈利得、捐赠利得等。营业外支出是与企业生产经营无直接关系的各项损失，包括固定资产处置损失、无形资产出售损失、债务重组损失、非常损失、捐赠支出、盘亏损失等。

(二) 设置的账户

1. "本年利润" 账户

"本年利润" 账户是所有者权益类账户，它在生产经营核算中起汇总收入和费用的作用，即用来核算企业实现的净利润（或净亏损）。该账户贷方登记期末从 "主营业务收入"、"其他业务收入"、"补贴收入"、"营业外收入" 以及 "投资收益"（投资净收益）等账户的转入数；借方登记期末从 "主营业务成本"、"营业税金及附加"、"其他业务成本"、"销售费用"、"管理费用"、"财务费用"、"营业外支出"、"所得税费用"以及"投资收益"（投资净损失）等账户的转入数。年度终了时，应将本年收入和支出相抵后结出本年实现的净利润转入"利润分配"账户，贷记"利润分配——未分配利润"；如为净亏损，则作相反的会计分录，结转后该账户应无余额。"本年利润"账户使用方法（见图4-18）。

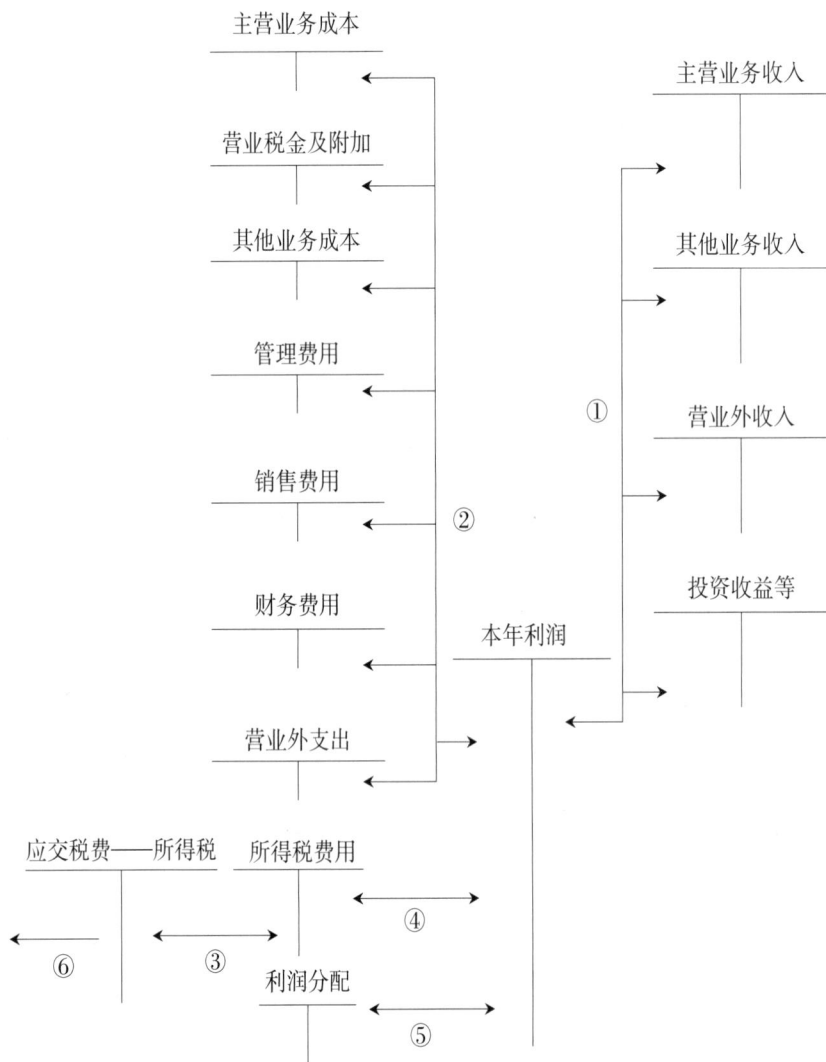

图 4-18

2. "投资收益"账户

"投资收益"账户用来核算企业对外投资取得的收益或发生的损失。该账户的贷方登记取得的投资收益或期末投资净损失的转出数；借方登记投资损失和期末投资净收益的转出数，期末结转后该账户应无余额。

3. "营业外收入"账户

"营业外收入"账户用来核算企业发生的与企业生产经营无直接关系的各项收入。该账户的贷方登记企业发生的各项营业外收入；借方登记期末转入"本年利润"账户的营业外收入数，期末结转后应无余额。

4. "营业外支出"账户

"营业外支出"账户用来核算企业发生的与企业生产经营无直接关系的各项支出。该账户借方登记企业发生的各项营业外支出；贷方登记期末转入"本年利润"账户的营业外支出，期末结转后该账户应无余额。

5. "所得税费用"账户

"所得税费用"账户用来核算企业按规定从本期损益中减去的所得税。该账户的借方登记企业按税法规定的应纳税所得计算的应纳所得税额；贷方登记企业会计期末转入"本年利润"账户的所得税额。结转后该账户应无余额。"所得税费用"账户使用方法如图 4 – 19 所示：

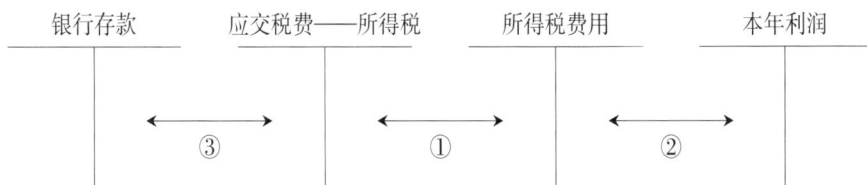

银行存款	应交税费——所得税	所得税费用	本年利润
←――③――→	←――①――→	←――②――→	

图 4 – 19

（三）利润形成核算的会计处理

【例 4 – 32】 永兴公司从其他单位分得投资利润 100 000 元存入银行。

借：银行存款 100 000

　　贷：投资收益 100 000

【例 4 – 33】 永兴公司在财产清查中发现无法支付的货款 150 000 元，经批准转作"营业外收入"。

借：应付账款 150 000

　　贷：营业外收入 150 000

【例 4 – 34】 在财产清查中发现，永兴公司因火灾原因造成盘亏 A 材料一批，实际成本 50 000 元，经批准计入"营业外支出"。

借：营业外支出 50 000

　　贷：待处理财产损溢——待处理流动资产损溢 50 000

【例 4 – 35】 假设永兴公司全年应纳税所得额为 400 000 元，按税法规定 25% 的税率计算应纳所得税额。

计算应纳所得税：应纳税额 = 400 000 × 25% = 100 000 （元）

借：所得税费用 100 000

　　贷：应交税费——应交所得税 100 000

【例 4 – 36】 假设永兴公司期末有如下资料："主营业务收入"账户贷方余额 700 000 元、"其他业务收入"账户贷方余额 200 000 元、"营业外收入"账户贷方余额 150 000 元、"投资收益"账户贷方余额 100 000 元，将上述转入"本年利润"账户的贷方。应作会计分录如下：

借：主营业务收入 700 000

　　其他业务收入 200 000

　　营业外收入 150 000

投资收益	100 000	
贷：本年利润		1 150 000

【例 4-37】　假设永兴公司期末有如下资料："主营业务成本"账户借方余额 350 000 元、"销售费用"账户借方余额 50 000 元、"营业税金及附加"账户借方余额 6 000 元、"管理费用"账户借方余额 90 000 元、"财务费用"账户借方余额 4 000 元、"其他业务支出"账户借方余额 150 000 元、"营业外支出"账户借方余额 50 000 元、"所得税费用"账户借方余额 100 000 元，将上述转入"本年利润"账户的借方。应作会计分录如下：

借：本年利润	800 000
贷：主营业务成本	350 000
销售费用	50 000
营业税金及附加	6 000
管理费用	90 000
财务费用	4 000
其他业务成本	150 000
营业外支出	50 000
所得税费用	100 000

二、利润分配的核算

（一）利润分配的内容

企业实现的净利润，就是企业利润总额扣除所得税费用以后的数额，即税后利润。企业取得的净利润加上年初留存的未分配利润，形成可供分配的利润，应当按规定的顺序进行分配。利润的分配过程和结果，不仅关系到所有者的合法权益是否能得到保护，而且还关系着企业能否长期、稳定地发展。企业的利润分配一般按下列程序进行：

1. 提取法定盈余公积

按照现行制度规定，公司制企业的法定盈余公积按照税后利润的 10% 提取。当企业提取的法定盈余公积累计数额为其注册资本的 50% 以上时，可以不再提取。

2. 提取任意盈余公积

公司在提取法定盈余公积后，经股东会或股东大会决议后，还可以从税后利润中提取任意盈余公积。任意盈余公积的提取比例由企业视自身的情况而定。

3. 向投资者分配利润

公司在弥补亏损和提取盈余公积后，按规定可以向投资者分配利润。

公司实现的净利润经过上述分配之后，如果有余额，称为未分配利润，可留待以后年度分配，此项未分配利润应在资产负债表上单独反映。

需要指出的是，上述利润分配程序是在企业连年盈利情况下进行的。如果企业发生亏损，现行法规规定可以用以后年度实现的利润弥补，也可以用以前年度提取盈余公积弥补。如果企业以前年度亏损未弥补完，就不能提取法定盈余公积。在提取法定盈余公积前，不得向投资者分配利润。

（二）设置的账户

1. "利润分配"账户

"利润分配"账户是所有者权益类账户，专门用来核算企业利润的分配（或亏损的弥补）和历年分配（或弥补）后的滚存余额。该账户的借方登记按规定实际分配的利润数，或年终时从"本年利润"账户的贷方转来的全年亏损总额；贷方登记年终时从"本年利润"账户借方转来的全年实现的净利润总额；年终贷方余额表示历年滚存的未分配利润，如为借方余额，则表示历年积存的未弥补亏损。"利润分配"账户是按利润分配项目设明细账。"利润分配"账户使用方法如图 4 - 20 所示：

图 4 - 20

2. "盈余公积"账户

"盈余公积"账户是所有者权益类账户，用来核算企业从净利润中提取的盈余公积。该账户的贷方登记提取盈余公积数；借方登记盈余公积的支出数，包括弥补亏损、转增资本、分配红利等；期末贷方余额反映企业提取的盈余公积余额。"盈余公积"账户按利润分配项目设明细账。"盈余公积"账户使用方法如图 4 - 21 所示：

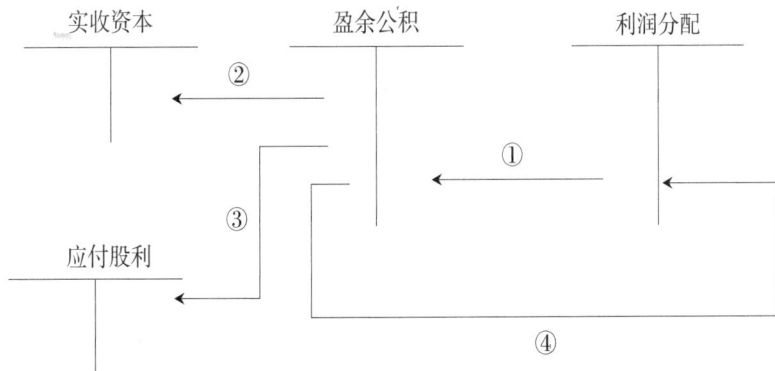

图 4 - 21

3. "应付股利"账户

"应付股利"账户是负债类账户，专门用来核算应分配给投资者的现金股利或利润。该账户贷方登记企业确定应付给投资者的利润；借方登记实际支付的利润。期末贷方余额表示企业尚未支付的利润。"应付股利"账户使用方法如图 4 - 22 所示：

图 4-22

（三）利润分配业务的账务处理

【例 4-38】　永兴公司根据规定按净利润的 10% 提取法定盈余公积金，假定企业净利润为 350 000 元。

应提取的法定盈余公积金 = 350 000 × 10%　= 35 000（元）

借：利润分配——提取法定盈余公积　　　　　　　　　　　35 000
　　贷：盈余公积　　　　　　　　　　　　　　　　　　　　　　35 000

【例 4-39】　永兴公司按照批准的利润分配方案，准备向投资者分配现金股利150 000 元。

借：利润分配——应付现金股利或利润　　　　　　　　　150 000
　　贷：应付股利　　　　　　　　　　　　　　　　　　　　　150 000

【例 4-40】　年终决算时，根据"本年利润"账户借贷方的差额为 350 000 元，转入"利润分配"账户所属的"未分配利润"明细分类账户的贷方。

借：本年利润　　　　　　　　　　　　　　　　　　　　350 000
　　贷：利润分配——未分配利润　　　　　　　　　　　　　350 000

【例 4-41】　年终决算时，将"利润分配"账户所属的各明细分类账户的借方分配数合计 185 000 元（其中，提取盈余公积金 35 000 元、应付股利 150 000 元）结转到"利润分配——未分配利润"明细分类账户的借方。

借：利润分配——未分配利润　　　　　　　　　　　　　185 000
　　贷：利润分配——提取法定盈余公积　　　　　　　　　　35 000
　　　　　　　　——应付现金股利或利润　　　　　　　　　150 000

最后四笔经济业务如图 4-23 所示：

图 4-23

三、企业资金循环和周转

资金循环和周转，即资金周而复始地运动。以工业企业为例，制造业经济活动较为全面和多样，是由于制造业有完整的生产过程，因此，各种会计基础教材（包括本书）都是以制造业为例，来说明企业资金循环和周转。

制造业的生产经营活动可以分为筹集资金、采购供应、生产制造、销售产品等阶段，与此相对应，制造业的资金运动表现为货币资金—储备资金—生产资金—成品资金—货币资金，形成周而复始的资金循环和周转。

企业为了生产经营，首先需要筹集一定数量的资金。在筹集资金阶段，企业接受投资者的投入资本和向债权人借款，筹集到生产经营所需要的资金。

在采购供应阶段，用货币资金购买各种材料物资，另外还要购买办公用品和固定资产，为生产经营准备物质条件，因此，这一阶段也称为生产准备阶段。这时，货币资金转化为储备资金和固定资金。

在生产阶段，因为制造产品而消耗材料物资、支付工资、计算固定资产折旧费等等，这些构成产品的生产成本。这时，资金从货币资金、储备资金和固定资金转化为生产资金，产品生产完工后，生产资金转化为成品资金。

在销售阶段，企业卖出产成品，收取货款或者得到收取货款的权利，这时，成品资金转化为货币资金，完成了生产经营的一次循环。

企业在一段时期内，通过"本年利润"汇总，将全部收入补偿全部成本费用之后，剩余部分为净利润，对净利润进行分配，一部分资金退出企业，另一部分参与生产经营，继续下一次资金循环（见图4–24）。

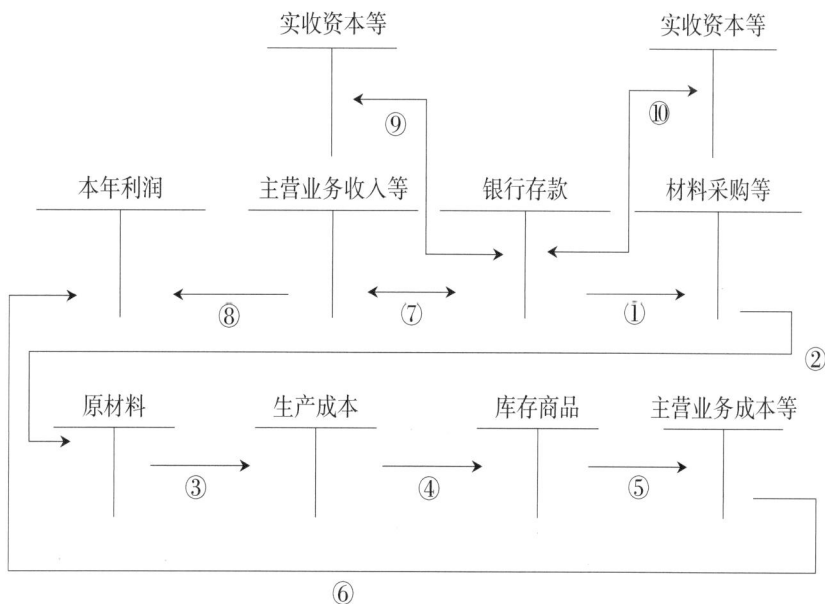

图4–24

复习思考题

1. 工业企业经营分为哪几个阶段？简述各个阶段的主要经济业务。

2. 什么是成本计算？工业企业的各经营阶段的成本计算的内容是什么？

3. 生产阶段发生费用可分为哪几种？

4. 供应阶段核算的主要内容是什么？需设置哪些账户来记录供应阶段的经济业务？

5. 生产阶段核算的主要内容是什么？记录生产加工业务应设置哪些账户？每一账户的核算内容及其结构如何？

6. 什么是营业收入？它包括哪些内容？如何确认营业收入？

7. 销售阶段核算的主要内容是什么？记录销售收入、确认销售成果要设置哪些账户？

8. 什么是利润？如何计算企业的利润？

9. 什么是所有者权益？所有者权益包括哪些内容？

10. 试述工业企业资金循环与周转。

练习题一

（一）目的

练习企业资金流入、流出经济业务的核算。

（二）资料

××工厂20××年12月发生下列部分经济业务：

（1）12月2日收到联营公司投入全新设备一台，价值200 000元。

（2）12月7日收到光大工厂投资300 000元，已存入银行。

（3）12月10日向银行借入短期借款150 000元，已存入银行。

（4）12月12日收到联营公司投入运输卡车一辆，原价850 000元，已提折旧150 000元，评估确认价值700 000元。

（5）12月20日接受外商捐赠全新设备一台，价值100 000元。

（6）12月31日按规定从税后利润中提取盈余公积金120 000元。

（7）12月31日决定以88 000元盈余公积转增资本。

（8）12月31日用存款向银行归还短期借款150 000元。

（9）12月31日用存款购回股权350 000元。

（三）要求

根据以上经济业务编制会计分录。

练习题二

（一）目的

练习供应阶段的核算。

（二）资料

阳光工厂20××年12月发生以下部分经济业务：

（1）2 日从太平洋公司购入 A 材料 10 000 千克，每千克 3 元，货款 30 000 元，增值税 5 100 元，运输费和装卸费 2 000 元，共计 37 100 元，当即以银行存款支付，材料尚未验收入库。

（2）4 日上述 A 材料已到达本厂并验收入库，按其采购成本入账。

（3）10 日向红星工厂购入 B 材料 2 000 千克，每千克 10 元，货款 20 000 元，增值税 3 400 元，供货代垫运费 400 元，共计 23 800 元，款项尚未支付，材料已验收入库。

（4）14 日以银行存款支付前欠红星工厂款项 23 800 元。

（5）24 日向大山工厂购入 C 材料 500 千克，每千克 8 元；D 材料 1 200 千克，每千克 12 元，计货款 18 400 元，增值税 3 128 元，材料 C 验收入库，以银行存款支付款项。

（6）30 日赊购设备 400 000 元，增值税 68 000 元，设备已交付使用。

（三）要求

根据以上经济业务编制会计分录。

练习题三

（一）目的

继续练习供应阶段的核算。

（二）资料

1. 汉中工厂 20×× 年 10 月 1 日 "材料采购" 账户借方余额为 50 000 元；"原材料" 账户借方余额为 800 000 元。

2. 该工厂 20×× 年 10 月发生下列部分经济业务：

（1）6 日向四方工厂购入下列材料：

A 材料	10 000 千克	每千克 3 元	计 30 000 元
B 材料	20 000 千克	每千克 9 元	计 180 000 元
		合计	210 000 元

运杂费 3 000 元，增值税 35 700 元，款项当即以银行存款支付。

（2）10 日，向四方工厂购入的 A 材料、B 材料均已运到，并验收入库，按其实际采购成本入账（其中共同发生的运输费按 A、B 两种材料的重量比例进行分配）。

（3）20 日向保山公司购入下列材料一批：

A 材料	3 000 千克	每千克 4 元	计 12 000 元
B 材料	1 000 千克	每千克 9 元	计 9 000 元
C 材料	500 千克	每千克 12 元	计 6 000 元
		合计	27 000 元

运输费 900 元，增值税 2 590 元，款项当即以银行存款支付。

（4）22 日从保山公司购入的 A、B、C 三种材料已运达本厂，并验收入库，按其实际采购成本入账（其中共同发生的运杂费按采购材料的重量比例分配）。

（5）27 日向亚泰公司购入 D 材料 1 000 千克，每千克 11 元，运杂费 200 元，增值税 1 870 元，货款暂欠，材料已入库。

（三）要求

1. 开设 "材料采购" 和 "原材料" 总分类账户，并根据资料登记期初余额。

2. 根据上述经济业务编制会计分录，并登记"材料采购"和"原材料"账户。

练习题四

（一）目的

练习工业企业采购阶段的核算和采购成本的计算。

（二）资料

××厂20××年12月发生以下有关材料采购的经济业务（按实际成本计算）：

（1）采购员陈××预支差旅费5 000元，以现金支付。

（2）购进下列原材料，已验收入库，货款以商业汇票结算。增值税税率为17%。

甲材料　1 600千克　　每千克10元　　计16 000元

乙材料　　800千克　　每千克16元　　计12 800元

合计　28 800元

（3）以银行存款支付上述材料运费480元，以现金支付运达仓库的装卸费240元。

（4）上述材料按实际成本入账。

（5）商业汇票到期，以银行存款支付上述材料款及增值税款。

（6）从外地购入甲材料550千克，每千克10元；乙材料350千克，每千克16元，计材料款11 100元，增值税税率为17%。货款、税款以银行存款支付，材料未到。

（7）上述材料已到，以现金支付运费180元，以银行存款支付装卸搬运费540元。

（8）上述材料按实际成本转账。

（三）要求

1. 根据上述材料采购的经济业务，编制会计分录。

2. 登记"材料采购"和"原材料"总分类账户（运费和装卸搬运费按材料重量比例计入材料采购成本）。

练习题五

（一）目的

练习生产阶段的核算。

（二）资料

嘉美工厂20××年9月发生下列部分经济业务：

（1）9月2日向银行提取现金80 000元。

（2）9月4日生产甲产品领用下列材料：

材料名称	数量	单价	金额
A材料	8 000千克	每千克5.5元	44 000元
B材料	14 200千克	每千克9元	127 800元
C材料	500千克	每千克12元	6 000元
		合计	177 800元

（3）9月8日采购员王同志预支差旅费8 000元，以现金支付。

（4）9月9日以现金支付职工报销市内交通费（借记管理费用）500元。

（5）9月14日从银行提取现金200 000元，准备发放工资。

（6）9月14日以现金发放本月职工工资200 000元。

（7）9月15日以银行存款支付车间报刊费2 400元。

（8）9月20日生产乙产品领用下列材料：

材料名称	数量	单价	金额
A材料	4 500千克	每千克5.5元	24 750元
B材料	5 000千克	每千克9元	45 000元
C材料	800千克	每千克11元	8 800元
		合计	78 550元

（9）9月25日以银行存款支付本期银行借款利息15 000元。

（10）9月30日以银行存款缴税10 000元。

（11）9月30日结转本月应付水电费9 000元，其中甲产品生产耗用4 000元，乙产品生产耗用3 000元，基本生产车间耗用1 200，企业管理部门耗用800元。

（12）9月30日结转本月职工工资200 000元，其中，甲产品生产工人工资100 000元，乙产品生产工人工资60 000元，车间管理人员工资25 000元，企业行政管理人员工资15 000元。

（三）要求

根据上述经济业务编制相应会计分录并登记嘉美工厂当月"生产成本"账户。（答案：423 350元）

练习题六

（一）目的

继续练习生产阶段的核算。

（二）资料

伟大工厂20××年10月发生以下经济业务：

（1）10月30日以银行存款支付银行借款利息3 000元。

（2）10月30日计提本月固定资产折旧100 000元，其中基本生产车间应计提折旧费60 000元，企业行政管理部门应计提折旧费40 000元。

（3）10月31日采购员张同志报销差旅费7 500元，退回现金500元。结清前借的差旅费。

（4）10月31日将本月发生的制造费用在甲、乙产品之间按生产工时比例进行分配：甲产品5 500工时，乙产品4 500工时，并将分配结果填入制造费用分配表（见表4-9），转入"生产成本账户"。

表4-9　　　　　　　　　　　制造费用分配表　　　　　　　　　　20××年10月

产品名称	分配标准（生产工时）	分配率	金额
甲产品			
乙产品			
合计			

（5）结转本月完工产品的生产成本，各产品入库数量及实际成本资料如下：

产品名称	数量	单位成本	总成本
甲产品	500 台	600 元	300 000 元
乙产品	200 件	700 元	140 000 元

（三）要求

根据以上资料编制会计分录。

练习题七

（一）目的

练习生产阶段的核算和产品成本的计算。

（二）资料

1. 春兰工厂 20×× 年 11 月 1 日"生产成本——甲产品"明细账余额 23 000 元；"生产成本——乙产品"明细账余额 5 000 元。

2. 春兰工厂该年 11 月发生下列部分经济业务：

（1）11 月 5 日经批准从银行借入为期 6 个月的短期借款 80 000 元。

（2）11 月 10 日以银行存款支付本月生产车间水电费 9 000 元。

（3）11 月 12 日以银行存款支付汇兑手续费 400 元。

（4）11 月 14 日从银行提取现金 200 000 元，备发本月工资。

（5）11 月 14 日以现金发放本月工资 200 000 元。

（6）11 月 15 日采购员陈同志借支差旅费 5 000 元。

（7）11 月 20 日采购员陈同志回厂报销差旅费 4 800 元，退回现金 200 元。

（8）11 月 25 日以银行存款支付工会经费（借管理费用）10 000 元。

（9）11 月 30 日计提本月固定资产折旧 10 200 元，其中生产车间固定资产折旧 6 200 元，企业管理部分固定资产折旧 4 000 元。

（10）11 月 30 日，结转本月应付职工工资 200 000 元，其中，甲产品生产工人工资 100 000 元，乙产品生产工人工资 50 000 元，车间管理人员工资 20 000 元，企业行政管理人员工资 30 000 元。

（11）11 月 30 日计提本月短期借款利息 3 000 元。

（12）本月仓库发出材料如表 4 - 10 所示：

表 4 - 10

用途	A 材料		B 材料		合计
	数量	金额（元）	数量	金额（元）	
生产甲产品领用	4 900	98 000	4 000	64 000	162 000
生产乙产品领用	5 000	100 000	1 000	16 000	116 000
车间一般耗用			180	2 880	2 880
行政部门领用	1 000	20 000			20 000
合计		218 000		82 880	300 880

（13）分配并结转本月制造费用，其中甲产品生产工时6 500小时，乙产品生产工时3 500小时。

（14）根据成本计算单，企业在本月甲产品全部生产完工，共计800台，结转本月完工入库产品成本。乙产品尚未全部完工。

（三）要求

1. 根据上述资料编制会计分录。

2. 根据上述资料登记"生产成本"明细账，计算本期完工产品的单位成本及期末在产品成本。（答案：制造费用38 080元、甲产品总成本309 752元）

练习题八

（一）目的

练习销售阶段的核算。

（二）资料

长江工厂×年12月发生以下部分经济业务：

（1）12月2日售给武侯工厂甲产品800台，每台售价200元，货款160 000元及增值税27 200元，款项当即收到，存入银行存款账户。

（2）12月5日收到上月应收武侯工厂货款70 000元，存入银行存款账户。

（3）12月10日售给都山工厂甲产品400台，每台售价200元；乙产品600件，每件售价150元，增值税28 900元，已收到款项170 000元并存入银行，其余暂欠。

（4）12月15日以银行存款支付广告费11 500元。

（5）12月20日销售B材料8 000千克，每千克售价7元，货款56 000元，增值税（销项税）9 520元，货款已收到，并存入银行。

（6）12月25日收到都山工厂前欠货款8 900元，存入银行存款账户。

（7）12月31日结转本月已售产品的生产成本：

产品名称	数量	单位成本	总成本
甲产品	1 200台	100元	120 000元
乙产品	600件	70元	42 000元
		合计	162 000元

（8）12月31日结转本月销售材料成本40 000元。

（9）12月31日收到银行通知，本月借款利息10 000元，已由银行存款支付。

（10）12月31日将本月相关费用，成本账户的数额结转"本年利润"账户（本月管理费用5 000元，财务费用500元）。

（11）12月31日将收入和收益账户的数额结转"本年利润"账户。

（三）要求

1. 根据以上资料编制相应的会计分录。

2. 开设"主营业务收入"账户并根据有关会计分录登记，结出本期发生额。（答案：本年利润借方229 000元、贷方386 000元、主营业务收入贷方330 000元）

练习题九

（一）目的

练习收入、利润和利润分配的核算。

（二）资料

八仙工厂20××年12月发生下列部分经济业务：

（1）12月2日收到汉中工厂前欠货款20 000元，存入银行存款账户。

（2）12月10日售给汉中工厂甲产品200台，每台售价200元，增值税6 800元，款项尚未收到。

（3）12月10日售给武侯公司甲产品400台，每台200元；乙产品500件，每件150元，增值税26 350元，款项当即收到，存入银行存款账户。

（4）12月14日收到汉中工厂本月10日购货欠款。

（5）12月20日以银行存款支付销售费用5 000元。

（6）12月21日售给武侯公司甲产品200台，每台200元；乙产品400件，每件150元，货款100 000元，增值税17 000元，货款暂未收到。

（7）12月22日以银行存款40 000元捐赠希望工程。

（8）12月25日收到某单位投资100 000元，存入银行。

（9）12月26日售给马超工厂A材料4 000千克，每千克5元，增值税3 400元，款项已收到，并存入银行。

（10）12月31日结转本月已销产品成本，其中，甲产品每台成本100元，乙产品每件成本70元。

（11）12月31日结转本月销售A材料成本，每千克4元。

（12）12月31日经批准将无法归还的应付货款5 000元转作"营业外收入"。

（13）12月31日将本月收入账户数额结转"本年利润"账户。

（14）12月31日将本月有关成本、费用账户数额结转"本年利润"（管理费用3 000元，财务费用6 000元）。

（15）计算本月应交所得税（税率25%）。

（16）12月31日按税后利润的10%计提盈余公积金。

（17）12月31日依规定计算应付给投资者利润20 000元。

（18）12月31日将本年利润（1到11月实现利润600 000元）转入利润分配账户。

（三）要求

1. 根据上述经济业务编制会计分录。

2. 开设"本年利润"总账账户，并根据有关会计分录进行登记。

练习题十

（一）目的

综合练习工业企业的主要经营阶段核算和成本计算。

（二）资料

1. 泰山厂 20××年 11 月 30 日各总分类账户余额及有关账户明细资料如表 4–11 所示：

表 4–11　　　　　　　　　　　　　有关账户明细表　　　　　　　　　　　单位：元

账户名称	借方余额	账户名称	贷方余额
库存现金	81 300	短期借款	142 900
银行存款	159 200	应付账款	1 000
应收账款	3 000	其他应付款	300
原材料	125 000	应交税费	1 500
库存商品	164 000	实收资本	1 000 000
固定资产	882 000	盈余公积	14 000
利润分配	326 800	本年利润	427 000
		累计折旧	154 600
合计	1 741 300	合计	1 741 300

"库存商品"账户余额 164 000 元，其中：

A 商品 4 000 件　　　　每件 20 元　　　　计 80 000 元

B 商品 7 000 件　　　　每件 10 元　　　　计 70 000 元

C 商品 500 件　　　　每件 28 元　　　　计 14 000 元

"应收账款"账户余额 3 000 元，为大发厂欠款。

"应付账款"账户余额 1 000 元，为欠大起厂货款。

2. 本年 12 月发生下列经济业务：

（1）仓库发出材料 40 000 元，用于生产 A 产品 21 900 元、B 产品 18 100 元。

（2）仓库发出辅助材料 2 000 元，供车间使用。

（3）从银行提取现金 30 000 元。

（4）以现金支付职工工资 24 000 元。

（5）向光明厂购入甲材料 14 000 元，增值税税率为 17%，该厂垫付运杂费 1 000 元，货款以银行存款支付。材料已验收入库，并按其实际采购成本转账。

（6）向大起厂购入乙材料 40 000 元，增值税税率为 17%。货款以商业承兑汇票结算，材料已到达并验收入库。

（7）以库存现金支付上述购入材料的搬运费 600 元，并按其实际采购成本转账。

（8）收到大发厂还来欠款 3 000 元，存入银行。

（9）以银行存款支付上月应交税费 1 000 元。

（10）本月职工工资分配如下：

A 产品生产工人工资　　　　10 000 元

B 产品生产工人工资　　　　10 000 元

车间职工工资　　　　3 000 元

管理部门职工工资　　　　1 000 元

合计　　　　24 000 元

（11）计提应付职工福利费 3 360 元，其中：

A 产品生产工人　　　　1 400 元

B 产品生产工人	1 400 元
车间职工	420 元
管理部门职工	140 元

（12）计提本月固定资产折旧 3 160 元，其中，车间使用固定资产折旧 2 380 元，管理部门使用固定资产折旧 780 元。

（13）本月车间零星购置办公用品 1 400 元，用存款支付。

（14）将制造费用按生产工人工资比例摊入 A、B 产品成本。

（15）A 产品已全部完成，共 2 000 件，按其实际生产成本转账。

（16）出售商品给新华厂。计 A 商品 1 800 件，每件售价 28 元；B 商品 4 400 件，每件售价 14 元，共计售价 112 000 元，增值税税率为 17%，货款尚未收到。

（17）结转上述出售商品的生产成本。A 商品每件 20 元，B 商品每件 10 元，共计 80 000 元。

（18）用库存现金支付销售产品包装费、装卸费等销售费用 1 100 元。

（19）以银行存款支付临时借款利息 5 000 元。

（20）以银行存款支付管理费用 1 200 元。

（21）由于自然灾害使辅助材料损坏 300 千克，价值 1 120 元，经上级批准，作非常损失处理。

（22）没收客户逾期未还的押金 300 元。

（23）出售多余材料 2 000 元，增值税税率为 17%，价款存入银行。同时结转该材料的实际成本 1 500 元。

（24）将 12 月各损益账户余额转至本年利润账户，结出 12 月利润总额。

（25）按 12 月利润总额的 25% 计算和结转应交所得税。

（26）按 12 月净利润 10% 提取盈余公积。

（三）要求

1. 根据上述经济业务编制会计分录。

2. 开设"丁字形"总分类账并进行登记。

3. 根据总分类账编制本期发生额、期末余额对照表。

第五章　会计凭证

第一节　会计凭证概述

一、会计凭证的定义

任何会计主体的会计工作都是依照"编制和取得会计凭证—记账—编报表"的基本工作顺序来进行的。因此，记账必须以合法的凭证为依据，所以在经济业务发生时都必须填制相应的会计凭证。任何单位办理一切经济业务，都要由经办人员或有关部门填制或取得能证明经济业务发生和完成的内容、数量、金额的凭证。所有会计凭证都要由会计部门的有关人员进行审核。只有经过审核，并认为是合法、正确无误的会计凭证才能作为记账的依据。可以说，正确地填制和审核会计凭证是会计核算的基本方法，是进行会计核算工作的起点和基本环节，也是对经济业务进行日常监督的重要环节。

会计凭证是记录经济业务事项发生或完成情况的书面证明，也是登记账簿的依据。它包括以下几方面的作用：①会计凭证是登记账簿的依据。有关会计人员必须对会计凭证的真实性、正确性、合法性及手续的完备性进行严格审核，并据以登记账簿，确保登记的账簿真实、正确。②会计凭证是表明经济业务已经发生和完成的证据。每一个企业、每发生一笔经济业务，各有关经办单位或人员都必须按规定的程序和要求在会计凭证上记明经济业务的内容。③会计凭证是具有法律效力的书面证明。经办经济业务的有关单位或人员，必须在填制的会计凭证上盖章或签名，并以此明确经济责任，以表示对会计凭证的真实性和正确性承担全部责任。

二、会计凭证的重要性

正确地填制、合法地取得和严格地审核会计凭证，是会计循环的初始环节，也是会计核算的基本方法，对完成会计工作具有十分重要的意义，其重要性主要体现在以下三个方面：①明确经济责任、强化内部控制。任何会计凭证除记录有关经济业务的基本内容外，还必须由有关部门和人员签章，对会计凭证所记录经济业务的真实性、正确性、合法性负责，以防止舞弊行为、强化内部控制。每一项经济业务都要填制或取得会计凭证，并由有关部门和人员签章，从而明确有关部门和人员的责任，这必然增强经办人员以及其他有关人员的责任感，促使其严格按照有关法律、法规和制度的规定办事，在其职权范围内各负其责、相互控制，同时也有利于今后发现问题时查明责任归属。而且通过凭证审核还可以及时发现经营管理上的薄弱环节，总结经验教训，以便采取措施、改进工作。②记录经济业务、提供记账依据。会计凭证是登记账簿的依据，会计凭证所记录的有关信息是否真实、可靠、及时，对于能否保证会计信息质量具有至关重要的影响。企业对发生的每一项经济业务都要由经办人员按照规定的程序和要求，及时填制或取得会计凭证，如实写明经济业务的内容及发生或完成的时间，确认应记入的账户名称、方向和金额，使各种经济业务的发生或完成情况通过会计凭证的记录真实地反映出来。因此，通过会计凭证的填制和审核，可以如实反映各项经济业务的具体情况。但是，会计凭证只是对经济业务作出了初步归类记录，要全面反映经济活动情况，还必须对经济业务在账户中作出进一步归类和系统化的记录。任何单位都不能凭空记账，登记账簿必须以经过审核无误的会计凭证为依据。③监督经济活动、控制经济运行。通过会计凭证的审核，可以查明每一项经济业务是否符合国家有关法律、法规、制度的规定，是否符合计划和预算进度，是否有违法乱纪、铺张浪费等行为，监督经济活动的真实性、合法性、合理性。对于查出的问题，应积极采取措施予以纠正，及时对经济活动进行事中控制，保证经济活动健康运行，从而有效地发挥会计的监督作用。

三、会计凭证的种类

由于会计凭证中详细记录了企业各类经济交易活动和事项的具体内容及经济活动基本的财务信息，因此，会计凭证处理是整个会计信息系统运行的第一环节，也是会计账户（账簿）信息和财务报表信息产生的基础。所以说，会计凭证事关整个企业会计信息的质量。

会计凭证按照其填制程序和用途的不同，可以分为原始凭证和记账凭证两类。原始凭证是进行会计核算的原始资料和重要依据。原始凭证按其来源不同，可以分为外来原始凭证和自制原始凭证两种；按照填制手续及内容不同，可以分为一次凭证、累计凭证和汇总凭证；按其填列方式不同，可以分为通用凭证、专用凭证。记账凭证是登记账簿的直接依据。记账凭证按其反映经济业务的内容不同，可以分为收款凭证、付款凭证和转账凭证；按其填列方式不同，可以分为复式凭证和单式凭证两种。会计凭证的种类如图 5-1 所示。

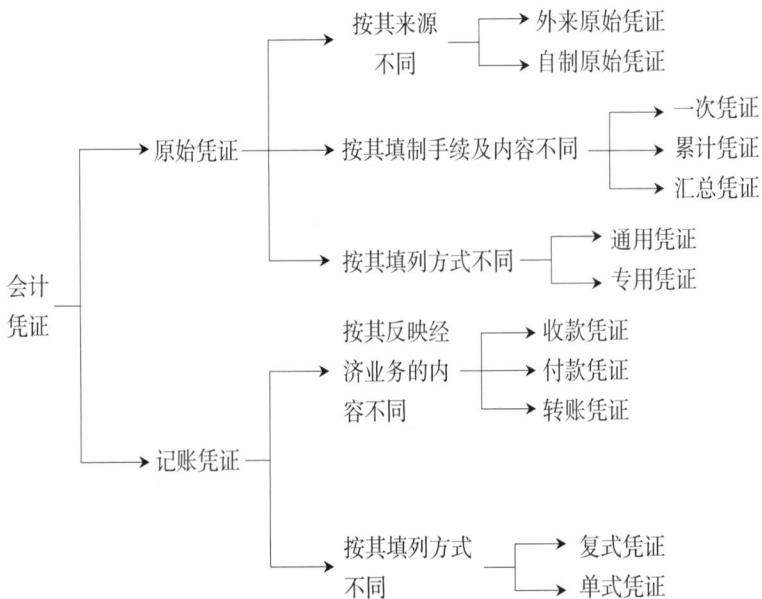

图 5-1

原始凭证和记账凭证都是会计凭证，但两者有根本区别。①原始凭证记录的是经济信息，它是编制记账凭证的依据，是会计核算的基础；原始凭证由经济交易与事项的经办人员填制或取得，用来作为编制记账凭证的依据；原始凭证的内容不同、格式各异、种类繁多、对应关系也不直观，如果直接根据原始凭证记账，容易发生差错，也不便于查账。因此，应先根据原始凭证或汇总原始凭证编制记账凭证，在记账凭证摘要中说明经济业务的内容，确定应借、应贷的账户名称和金额，并将原始凭证作为附件，然后根据记账凭证登记账簿。这样可以减少记账错误，便于核对和查账，保障记账工作的质量。②记账凭证记录的是会计信息，它是会计核算的起点；记账凭证由企业会计人员根据所取得的原始凭证填制，用来登记账户；记账凭证将原始凭证中的一般数据转化为会计语言，是介于原始凭证与账簿之间的中间环节，是登记明细分类账户和总分类账户的依据。

第二节 原始凭证

一、原始凭证的法律依据

原始凭证是在经济业务发生或完成时取得或填制的、用以记录或证明经济业务的发生或完成情况的文字凭据。如购货发票、发货票、委托银行收款结算凭证、借款单、差旅费报销单、收料单和领料单等。

《会计法》第十条规定："下列事项，应当办理会计手续，进行会计核算：1. 款项和有价证券的收付；2. 财物的收发、增减和使用；3. 债权债务的发生和结算；4. 资本、基金的增减；5. 收入、支出、费用、成本的计算；6. 财务成果的计算和处理；7. 需要办理会计手续、进行会计核算的其他事项。"《会计法》第十四条规定："办理本法第十条规定的事项，必须填制或者取得原始凭证，并及时送交会计机构。会计机构必须对原始凭证进行审核，并根据经过审核的原始凭证编制记账凭证。"

原始凭证的质量决定了会计信息的真实性和可靠性，在一定意义上决定了分类核算和会计报表的质量。《会计人员职权条例》规定："会计人员对不真实、不合法的原始凭证不予受理；对记载不准确、不完整的原始凭证应予以退回并要求更正、补充。"

二、原始凭证的种类

（一）原始凭证按其来源不同，可以分为外来原始凭证和自制原始凭证

（1）外来原始凭证。外来原始凭证是指在经济业务发生或完成时从其他单位或个人直接取得的原始凭证。如购买货物时取得的增值税专用发票，收款单位开出的收款收据、银行的各种结算凭证，对外支付款项时取得的收据，出差取得的飞机票、车船票、住宿发票等如表5-1、表5-2、表5-3所示。外来原始凭证与自制原始凭证的最大区别在于以本单位为界限。

表 5 – 1 　　　　　　　　　　　（普通）发　票

购货单位：　　　　　　　　　　年　　月　　日　　　　　　　　NO.

货物名称	规格	数量	单位	单价	金额
金额（大写）					

单位盖章　　　　　　主管：　　　　　　复核　　　　　　制单：

第一联

表 5 – 2 　　　　　　　　　　　××市商业发票

购货单位：　　　　　　　　　　年　　月　　日　　　　　　　　NO.

品名	规格	单位	数量	单价	金　额							备注
					拾	万	千	百	拾	元	角	分	
合计金额（大写）：													

单位盖章　　　　　　收款人：　　　　　　制票人：

第二联　报销联

表 5 – 3 　　　　　　　　　　　增值税专用发票

××省增值税专用发票

开票日期：　　　　　　　　　　年　　月　　日　　　　　　　　NO.

购货单位	名称		纳税人登记号		
	地址、电话		开户银行及账号		
商品或劳务名称	单位	数量	单价	金额	税率%	税额
合计						
价税合计（大写）						
销货单位	名称		纳税人登记号		
	地址、电话		开户银行及账号		

收款人：　　　　　　　　　　开票单位（未盖章无效）

　　（2）自制原始凭证。自制原始凭证是指由本单位内部经办业务的部门和人员在执行或完成某项经济业务时填制的、仅供本单位内部使用的原始凭证。如企业购进材料验收入库时，由仓库保管人员填制的收料单、车间或班组向仓库领用材料时填制的领料单，还有限额领料单、产品入库单、借款单、工资发放明细表、折旧计算表等。自制原始凭证的格式如表 5 – 4、表 5 – 5、表 5 – 6 所示：

表 5 - 4 　　　　　　　　　　　　　**制造费用分配表**

车间：　　　　　　　　　　　　　年　　月　　日　　　　　　　　　　　　　单位：元

分配对象	分配标准（生产工人工时）	分配率（%）	分配金额
合计			

主管：　　　　　　　　　审核：　　　　　　　　　制表：

表 5 - 5 　　　　　　　　　　　　　**工资费用分配表**

20 × ×年 5 月 31 日　　　　　　　　　　　　　单位：元

车间、部门		应分配金额
车间生产人员工资	甲产品	85 624.00
	乙产品	90 256.00
车间管理人员		20 000.00
厂部管理人员		32 000.00
专设销售机构人员		9 600.00
在建工程人员		5 200.00
合计		242 680.00

表 5 - 6 　　　　　　　　　　　　　**领料单**

领料部门：一车间

用途：生产用　　　　　　　　　20 × ×年 5 月 10 日　　　　　　　　　凭证编号：023

材料编号	材料名称及规格	计量单位	数量		价格	
			请领	实发	单价	金额
65214	A 材料	千克	36	36	20.60	741.60
备注：					合计	

第二联

记账联

记账：（印）　　　　　　审批人：（印）　　　　　　领料人：（印）　　　　　　发料人：（印）

（二）原始凭证按照填制手续及内容不同，可以分为一次凭证、累计凭证和汇总凭证

1. 一次凭证

一次凭证是指一次填制完成、只记录一笔经济业务的原始凭证。一次凭证是一次性有效的凭证。外来的原始凭证一般都是一次凭证；在自制的原始凭证中，大部分都属于一次凭证。如材料、产品入库时，仓库保管人员填制的"领料单"、"入库单"，支付工资时填制的"工资单"，还有收据、发货票、销货发票、收料单、银行结算凭证等。一次凭证的格式如图 5 - 2、表 5 - 7 所示：

收　据

年　　月　　日　　　　　　No.

付款单位：＿＿＿＿＿＿＿＿＿＿＿＿＿　　收款方式＿＿＿＿＿　　第二联

人民币（大写）＿＿＿＿＿＿＿＿＿　　￥＿＿＿＿＿＿

收款事由：　　　　　　　　　　　　　　　　　　　　　　　记账联

收款单位：　　　　　财务主管：　　　　　出纳：

图 5 - 2

表 5 - 7　　　　　　　　　　　　　　收料单

供货单位：

发票号码：　　　　　　　　年　　月　　日　　　　　　单位：元

材料编号	材料名称及规格	计量单位	数量		价格	
			应收	实收	单价	金额
备注：					合计	

仓库负责人：　　　　记账：　　　　仓库保管：　　　　收料：

2. 累计凭证

累计凭证是指在一定时期内多次记录发生的同类型经济业务的原始凭证。其特点是：在一张凭证内可以连续登记相同性质的经济业务，随时结出累计数及结余数，并按照费用限额进行费用控制，期末按实际发生额记账。累计凭证是多次有效的原始凭证。在一些特定的单位，为了连续反映某一时期内不断重复发生而分次进行的特定业务，需要在一张凭证中连续、累计填制该特殊业务的具体情况，这类凭证的填制手续不是一次完成的，而是随着经济业务的发生而多次进行才能完成的。累计凭证一般为自制原始凭证，如工业企业的"限额领料单"就是典型的累计凭证。累计凭证的格式如表 5 - 8 所示：

表 5 - 8　　　　　　　　　　　　　　限额领料单

领料单位：　　　　　　　　　　　　发料仓库：

产品名称：　　　　　　　　　　　　单位消耗定额：

计划产量：　　　　　　　　年　　月　　　　　　编　号：

材料编号	材料名称	规格	计量单位	计划单位	领料限额	全月实用	
						数量	金额
领料日期	请领数量	实发数量	领料人签章		发料人签章	定额限制结余	

（续上表）

合计					

3. 汇总凭证

汇总凭证也称原始凭证汇总表。它是指对一定时期内反映经济业务内容相同的若干张原始凭证按照一定标准综合填制的原始凭证。这种凭证的作用主要是把许多同类性质的经济业务汇总后一次性记账，以简化会计工作。汇总凭证既可以提供总量指标，又可以简化核算手续。但汇总原始凭证所汇总的内容只能是同类经济业务，不能汇总两类或两类以上的经济业务。它也是一种自制的原始凭证，如收料凭证汇总表、发出材料汇总表、工资结算汇总表、差旅费报销单、销售日报等。汇总凭证的格式如表5-9所示：

表5-9　　　　　　　　　　　　　　　　发料汇总表

附领料单25份　　　　　　　　　　　　20××年6月30日　　　　　　　　　　　　单位：元

会计科目	领料部门	原材料	燃料	合计
基本生产成本	一车间	5 000	10 000	15 000
	二车间	8 000	14 000	22 000
	小计	13 000	24 000	37 000
辅助生产成本	供电车间	7 000	2 000	9 000
	锅炉车间		4 000	4 000
	小计	7 000	6 000	13 000
制造费用	一车间	400		400
	二车间	600		600
	小计	1 000		1 000
管理费用		200	300	500
合计		21 200	30 300	51 500

会计主管：　　　　　　　　　审核：　　　　　　　　　制单：

值得注意的是，有些原始单据不是原始凭证，由于它们不能证明经济业务已经发生或完成情况，不能作为编制记账凭证和登记账簿的依据，如用工计划表、经济合同、银行余额调节表、派工单等。

（三）原始凭证按其填列方式不同，可以分为通用凭证和专用凭证

（1）通用凭证。通用凭证是指由有关部门统一印制、在一定范围内使用的具有统一格式和使用方法的原始凭证。通用凭证的使用范围因制作部门不同而异，可以是某地区、某一行业的，也可以是全国通用。如全国统一的异地结算银行凭证，部门统一规定的收料单、领料单，地区统一规定的发货单等。这种凭证格式标准、内容规范、便于比较；统一印制可以降低核算费用。

（2）专用凭证。专用凭证是指由单位自行印制、仅在本单位内部使用的原始凭证。如领料单、差旅费报销单、折旧计算表、借款单、工资费用分配表等，如图5-3、表5-10所示：

中国建设银行转账支票
存根

支票号码：

签发日期：

| 收款人： |
| 金额： |
| 用途： |
| 备注： |

中国建设银行转账支票   支票号码：

签发日期（大写）：　年　月　日　开户行名称：
收款人：　　　　　　　　　　　签发人账号：

人民币	千	百	拾	万	千	百	拾	元	角	分
（大写）										

用途：_____

上列款项请从　　　　　　　　　复核
我账户内支付　　　　　　　　　记账
签发人盖章　　　　　　　　　　验印

单位主管：　会计：

图 5 - 3

表 5 - 10 　　　　　　　　　　　　××分配表

车间：　　　　　　　　　　　年　月　日　　　　　　　　　　单位：元

分配对象	分配标准（生产工人工时）	分配率（%）	分配金额
合计			

主管：　　　　　　　　审核：　　　　　　　　制表：

三、原始凭证的内容

经济业务是纷繁复杂的，内容是多种多样的，记录经济业务的各种原始凭证的名称、内容和格式也是千变万化的。但是，作为反映经济业务已经发生或已经完成的原始凭证必须反映经济业务发生或完成情况，并明确有关人员的经济责任。归纳起来，作为记账依据的原始凭证必须包括以下一些基本要素：①原始凭证种类、名称；②填制原始凭证的日期；③接受原始凭证的单位名称；④经济业务内容（含地址、单价、金额等）；⑤填制单位签章；⑥有关人员签章；⑦凭证附件。

有些原始凭证必须同时满足多方面的需要，如生产、销售、储运、统计等部门要使用同一原始凭证，就必须在原始凭证中增加其他部门所需要的内容，以便一证多用，充分发挥其作用。

四、原始凭证的填制要求

原始凭证在会计核算中具有举足轻重的作用。原始凭证作为经济业务的原始证明是进行会计核算工作的原始资料和重要依据。为了保证会计核算资料的真实、正确和及时，原始凭证的填制必须符合一定的规范。根据《会计基础工作规范》的规定，对原始凭证的填制的具体要求如下：

（1）记录要真实。原始凭证所填列的经济业务的内容和数字，必须真实可靠，符合实际情况。

（2）内容要完整。原始凭证所要求填列的项目必须逐项填列齐全，不得遗漏和省略。

（3）手续要完备。单位自制的原始凭证必须有经办单位领导人或者其他指定的人员签名盖章，从外部取得的原始凭证，必须盖有填制单位的公章，从个人取得的原始凭证必须有填制人员的签名盖章。

（4）书写要清楚、规范。原始凭证要按规定填写，文字要简要，字迹要清楚，易于辨认，不得使用未经国务院公布的简化汉字；大小写金额必须相符且填写规范，小写金额用阿拉伯数字逐个书写，不得写连笔字；在金额前要填写人民币符号"￥"；人民币符号"￥"与阿拉伯数字之间不得留有空白；金额数字一律填写到角、分；无角、分的写"00"或符号"—"；有角无分的，分位写"0"，不得用符号"—"；大写金额用汉字壹、贰、叁、肆、伍、陆、柒、捌、玖、拾、佰、仟、万、亿、元、角、分、零、整等，一律用正楷或行书字书写；大写金额前未印有"人民币"字样的，应加写"人民币"三个字，"人民币"字样和大写金额之间不得留有空白；大写金额到元或角为止的，后面要写"整"或"正"字；有分的，不写"整"或"正"字。如小写金额为￥1 001.00，大写金额应写成"壹仟零壹元整"。

（5）不得涂改、刮擦、挖补。原始凭证有错误的，应当由出具单位重开或更正，更正处应当加盖出具单位印章。原始凭证金额有错误的，应当由出具单位重开，不得在原始凭证上更正。

（6）编号要连续。如果原始凭证已预先印定编号，在写坏作废时，应加盖"作废"戳记，妥善保管，不得撕毁。

（7）填制要及时。各种原始凭证一定要及时填写，并按规定的程序及时送交会计机构、会计人员进行审核。

五、原始凭证的审核

在会计实务中，原始凭证必须经过审核无误后，才能作为填制记账凭证的依据。这是保证会计记录真实、可靠和准确，充分发挥会计监督作用的重要环节。原始凭证的审核内容主要包括以下几方面：

（1）对原始凭证的真实性方面的审核。原始凭证作为会计信息的基本信息源，其真实性对会计信息的质量具有至关重要的影响。其真实性的审核包括凭证日期是否真实、业务内容是否真实、数据是否真实等内容的审查。对外来原始凭证必须有填制单位公章和填制人员签章，对自制原始凭证必须有经办部门和经办人员的签名或盖章。此外，对通用原始凭证还应审核凭证本身的真实性，防止以假冒的原始凭证记账。

（2）对原始凭证的合法性方面的审核。审核原始凭证所记录的经济业务是否有违反国家法律法规的情况，是否符合规定的审核权限，是否履行了规定的凭证传递和审核程序，是否有贪污腐化等行为。

（3）对原始凭证的合理性方面的审核。审核原始凭证所记录的经济业务是否符合企业生产经营活动的需要，是否符合有关的计划和预算等。

（4）对原始凭证的完整性方面的审核。审核原始凭证各项基本要素是否齐全，是否有漏项情况，日期是否完整，数字是否清晰，文字是否工整，有关人员签章是否齐全，凭证联次是否正确等。

（5）对原始凭证的正确性方面的审核。审核原始凭证各项金额的计算及填写是否正确，包括：阿拉伯数字分位填写，不得连写；小写金额前要标明符号"￥"，中间不能留有空白，金额要标至"分"，无角、分的，要以"0"补位；金额大写部分要正确，大写金额前要加"人民币"字样，大写金额与小写金额要相符；凭证中有书写错误的，应采用正确的方法更正，不能采用涂改、刮擦、挖补等不正确的方法。

（6）对原始凭证的及时性方面的审核。原始凭证的及时性是保证会计信息及时性的基础。为此，要求在经济业务发生或完成时及时填制有关原始凭证，及时进行凭证的传递。审核时，应注意审查凭证的填制日期，尤其是银行汇票、银行本票等时效性较强的原始凭证，更应仔细验证其签发期。

经审核的原始凭证应根据不同情况进行处理：①对于完全符合要求的原始凭证，要及时据以编制记账凭证入账；②对于真实、合法、合理但内容不够完整、填写有错误的原始凭证，应退回给有关经办人员，由其负责将有关凭证补充完整，更正错误或重开后，再办理正式会计手续；③对于不真实、不合法的原始凭证，会计机构、会计人员有权不予接受，并向单位负责人报告。

经审核无误的原始凭证才可据以编制记账凭证和登记账簿。

六、原始凭证的错误更正方法

为了明确相关人员的经济责任，防止利用原始凭证来营私舞弊，《会计法》、《会计基础工作规范》都规定：①原始凭证所记载的各项内容均不得涂改，随意涂改原始凭证即为无效凭证，不能以此来作为填制记账凭证或登记会计账簿的依据。②原始凭证记载的内容有错误的，应当由开具单位重开或更正，更正工作必须由原始凭证出具单位进行，并在更正处加盖出具单位印章；重新开具原始凭证也应由原始凭证开具单位进行。③原始凭证金额出现错误的不得更正，只能由原始凭证开具单位重新开具。因为原始凭证上的金额，是反映经济业务事项情况的重要数据，如果允许随意更改，容易产生舞弊行为，不利于保证原始凭证的质量。④原始凭证的开具单位应当依法开具准确无误的原始凭证，对于填制有误的原始凭证，负有更正和重新开具的法律义务，不得拒绝。

第三节　记账凭证

一、记账凭证的定义

根据《会计基础工作规范》规定，记账凭证是会计人员根据审核无误的原始凭证，按照经济业务事项的内容加以归类，据以确定会计分录后所填制的会计凭证。它是登记账簿的直接依据。在我国企业会计实务中，编制会计分录具体体现在填制记账凭证上。因此，在学习会计中经常把"编会计分录、编记账凭证、进行账务处理"视为同一工作。

有了原始凭证，还要编制记账凭证的原因主要有以下两点：①原始凭证需要整理。由于原始凭证种类繁多、内容不同，而且大小不一，根据原始凭证直接记账容易发生差错，所以，会计人员在登记账簿之前，要按照原始凭证反映的经济内容进行整理后编制记账凭证。②原始凭证有些需要汇总。在记账凭证中必须体现会计账户的名称、借贷方向、记账金额等会计分录的基本内容。然后再依据记账凭证登记账簿，将原始凭证作为记账凭证的附件附在记账凭证之后，以便于日后核对和查账。记账凭证具有分类归纳原始凭证和满足登记会计账簿的作用。

根据借贷记账法的基本原理，记账凭证确定了应借、应贷的会计科目及其金额，将原始凭证中的一般数据转化为会计语言。因此，记账凭证是介于原始凭证与账簿之间的中间环节，是登记明细分类账户和总分类账户的依据。

二、记账凭证的种类

（一）按其反映经济业务的内容不同分类

记账凭证按其反映经济业务的内容不同，可以分为收款凭证、付款凭证和转账凭证。

1. 收款凭证

收款凭证是指用于记录现金和银行存款收款业务的会计凭证。它是根据库存现金收入业务和银行存款收入业务的原始凭证填制的，据以作为登记现金与银行存款等有关的账户（账簿）的依据，收款凭证又可分为现金收款凭证和银行存款收款凭证。现金收款凭证是根据现金收入业务的原始凭证编制的收款凭证，如以现金结算的发票记账联；银行存款收款凭证是根据银行存款收入业务的原始凭证编制的收款凭证，如银行进账通知单。收款凭证的格式如表5-11、表5-12所示：

表5-11   收款凭证

总号：12

借方科目：银行存款   20××年3月5日   分号：银收3

摘要	贷方科目		√	金额									附件
	总账科目	二级或明细科目		百	十	万	千	百	十	元	角	分	
收回甲公司欠款	应收账款	甲公司				1	2	5	0	0	0	0	1 张
合计				¥	1	2	5	0	0	0	0	

会计主管：   记账：   出纳：   复核：   制单：

表5-12   收款凭证

总号：

借方科目：库存现金   年   月   日   分号：

摘要	贷方科目		√	金额									附件
	总账科目	二级或明细科目		百	拾	万	千	百	拾	元	角	分	
合计													张

会计主管：   记账：   复核：   制单：

2. 付款凭证

付款凭证是指用于记录现金和银行存款付款业务的会计凭证。它是根据库存现金和银行存款付出业务的原始凭证填制的，既是出纳付款的依据，也是企业据以登记现金、银行存款日记账和其他有关账户（账簿）的依据。付款凭证又可分为现金付款凭证和银行存款付款凭证。现金付款凭证是根据现金付出业务的原始凭证编制的付款凭证，如以现金结算的发票联等；银行存款付款凭证是根据银行存款付出业务的原始凭证编制的付款凭证，如现金支票、转账支票存根等。付款凭证的格式如表 5 - 13、表 5 - 14 所示：

表 5 - 13　　　　　　　　　　　　　　　付款凭证

总号：32

贷方科目：银行存款　　　　　　　20 × ×年 3 月 8 日　　　　　　　分号：银付 9

摘要	借方科目		√	金额									附件
	总账科目	二级或明细科目		百	十	万	千	百	十	元	角	分	
购乙材料	材料采购	乙材料			3	0	0	0	0	0	0	0	
	应交税费	应交增值税				5	1	0	0	0	0	0	2 张
合计				¥	3	5	1	0	0	0	0	0	

会计主管：　　　记账：　　　出纳：　　　复核：　　　制单：

表 5 - 14　　　　　　　　　　　　　　　付款凭证

总号：33

贷方科目：库存现金　　　　　　　20 × ×年 3 月 9 日　　　　　　　分号：银付 10

摘要	借方科目		√	金额									附件
	总账科目	二级或明细科目		百	十	万	千	百	十	元	角	分	
购乙材料	材料采购	乙材料			3	0	0	0	0	0	0	0	
	应交税费	应交增值税				5	1	0	0	0	0	0	3 张
合计				¥	3	5	1	0	0	0	0	0	

会计主管：　　　记账：　　　出纳：　　　复核：　　　制单：

3. 转账凭证

转账凭证是指用于记录不涉及现金和银行存款业务的会计凭证。它是根据有关转账业务，即在经济业务发生时不需要收付现金或银行存款的各项业务的原始凭证填制的，如企业内部的领料单、出库单等；计提固定资产折旧、期末结转成本等也是转账行为。转账凭证的格式如表 5 - 15 所示：

表 5 – 15   **转账凭证**

总号：

年　　月　　日　　　　　　　　　　　　　　　分号：

摘要	总账科目	明细科目	√	借方金额									贷方金额									
				百	十	万	千	百	十	元	角	分	百	十	万	千	百	十	元	角	分
合计																					

附件 张

会计主管：　　　　　　记账：　　　　　　复核：　　　　　　制单：

收款凭证、付款凭证和转账凭证分别用以记录货币资金收入事项、货币资金支出事项和转账业务，为了便于识别，各种记账凭证一般印制成不同颜色。

将记账凭证划分为收款凭证、付款凭证和转账凭证三种，为记账工作带来方便，但工作量较大，适用于规模较大的单位。对于经济业务较简单、规模较小、收付业务较少的单位，为了简化核算，还可以采用普通记账凭证来记录所有经济业务。普通记账凭证又称通用记账凭证，是指对全部业务不再区分收款、付款及转账业务，而将所有经济业务统一编号，在同一格式的凭证中进行记录。普通记账凭证的格式与转账凭证基本相同，如表 5 – 16 所示：

表 5 – 16   **普通记账凭证**

年　　月　　日　　　　　　　　　_____字第_____号

摘要	会计科目		借方									贷方									/
	总账科目	明细科目	千	百	十	万	千	百	十	元	角	分	千	百	十	万	千	百	十	元	角	分	

会计主管　　　　记账　　　　出纳　　　　审核　　　　制单

（二）按其填列方式分类

记账凭证按其填列方式不同，可以分为复式凭证和单式凭证两种。

1. 复式凭证

复式凭证是将每一笔经济业务事项所涉及的全部会计科目及其发生额均在同一张记账凭证中反映的一种凭证。前述收款凭证、付款凭证和转账凭证都是复式凭证，是实际工作中应用最普遍的记账凭证。复式凭证可集中反映一项经济业务的科目对应关系，便于分析、对照、了解有关经济业务的全貌，而且减少了凭证数量，因此，实际工作中广泛使用复式凭证。但采用复式凭证不便于同时汇总计算每一账户的发生额，也不利于会计人员分工记账。

2. 单式凭证

单式凭证是每一张记账凭证只填列经济业务事项所涉及的一个会计科目及其金额的记账凭证。填列借方科目的称为借项凭证，填列贷方科目的称为贷项凭证。它将一项经济业务所涉及的会计科目及其对应关系通过借项记账凭证、贷项记账凭证分别予以反映。单式凭证便于汇总计算每一会计科目的发生额和便于分工记账，方便了记账凭证汇总表的编制。但是采用单式凭证不能在一张凭证上反映对应关系和经济业务的全貌，也不便于查账。一般适用于业务量较大、会计部门内部分工较细的单位。单式凭证的一般格式如表 5 - 17、表 5 - 18 所示：

表 5 - 17 借式记账凭证

对应科目 　　　　　　　　　　　　年 　月 　日 　　　　　　　　　　凭证编号

摘要	一级科目	明细科目	金额	账页

会计主管 　　　　　记账 　　　　　　　　复核 　　　　　制单

表 5 - 18 贷式记账凭证

对应科目 　　　　　　　　　　　　年 　月 　日 　　　　　　　　　　凭证编号

摘要	一级科目	明细科目	金额	账页

会计主管 　　　　记账 　　　　复核 　　　　出纳 　　　　制单

三、记账凭证的基本要素或内容

记账凭证是登记账簿的直接依据。记账凭证的种类、格式不一，它的主要作用是对原始凭证进行归类、整理，确定会计科目，据以登记账簿。记账凭证的填制除了必须严格做到上述填制原始凭证的要求外，还应具备以下基本内容或要素：①记账凭证的名称，即收款凭证、付款凭证和转账凭证。②填制记账凭证的日期。记账凭证是在哪一天编制的就写上哪一天的日期。记账凭证的填制日期与原始凭证的填制日期可能相同，也可能不同。记账凭证应及时填制，但一般稍后于原始凭证的填制。③记账凭证的编号。记账凭证应由主管该项业务的会计人员按经济业务发生的先后顺序，并按不同种类的记账凭证连续编号。企业既可以按收款、付款、转账三类业务分收、付、转三类编号，也可细分为现收、现付、银收、银付、转账五类编号。这种编号也是出纳登记现金和银行存款日记账的依据。如果一笔经济业务需要填列多张记账凭证，可采用"分数编号法"，如"1/3"、"2/3"、"3/3"等。凭证编号便于装订保管和登记账簿，也便于日后检查。为了便于监督，反映收付款业务的会计凭证不得由出纳人员编号。④经济业务事项的内容摘要。内容摘要应简明扼要。⑤经济业务事项所涉及的会计科目及其记账方向。⑥经济业务事项的金额。⑦记账标记栏目。⑧所附原始凭证张数。⑨会计主管、记账、审核、出纳、制单等有关人员签章。

四、编制记账凭证的基本要求

根据经济交易与事项及其原始凭证填制记账凭证是会计记录程序的首要步骤，账户记录以及财务报表信息的产生皆以此为基础。同时，会计分录的编制与记账凭证的填制过程，又包含了对经济活动的初始确认与计量。因此，记账凭证的填制对整个会计信息系统至关重要，其直接影响到整个财务报表的信息质量。

对记账凭证的编制要求分为基本要求和具体要求：

（一）编制记账凭证的基本要求

记账凭证是登记账簿的直接依据，它的填制是否正确将直接关系着账簿登记的质量。因此，编制记账凭证要按照有关规定进行，其基本要求有如下几个方面：

（1）记账凭证各项内容必须完整。

（2）记账凭证应连续编号。一笔经济业务需要填制两页以上记账凭证的，可以采用分数编号法编号。

例如，一笔经济业务需编制三页转账凭证，该转账凭证的顺序号为第6号，则这笔业务可编制转字第6又1/3号、第6又2/3号、第6又3/3号三页凭证。

（3）记账凭证的书写应清楚、规范。相关要求同原始凭证。

（4）记账凭证可以根据每一张原始凭证填制，或根据若干张同类原始凭证汇总编制，也可以根据原始凭证汇总表填制，但不得将不同内容和类别的原始凭证汇总填制在一张记账凭证上。

（5）除结账和更正错误的记账凭证可以不附原始凭证外，其他记账凭证必须附有原始凭证。所附原始凭证张数的计算，一般以原始凭证的自然张数为准。与记账凭证中的经济业务事项记录有关的每一张证据都应当作为原始凭证的附件。如果记账凭证中附有原始凭证汇总表，则应该把所附原始凭证和原始凭证汇总表的张数一起计入附件的张数之内。但报销差旅费等零散票券，可以粘贴在一张纸上作为一张原始凭证。一张原始凭证如涉及几张记账凭证的，可以把原始凭证附在一张主要的记账凭证后面，并在其他记账凭证上注明附有该原始凭证的记账凭证的编号或者附上该原始凭证的复印件。

一张原始凭证所列的支出需要由几个单位共同负担时，应当由保存该原始凭证的单位开具原始凭证分割单给其他应负担的单位。原始凭证分割单必须具备原始凭证的基本内容；如凭证的名称、填制凭证的日期、填制凭证单位的名称或填制人的姓名、经办人员的签名或盖章、接受凭证单位的名称、经济业务的内容、数量、单价、金额和费用的分摊情况等。

（6）填制记账凭证时若发生错误，应当重新填制。已登记入账的记账凭证在当年内发现填写错误时，可以用红字填写一张与原内容相同的记账凭证，在摘要栏注明"注销某月某日某号凭证"字样，同时再用蓝字重新填制一张正确的记账凭证，注明"更正某月某日某号凭证"字样。如果会计科目没有错误，只是金额错误，也可将正确数字与错误数字之间的差额，另编一张调整的记账凭证，调增金额用蓝字，调减金额用红字。发现以前年度记账凭证有错误的，应当用蓝字填制一张更正的记账凭证。

（7）记账凭证填制完经济业务事项后，如有空行，应当自金额栏最后一笔金额数字下的空行处至合计数上的空行处划线注销。

（二）编制记账凭证的具体要求

1. 编制收款凭证的具体要求

收款凭证左上角的"借方科目"是固定的，按收款的性质填写"库存现金"或"银行存款"；日期填写的是编制本凭证的日期；右上角填写编制收款凭证的顺序号，可按"收字第××号"或"现收字第××号"或"银收字第××号"的顺序编号；"摘要"填写对所记录经济业务的简要说明；"贷方科目"填写与收入现金或银行存款相对应的会计科目；"记账"是指该凭证已登记账簿的标记，防止经济业务事项重记或漏记；"金额"是指该项经济业务事项的发生额，该凭证右边"附件　张"是指本记账凭证所附原始凭证的张数；最下边分别由有关人员签章，以明确经济责任。

【例5-1】　大黑公司20××年9月13日销售货物一批，价款100 000元，收到购买单位支票一张，收讫100 000元并存入银行。

这项交易发生后，一方面使得企业银行存款资产增加100 000元，另一方面使得主营业务收入增加100 000元。按照借贷记账法编制的会计分录如下：

借：银行存款　　　　　　　　　　　　　　　　　　　　　　100 000

　　贷：主营业务收入　　　　　　　　　　　　　　　　　　　　　100 000

由于这项经济交易导致银行存款的增加，所以，上述会计分录需要记载在收款凭证中。出纳人员根据审核无误的原始凭证填制银行存款收款凭证，其内容与格式如表5-19所示：

表5-19　　　　　　　　　　　　　　　　收款凭证

总号：×××××

借方科目：银行存款　　　　　　　　20××年9月13日　　　　　　分号：××

摘要	贷方科目		√	金额								
	总账科目	二级或明细科目		百	拾	万	千	百	拾	元	角	分
×××××	主营业务收入	×××××		1	0	0	0	0	0	0	0	0
合计				1	0	0	0	0	0	0	0	0

附件×张

会计主管：×××　　　　　记账：×××　　　　　复核：×××　　　　　制单：×××

2. 编制付款凭证的具体要求

在借贷记账法下，付款凭证左上角的"贷方科目"是固定的，按付款的性质填写"库存现金"或"银行存款"。在付款凭证左上方所填列的贷方科目，就是"库存现金"或"银行存款"科目。在凭证内所反映的借方科目，应填列与"库存现金"或"银行存款"相对应的科目。金额栏填列经济业务实际发生的数额，在凭证的右侧填写所附原始凭证张数，并在出纳及制单处签名或盖章。

付款凭证的编制方法与收款凭证基本相同，只是左上角由"借方科目"换为"贷方科目"，凭证中间的"贷方科目"换为"借方科目"。

【例5-2】 大黑公司20××年9月18日购入材料一批，买价50 000元，开出支票一张支付购料款。这项交易发生后企业的银行存款减少了50 000元，同时，原材料增加了50 000元。按照借贷记账法编制的会计分录如下：

借：原材料　　　　　　　　　　　　　　　　　　　　　50 000
　贷：银行存款　　　　　　　　　　　　　　　　　　　　　　50 000

由于这项经济交易使得企业的银行存款减少，因而应当填制付款凭证。出纳人员根据审核无误的原始凭证填制银行存款付款凭证，其内容与格式如表5-20所示。

由于收款凭证和付款凭证是出纳人员收入或付出款项的依据。因此，出纳人员在根据收、付凭证收款和付款时，要在原始凭证上加盖"收讫"或"付讫"的戳记，以免重收或重付。

表5-20　　　　　　　　　　　　　　　　付款凭证

总号：××××

贷方科目：银行存款　　　　　　　20××年9月18日　　　　　　分号：××

摘要	借方科目		√	金额								
	总账科目	二级或明细科目		百	拾	万	千	百	拾	元	角	分
×××××	原材料	×××××				5	0	0	0	0	0	0
合计						5	0	0	0	0	0	0

附件×张

会计主管：×××　　　　　记账：×××　　　　　复核：×××　　　　　制单：×××

在分类编制记账凭证中应特别注意：为了避免重复记账，对于涉及现金和银行存款之间相互划转的经济业务，即从银行提取现金或把现金存入银行的经济业务，统一只编制付款凭证，不编制收款凭证。当发生从银行提取现金的业务时，只编制银行存款付款凭证，而不编制现金收款凭证；当发生把现金存入银行的业务时，只编制现金付款凭证，而不编制银行收款凭证。

【例5-3】 大黑公司20××年9月20日将当日多余的现金35 000元存入银行。此时，应编制一张现金付款凭证，如表5-21所示：

表 5 – 21　　　　　　　　　　　　　付款凭证

总号：×××

贷方科目：库存现金　　　　　　　　　20××年9月20日　　　　　　分号：××

摘要	借方科目		√	金额								
	总账科目	二级或明细科目		百	拾	万	千	百	拾	元	角	分
×××××	银行存款	×××××			3	5	0	0	0	0	0	0
合计					3	5	0	0	0	0	0	0

附件×张

会计主管：×××　　　　　记账：×××　　　　　复核：×××　　　　　制单：×××

3. 编制转账凭证的具体要求

转账凭证的特点是借贷方都发生变化，因此，转账凭证将经济业务事项中所涉及的全部会计科目按照先借后贷的顺序都记入"会计科目"栏中的"一级科目"和"二级或明细科目"，并按应借、应贷方向分别记入"借方金额"或"贷方金额"栏。其他项目的填列与收、付款凭证相同。借、贷金额合计数应该相等。制单人应在填制凭证后签名、盖章，并在凭证的右侧填写所附原始凭证张数。

【例 5 – 4】　大黑公司20××年9月30日计提当月折旧100 000元，其中生产车间计提折旧70 000元，厂部管理部门计提折旧30 000元。这项交易发生后，企业因计提折旧，制造费用增加70 000元，管理费用增加30 000元。同时，累计折旧增加100 000元。按照借贷记账法编制的会计分录如下：

借：制造费用　　　　　　　　　　　　　　　　　　　70 000

　　管理费用　　　　　　　　　　　　　　　　　　　30 000

　　贷：累计折旧　　　　　　　　　　　　　　　　　　100 000

该项交易属于不涉及现金和银行存款的转账交易，应当填制转账凭证。会计人员根据折旧提取计算表填制转账凭证，其内容与格式如表 5 – 22 所示：

表 5 – 22　　　　　　　　　　　　　　　　转账凭证

总号：×××

20××年9月30日

分号：×××

摘要	总账科目	明细科目	√	借方金额									贷方金额								
				百	十	万	千	百	十	元	角	分	百	十	万	千	百	十	元	角	分
	制造费用	×××				7	0	0	0	0	0	0									
	管理费用	×××				3	0	0	0	0	0	0									
	累计折旧	×××												1	0	0	0	0	0	0	0
合计					1	0	0	0	0	0	0	0		1	0	0	0	0	0	0	0

附件×张

会计主管：×××　　　　　记账：×××　　　　　复核：×××　　　　　制单：×××

在分类编制记账凭证中应特别注意：对跨凭证种类的经济业务要分开编制会计凭证。

【例 5 – 5】　大黑公司20××年9月30日购买生产设备一台，货款500 000元，增值税税款85 000元，用银行存款支付400 000元，余款签发三个月商业汇票一张。这项交易发生后，企业因购买设备，固定资产增加500 000元。同时，银行存款减少400 000元，应付票据增加100 000元。按照借贷记账法编制的会计分录如下：

（1）借：固定资产　　　　　　　　　　　　　　　　　　　400 000
　　　　贷：银行存款　　　　　　　　　　　　　　　　　　　　400 000
（2）借：固定资产　　　　　　　　　　　　　　　　　　　100 000
　　　　　应交税费——应交增值税　　　　　　　　　　　　85 000
　　　　贷：应付票据　　　　　　　　　　　　　　　　　　　　185 000

该项交易，一是属于涉及银行存款减少的交易，应当填制银行存款付款凭证；二是属于不涉及现金和银行存款的转账交易，应当填转账凭证。出纳人员根据审核无误的原始凭证分别填制银行存款付款凭证和转账凭证，其内容与格式如表5–23、表5–24所示：

表 5 – 23　　　　　　　　　　　　　**付款凭证**

总号：××××

贷方科目：银行存款　　　　　　　20××年9月30日　　　　　　　分号：××

摘要	借方科目		√	金额								
	总账科目	二级或明细科目		百	拾	万	千	百	拾	元	角	分
×××××	固定资产	×××××			4	0	0	0	0	0	0	0
合　计												

附件×张

会计主管：××　　　　　记账：×××　　　　　复核：×××　　　　　制单：×××

表 5 – 24　　　　　　　　　　　　　**转账凭证**

总号：×××

20××年9月30日　　　　　　　分号：××

摘要	总账科目	明细科目	√	借方金额									贷方金额								
				百	十	万	千	百	十	元	角	分	百	十	万	千	百	十	元	角	分
××××	固定资产	×××			1	0	0	0	0	0	0	0									
××××	应交税费	应交增值税				8	5	0	0	0	0	0									
	应付票据	×××												1	8	5	0	0	0	0	0
合　计					1	8	5	0	0	0	0	0		1	8	5	0	0	0	0	0

附件×张

会计主管：××　　　　　记账：×××　　　　　复核：×××　　　　　制单：×××

五、记账凭证的审核内容

　　审核记账凭证的内容是会计重要的工作环节。记账凭证是登记账簿的依据，为了保证账簿记录的正确性，必须在记账之前由有关人员对记账凭证进行严格的审核。由于记账凭证是根据审核后的合法的原始凭证填制的，因此，记账凭证的审核，实际上是对原始凭证的审核。记账凭证审核的内容主要包括以下几个方面：①内容是否真实。审核记账凭证是否附有原始凭证，所附原始凭证的内容是否与记账凭证记录的内容一致，记账凭证汇总表与记账凭证的内容是否一致。②项目是否齐全。审核记账凭证各项目的填写是否齐全，如日期、凭证编号、摘要、会计科目、金额、所附原始凭证张数及有关人员签章等。③科目是否正确。审核记账凭证的应借、应贷科目是否正确，是否有明确的账户对应关系，所使用的会计科目是否符合国家统一的会计制度的规定等。④金额是否正确。审核记账凭证所记录的金额与原始凭证的有关金额是否一致，记账凭证汇总表的金额与记账凭证的金额合计是否相符，原始凭证中的数量、单价、金额计算是否正确等。⑤书写是否正确。审核记账凭证中的记录是否文字工整、数字清晰，是否按规定使用蓝黑墨水或碳素墨水，是否按规定进行更正等。

此外，在编制记账凭证中应特别注意：出纳人员在办理收款或付款业务后，应在原始凭证上加盖"收讫"或"付讫"的戳记，以避免重收或重付。

第四节　会计凭证的管理

一、会计凭证的传递

（一）会计凭证传递的定义

会计凭证的传递是指从会计凭证的取得或填制时起至归档保管过程中在单位内部有关部门和人员之间的传送程序。

（二）会计凭证传递的重要性

正确组织会计凭证的传递，对于提高会计核算的及时性、合理组织经济活动、贯彻经济责任制、加强会计监督具有重要的作用。主要表现在：①通过会计凭证的传递，有利于正确地组织经济活动，贯彻经济责任制。通过正确地组织会计凭证的传递，能把本单位各有关部门和人员的活动紧密地联系起来，可以明确各部门及人员的分工协作关系，强化各工作环节之间的监督和制约作用，体现了经济责任制度的执行情况。②通过会计凭证的传递，有利于及时地反映各项经济业务的发生或完成情况。通过明确会计凭证的传递程序和传递时间，就能把有关经济业务的完成情况及时地传递给有关部门和人员，以保证会计凭证按时送到财务会计部门，及时记账、结账，并按规定编制会计报表。③通过会计凭证的传递能加强会计监督。会计凭证实际上起着相互牵制、相互监督的作用，它可以督促各有关部门和人员及时、正确地完成各项经济业务，并按规定办理好各种凭证手续，从而有利于加强岗位责任制和发挥会计的监督职能。

（三）设计会计凭证传递的原则

会计凭证的传递，要能够满足内部控制制度的要求，使传递程序合理、有效，同时尽量节约传递时间，减少传递的工作量。

各种会计凭证所记载的经济业务各不相同，涉及的部门和人员不同，据以办理的业务手续也不同。因此，应当为各种会计凭证规定一个合理的传递程序，即一张会计凭证填制后应交到哪个部门、哪个岗位、由谁办理业务手续，直到归档保管为止。如凭证有一式多联的，还应规定每一联传到哪几个部门、各有什么用途等等。

各种会计凭证还应根据其办理业务手续所需的时间规定它的传递时间。其目的是使各个工作环节环环相扣、相互督促，以提高工作效率。

（四）如何设计会计凭证的传递程序和方法

会计凭证的传递，应包括规定合理的传递程序、传递时间和传递过程中的衔接手续。单位应根据具体情况制定每一种凭证的传递程序和方法。

会计凭证的传递，在制定合理的凭证传递程序和时间时，应考虑以下三点：

（1）会计凭证传递过程中的衔接手续，应该做到既完备严密，又简便易行。凭证的收发、交接都应按一定的手续制度办理，以保证会计凭证的安全和完整。

（2）设计会计凭证的传递程序要视经济业务的手续程序而定。由于经济业务的内容不同，办理业务的手续程序各异，因而会计凭证的传递程序也不同。有的经济业务过程简单，凭证的传递过程也简单；有的经济业务过程复杂，凭证的传递过程也复杂。因此，要根据经济业务的特点、企业内部的机构设置和人员分工情况以及管理上的要求等，具体规定各种凭证的联数和传递程序。使有关部门既能按规定手续处理业务，又能利用凭证资料掌握情况、提供数据、协调一致，同时还要注意流程合理，避免不必要的环节，以加快传递速度。

（3）设计会计凭证的传递时间，要根据办理经济业务手续在正常情况下完成所需的时间而定。明确规定各种凭证在各个环节上停留的最长时间，不得拖延和积压会计凭证，以保证会计工作的正常秩序。一切会计凭证的传递和处理，都应在报告期内完成，以保证会计核算的准确性和及时性。注意要根据有关部门和人员办理业务的必要手续时间确定凭证的传递时间。时间过紧，会影响业务手续的完成，时间过松则影响工作效率。

要通过调查研究和协商来制定会计凭证的传递程序和传递时间。原始凭证大多涉及本单位内部各个部门和经办人员，因此，会计部门应会同有关部门和人员共同协商其传递程序和时间。记账凭证是会计部门的内部凭证，可由会计主管会同制证、审核、出纳、记账等有关人员商定其传递程序和时间。

会计凭证的传递程序、传递时间和传递过程中的衔接手续明确后，可以制定凭证流程图，制定凭证传递程序，规定凭证传递的路线、环节，以及在各环节上的时间、处理内容及交接手续，使凭证传递工作迅速有效地进行。执行中如有不合理的地方，可随时根据实际情况加以修改。

二、依法保管会计凭证

（一）会计凭证的保管定义

会计凭证的保管是指会计凭证记账后的整理、装订、归档和存查工作。作为记账的依据，会计凭证是重要的经济资料和会计档案。每个单位在完成经济业务手续和记账之后，必须将会计凭证按规定的立卷归档制度形成会计档案资料，以便日后随时查阅。

（二）会计凭证保管的要求

对会计凭证的保管，做到既要完整无缺，又要便于翻阅查找。其主要要求有以下五个方面：

（1）会计凭证封面应注明单位名称、凭证种类、凭证张数、起止号数、年度、月份、会计主管人员、装订人员等有关事项，会计主管人员和保管人员应在封面上签章。

（2）会计凭证应定期装订成册，防止散失。会计部门在依据会计凭证记账以后，应定期（每天、每旬或每月）对各种会计凭证加以分类整理，按照编号顺序，将各种记账凭证连同所附的原始凭证或原始凭证汇总表和银行对账单等，折叠整齐，按期装订成册，并加具封面封底，由装订人员在装订线的封签处签名或盖章，从外单位取得的原始凭证遗失时，应取得原签发单位盖有公章的证明，并注明原始凭证的号码、金额、内容等，由经办单位会计机构负责人、会计主管人员和单位负责人批准后，才能代作原始凭证。若确实无法取得证明的，如车票丢失，则应由当事人写明详细情况，由经办单位会计机构负责人、会计主管人员和单位负责人批准后，代作原始凭证。

（3）整理装订后的会计凭证应加贴封条，防止抽换凭证。原始凭证不得外借，其他单位如有特殊原因确实需要使用时，经本单位会计机构负责人、会计主管人员批准，可以复制。向外单位提供的原始凭证复制件，应在专设的登记簿上登记，并由提供人员和收取人员共同签名、盖章。

（4）原始凭证较多时，可单独装订，但应在凭证封面注明所属记账凭证的日期、编号和种类，同时在所属的记账凭证上应注明"附件另订"及原始凭证的名称和编号，以便查阅。各种经济合同、存出保证金收据以及涉外文件等重要的原始凭证，应另编目录，单独登记保管，并在有关的记账凭证和原始凭证上相互注明日期和编号。每年装订成册的会计凭证，在年度终了时可暂由单位会计机构保管一年，期满后应当移交本单位档案机构统一保管；未设立档案机构的，应当在会计机构内部指定专人保管。出纳人员不得兼管会计档案。

（5）严格遵守会计凭证的保管期限要求，期满前不得任意销毁。

会计凭证的保管期限和销毁手续，必须严格按照会计制度的有关规定执行。一般会计凭证至少要保存10年，重要的会计凭证须长期保存。会计凭证保管期限满了需要销毁时，应编造清册，按照规定的手续编报，经批准后方能销毁。任何单位不得擅自销毁会计凭证。

复习思考题

1. 什么是会计凭证？会计凭证的种类有哪些？会计凭证的意义何在？
2. 什么是原始凭证？原始凭证的种类有哪些？原始凭证的基本内容有哪些？
3. 填制原始凭证的基本要求有哪些？
4. 审核原始凭证主要应注意哪些方面？
5. 什么是记账凭证？记账凭证的种类有哪些？记账凭证的基本内容有哪些？
6. 填制记账凭证的基本要求有哪些？
7. 审核记账凭证主要应注意哪些方面？

练习题一

（一）目的
练习收款凭证和付款凭证的填制方法。
（二）资料
风光厂20××年2月发生下列货币资金收付款业务：
（1）1日，开出现金支票，从银行提取现金5 000元备用。
（2）2日，收到投资单位投资200 000元并存入银行。

（3）2日，向当好公司零星购买办公用品，计价款 5 000 元，款项以转账支票支付。

（4）3日，开出转账支票，通过银行存款支付产品销售费用 5 500 元。

（5）4日，收到红光工厂交来支票一张，计 50 000 元，归还前欠货款，支票已交银行。

（6）5日，开出转账支票 20 000 元，以银行存款偿还前欠白光材料款。

（7）6日，采购员陈光光预借差旅费 2 000 元，以现金支付。

（8）6日，接银行付款通知，支付生产车间本月水费 3 000 元，电费 7 000 元。

（9）9日，出售甲机械产品 30 台，每台 8 000 元，共计 240 000 元，应交增值税 40 800 元，款已收到并存入银行存款账户。

（10）14日，开出现金支票，从银行提取现金 102 000 元，准备发放本月职工工资。

（11）15日，以现金 102 000 元发放本月职工工资。

（12）18日，采购员陈光光报销差旅费 1 800 元，交回现金 200 元。

（13）20日，收到国家投资 200 000 元并存入银行。

（14）26日，向银行借入短期借款 50 000 元，存入银行。

（15）28日，开出付款凭证 5 000 元，以银行存款解缴本月销售税金。

（16）28日，开出付款凭证 20 000 元，以银行存款解缴本月所得税。

（三）要求

根据以上经济业务，编制收款凭证和付款凭证。

练习题二

（一）目的

练习记账凭证的填制。

（二）资料

××厂 20××年 2 月发生下列经济业务：

（1）1日，生产车间和管理部门领用下列材料（见表 5-25）：

表 5-25   领料单

摘要	A 材料		B 材料		合计（元）
	数量（千克）	金额（元）	数量（千克）	金额（元）	
生产甲产品领用	1 000	10 000	5 000	25 000	35 000
车间一般耗用			800	4 000	4 000
厂部管理部门耗用	600	6 000			6 000
合计		16 000		29 000	45 000

（2）5日，售给建设工厂甲产品 200 件，单价 800 元，计货款 160 000 元，增值税 27 200 元，尚未收到款。

（3）9日，向宏远工厂购入 B 材料 15 000 千克，单价 3 元，增值税 7 650 元，运杂费 1 520 元，款项尚未支付。

（4）9日，向宏远工厂购入 B 材料，已运到本厂并验收入库，按实际采购成本转账。

（5）13日，向宏远工厂购入 A 材料 4 500 千克，单价 10 元，增值税 7 650 元，款项尚未支付。

（6）28 日，计提本月固定资产折旧 5 000 元，其中，生产车间应提折旧 3 000 元，管理部门应计提 2 000 元。

（7）28 日，结转本月应付职工工资 102 000 元，其中，生产甲产品工人的工资 65 000元，车间管理人员的工资 25 000 元，厂部管理人员工资 12 000 元。

（8）28 日，结转本月应付水费 30 000 元，电费 40 000 元（采用应付），其中：

用途	水费	电费
生产甲产品耗用	15 000 元	24 000 元
车间耗用	8 000 元	9 000 元
厂部管理部门耗用	7 000 元	7 000 元

（9）28 日，以银行存款支付本月产品销售 20 000 元。

（10）28 日，以银行存款支付本月银行借款利息 6 000 元。

（11）28 日，结转本月完工甲产品的生产总成本 350 000 元（完工数量 1 750 件，单位成本 200 元）。

（12）28 日，结转本月销售发出甲产品的生产成本 300 000 元（销售数量 1 500 件，单位成本 200 元）。

（13）28 日，将本月甲产品销售收入 500 000 元转入"本年利润"账户。

（14）28 日，将本月甲产品销售成本 300 000 元、销售费用 22 000 元、销售税金及附加 42 000 元、管理费用 65 000 元、财务费用 7 500 元转入"本年利润"账户。

（15）28 日，计提并结转本月应交所得税（税率为 0.25）。

（三）要求

根据以上经济业务编制记账凭证。

练习题三

（一）目的

练习填制记账凭证。

（二）资料

××工厂 20××年 5 月发生的经济业务如下：

（1）2 日，销售 A 产品 250 件给光大工厂，单价 400 元，应交增值税 17 000 元，款收到并存入银行。

（2）5 日，生产车间领用下列材料于 A 产品生产。

甲材料	8 000 千克	每千克 2 元	16 000 元
乙材料	9 500 千克	每千克 3 元	28 500 元
丙材料	6 000 千克	每千克 2.5 元	15 000 元
		合计	59 500 元

（3）14 日，向银行提取现金 120 000 元，准备发放工资。

（4）15 日，以现金发放本月职工工资 120 000 元。

（5）22 日，接银行收款通知，收到投资后分得的利润 6 000 元，已存入银行存款账户。

（6）31 日，结账本月销售 A 产品的销售成本 85 000 元。

（7）31 日，结转本月投资收益 6 000 元。

（8）31 日，开出付款凭证 6 200 元，解缴本月销售税金。

（三）要求

根据以上经济业务，填制收款凭证、付款凭证和转账凭证。

第六章 会计账簿

第一节 会计账簿概述

一、会计账簿的概念

会计账簿（实际就是指账本）是指以经过审核的会计凭证为依据，由一定格式账页组成的，全面、系统、连续、综合地记录各项经济业务的簿籍。

从信息处理的角度来看，会计凭证记录了经济业务发生的全部数据，对会计对象作了全面的、初始的反映和描述，但是这种反映和描述是分散的、零碎的，缺乏科学的分类和加工，不便于资料的使用和数据的分析。因此，在对经济业务进行初始记录后，还需要将初始信息作进一步的加工处理。对会计凭证所记录的初始信息进行分类、整理、汇总和加工，这几项工作是通过登记会计账簿来实现的。我国颁布的《会计法》和《会计基础工作规范》都规定，各单位应当按照国家统一的会计制度的规定和会计业务的需要设置会计账簿，以便系统地归纳会计信息，全面、系统、连续、综合地核算和监督单位的经济活动及其财务成果。

从"编制和取得会计凭证—记账—编报表"的基本工作顺序来看，设置和登记账簿是编制会计报表的基础，是连接会计凭证与会计报表的中间环节，在会计核算中具有重要意义。①通过账簿的设置和登记，可以记载、储存会计信息；将会计凭证所记录的经济业务逐笔逐项记入有关账簿，可以全面反映一定时期内发生的各项经济活动，及时储存所需要的各项会计信息。②通过账簿的设置和登记，可以分类、汇总会计信息；通过账簿记录可以将分散在会计凭证上的大量核算资料，按其不同性质加以归类、整理和汇总，以便全面、系统、连续和分类地提供企业资产、负债、所有者权益、收入、费用和利润等会计要素的增减变化情况，及时提供各方面所需要的总括会计信息，从而为管理决策提供依据。③通过账簿的设置和登记，可以检查、校正会计信息。账簿记录是对会计凭证的进一步整理，账簿记录也是会计分析、会计检查的重要依据。如账簿中记录的财产物资的账面数可以通过实地盘点的方法与实存数进行核对，检查财产物资是否妥善保管、账实是否相符。④通过账簿的设置和登记，可以编报、输出会计信息。会计账簿是对会计凭证的系统化整理加工，提供的是全面、系统、分类的会计信息，因而账簿记录是编制会计报表的主要资料来源，账簿所提供的资料是编制会计报表的主要依据。

二、账户与会计账簿的关系

账簿与账户有着十分密切的关系。账簿是由账户组成的。账户根据会计科目开设。先由账页组成账户，再由账户组成账簿。账户存在于账簿之中，账簿中的每一账页就是账户的存在形式和载体，没有账簿，账户就无法存在。账簿序时、分类记载经济业务，是在个别账户中完成的。因此，账簿只是一个外在形式，账户才是它的真实内容。所以说，账簿是由若干账页组成的一个整体，而开设于账页上的账户则是这个整体中的个别部分。因此，账簿与账户的关系，是形式和内容的关系。需特别强调的是，会计电算化的发展使账簿与账户越来越趋于一致。

三、会计账簿的分类

账簿的种类是多种多样的。为了便于了解、管理和使用，必须对账簿进行分类。账簿一般可以按其用途、账页格式和外形特征进行划分。

1. 按用途分类

按其用途不同，账簿可分为序时账簿、分类账簿和备查账簿三种。

(1) 序时账簿。序时账簿又称日记账，是按照经济业务发生或完成时间的先后顺序逐日逐笔进行登记的账簿。在实际工作中，这种账簿通常是按照记账凭证编号的时间先后顺序逐日进行登记的，因此又称为日记账。日记账的特点是序时登记和逐笔登记。序时账簿通常有两种，一种是用来登记全部经济业务的发生情况的账簿，称为普通日记账；另一种是用来登记某一类经济业务发生情况的账簿，称为特种日记账。在实际工作中，因经济业务的复杂性，一般很少采用普通日记账，应用较为广泛的是特种日记账。为了加强对货币资金的监督和管理，各单位应当设置专门记录和反映现金收付业务及其结存情况的现金日记账以及专门记录和反映银行存款收付业务及其结存情况的银行存款日记账。在我国，大多数单位一般只设置现金日记账和银行存款日记账，而不设置转账日记账。

(2) 分类账簿。分类账簿是对全部经济业务事项按照会计要素的具体类别而设置的分类账户进行登记的账簿。分类账簿按照分类的概括程度不同，又可分为总分类账和明细分类账两种。按照总分类账户分类登记经济业务事项的是总分类账簿，简称总账。按照明细分类账户分类登记经济业务事项的是明细分类账簿，简称明细账。明细分类账是对总分类账的补充和具体化，并受总分类账的控制和统驭。分类账簿提供的核算信息是编制会计报表的主要依据。分类账簿和序时账簿的作用不同，序时账簿能提供连续系统的信息，反映企业资金运动的全貌；分类账簿则是按照经营与决策的需要而设置的账簿，其作用是归集并汇总各类信息，反映资金运动的各种状态、形式及其构成。在账簿组织中，分类账簿占有特别重要的地位。因为只有通过分类账簿，才能把数据按账户形成不同信息，满足编制会计报表的需要。

(3) 备查账簿。备查账簿简称备查簿，相当于会计的账外日记，是对某些在序时账簿和分类账簿等主要账簿中都不予登记或登记不够详细的经济业务事项进行补充登记时使用的账簿。备查账簿可以为某项经济业务的内容提供必要的参考资料，加强企业对使用和保管的属于他人的财产物资的监督。如票据贴现登记簿、租入固定资产登记簿、受托加工材料登记簿、代销商品登记簿等。备查账簿可以由各单位根据需要进行设置。备查账簿与序时账簿和分类账簿相比，存在两点不同之处：一是登记依据不需要记账凭证，甚至不需要一般意义上的原始凭证；二是账簿的格式和登记方法不同，备查账簿的主要栏目不记录金额，它更注重用文字来表述某项经济业务的发生情况。

2. 按账页格式分类

按账页格式的不同，账簿可分为两栏式、三栏式、多栏式和数量金额式四种。

（1）两栏式账簿。两栏式账簿是指只有借方和贷方两个基本金额栏目的账簿。普通日记账和转账日记账一般采用两栏式。

（2）三栏式账簿。三栏式账簿是指设有借方、贷方和余额三个基本栏目的账簿。各种日记账、总分类账以及资本、债权、债务明细账都可采用三栏式账簿。三栏式账簿又可分为设对方科目和不设对方科目两种。区别是摘要栏和借方科目栏之间是否有一栏"对方科目"。设有"对方科目"栏的，称为设对方科目的三栏式账簿；不设有"对方科目"栏的，称为不设对方科目的三栏式账簿。

（3）多栏式账簿。多栏式账簿是将账簿的两个基本栏目借方和贷方按需要分设若干专栏的账簿。如多栏式日记账、多栏式明细账。但是，其专栏设置在借方还是在贷方，或是两方同时设专栏及专栏的数量等，均应根据需要确定。收入、费用明细账一般均采用这种格式的账簿。

（4）数量金额式账簿。数量金额式账簿的借方、贷方和余额三个栏目内，都分设有数量、单价和金额三个小栏，借以反映财产物资的实物数量和价值量。如原材料、库存商品、产成品等账最细一级的明细账一般都采用数量金额式账簿。

3. 按外形特征分类

按其外形特征不同，账簿可分为订本账、活页账和卡片账三种。

（1）订本账。订本账是启用之前就已将账页装订在一起，并对账页进行了连续编号的账簿。订本账的优点是能避免账页散失和防止抽换账页；其缺点是不能准确为各账户预留账页。这种账簿一般适用于总分类账、现金日记账和银行存款日记账。

（2）活页账。活页账是在账簿登记完毕之前并不固定装订在一起，而是装在活页账夹中的账簿。当账簿登记完毕之后（通常是一个会计年度结束之后），才将账页予以装订，加具封面，并给各账页连续编号。各种明细分类账一般采用活页账形式。这类账簿的优点是记账时可以根据实际需要，随时将空白账页装入账簿，或抽去不需用的账页，便于分工记账；其缺点是如果管理不善，可能会造成账页散失或故意抽换账页。通常各种明细分类账一般采用活页账形式。

（3）卡片账。卡片账是将账户所需格式印刷在硬卡上。严格地说，卡片账也是一种活页账，只不过它不是装在活页账夹中，而是装在卡片箱内。目前，有些企业一般只对固定资产的明细核算采用卡片账形式，也有不少企业在辅助材料最细一级明细账核算中使用材料卡片账形式（见下图）。

```
                                        ┌──→ 序时账簿
                    按用途不同分类 ──────┼──→ 分类账簿
                                        └──→ 备查账簿

                                        ┌──→ 两栏式账簿
                                        ├──→ 三栏式账簿
会计账簿 ──→  按账页格式不同分类 ───────┤
                                        ├──→ 多栏式账簿
                                        └──→ 数量金额式账簿

                                        ┌──→ 订本式账簿
                    按外形特征不同分类 ──┼──→ 活页式账簿
                                        └──→ 卡片式账簿
```

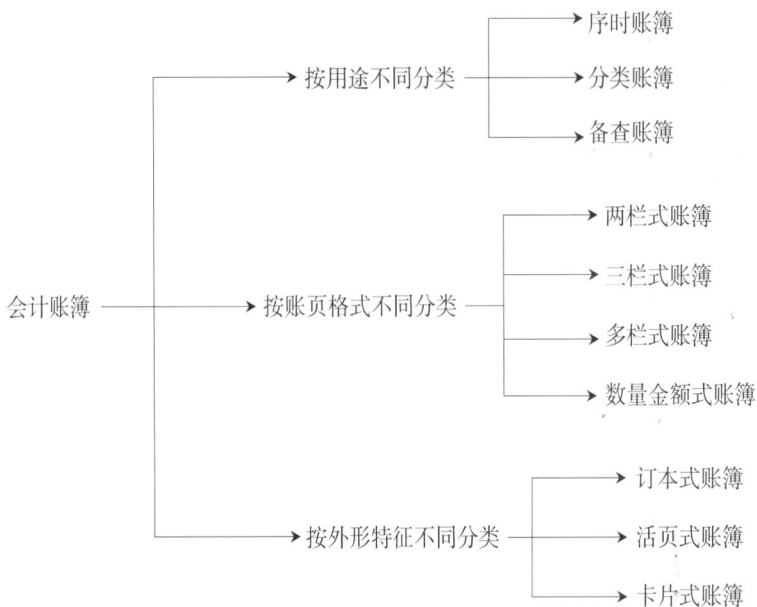

第二节　会计账簿启用与记账规则

一、会计账簿的基本内容

在实际工作中，由于各种会计账簿所记录的经济业务不同，所以账簿的格式也多种多样，但各种账簿都应具备以下基本内容：①封面。主要用来标明账簿的名称，如总分类账、各种明细分类账、现金日记账、银行存款日记账等。②扉页。主要列明科目索引、账簿启用和经管人员一览表（活页账、卡片账在装订成册后，填列账簿启用和经管人员一览表，格式参见表 6 - 1）。③账页。账页是账簿用来记录经济业务事项的载体，包括账户的名称、登记账户的日期栏、凭证种类和号数栏、摘要栏（记录经济业务内容的简要说明）、金额栏（记录经济业务的金额增减变动情况）、总页次和分户页次等基本内容。

二、会计账簿的启用

账簿是会计档案的主要构成部分。《会计基础工作规范》第五十九条规定："为了确保账簿记录的合法性和完整性，明确记账责任，在启用会计账簿时，应当在账簿封面上写明单位名称和账簿名称，并在账簿扉页中附上启用表，表内详细载明单位名称、账簿名称、账簿编号、账簿页数、启用日期、记账人员和会计主管人员姓名，并加盖有关人员的签章和单位公章。更换记账人员时，应办理交接手续，在交接记录内填写交接日期和交接人员姓名并签章。"具体格式如表 6 - 1 所示。启用订本式账簿，应当按照从第一页到最后一页的顺序编定页数，不得跳页、缺号。使用活页式账页，应当按账户顺序编号，还须定期装订成册；装订后再按实际使用的账页顺序编定页码，另加目录，记录每个账户的名称和页次。

表 6-1 　　　　　　　　　　　账簿启用和经管人员一览表

账簿名称：＿＿＿＿＿＿＿＿＿＿ 　　　　单位名称：＿＿＿＿＿＿＿＿＿＿

账簿编号：＿＿＿＿＿＿＿＿＿＿ 　　　　账簿册数：＿＿＿＿＿＿＿＿＿＿

账簿页数：＿＿＿＿＿＿＿＿＿＿ 　　　　启用日期：＿＿＿＿＿＿＿＿＿＿

会计主管（签章）　　　　　　　　　　记账人员（签章）

移交日期			移交人		移交日期			接管人		会计主管（监交人）	
年	月	日	姓名	盖章	年	月	日	姓名	盖章	姓名	盖章

三、会计账簿的记账规则

根据《会计基础工作规范》等文件的有关条款规定，登记会计账簿应遵循以下规则：

（1）为了保证账簿记录的准确、整洁，应当根据审核无误的会计凭证登记会计账簿。登记会计账簿时，应当将会计凭证日期、编号、业务内容摘要、金额和其他有关资料逐项记入账内，做到数字准确、摘要清楚、登记及时、字迹工整。每一项会计事项，一方面要记入有关的总账，另一方面要记入该总账所属的明细账。账簿记录中的日期，应该填写记账凭证上的日期；以自制原始凭证（如收料单、领料单等）作为记账依据的，账簿记录中的日期应按有关自制凭证上的日期填列。

（2）账簿登记完毕后，要在记账凭证上签名或者盖章，并在记账凭证的"过账"栏内注明账簿页数或画"√"号，注明已经登账的符号，表示已经记账完毕，避免重记、漏记。

（3）账簿中书写的文字和数字上面要留有适当的空格，不要写满格，一般应占格距的二分之一。这样，一旦发生登记错误时，就能比较容易地进行更正，同时也方便查账。

（4）为了保持账簿记录的持久性，防止涂改，登记账簿必须使用蓝黑墨水或碳素墨水并用钢笔书写，不得使用圆珠笔（银行的复写账簿除外）或铅笔书写。

（5）在下列情况下，可以用红色墨水记账：①按照红字冲账的记账凭证，冲销错误记录；②在不设借贷符号栏的多栏式账页中，登记减少数；③在三栏式账户的余额栏前，如未印明余额方向的，在余额栏内登记负数余额；④根据国家统一的会计制度的规定可以用红字登记的其他会计记录。由于会计中的红字表示负数，因而除上述情况外，不得用红色墨水登记账簿。

（6）在登记各种账簿时，应按页次顺序连续登记，不得隔页、跳行。如无意发生隔页、跳行现象，应在空页、空行处用红色墨水划对角线表示注销，或者注明"此页空白"或"此行空白"字样，并由记账人员签名或签章。

（7）凡需要结出余额的账户，结出余额后，应当在"借或贷"栏目内注明"借"或"贷"字样，以示余额的方向；对于没有余额的账户，应在"借或贷"栏内写"平"字，并在"余额"栏用"0"表示。现金日记账和银行存款日记账必须逐日结出余额。

（8）每一账页登记完毕结转下页时，应当结出本页合计数及余额，写在本页最后一行和下页第一行有关栏内，并在摘要栏内注明"过次页"和"承前页"字样；也可以将本页合计数及金额只写在下页第一行有关栏内，并在摘要栏内注明"承前页"字样，以保持账簿记录的连续性，便于对账和结账。对需要结计本月发生额的账户，结计"过次页"的本页合计数应当为自本月初起到本页末止的发生额合计数；对需要结计本年累计发生额的账户，结计"过次页"的本页合计数应当为自年初起到本页末止的累计数；对既不需要结计本月发生额也不需要结计本年累计发生额的账户，可以只将每页末的金额结转次页。

第三节　账簿的格式和账簿记入方法

一、日记账的格式和登记方法

日记账是按照经济业务发生或完成的时间先后顺序逐笔进行登记的账簿。设置日记账的目的就是要使经济业务发生的时间顺序清晰地反映在账簿记录中。按其所核算和监督的经济业务的范围，日记账可分为特种日记账和普通日记账两种。

登记全部的经济业务的日记账称普通日记账。普通日记账是两栏式日记账，是序时地逐笔登记各项经济业务的账簿。它核算和监督全部经济业务的发生和完成情况，其格式如表6-2所示：

表6-2　　　　　　　　　　　　　　　普通日记账

年		凭证字号	对方科目	收入	支出
月	日				

特种日记账是用来核算和监督某一类型经济业务的发生和完成情况的账簿。各单位一般应设置特种日记账，常见的特种日记账有银行存款日记账、现金日记账和转账日记账。这里只讲现金日记账与银行存款日记账的设置和登记方法。

（一）现金日记账的格式和登记方法

1. 现金日记账的格式

现金日记账是用来核算和监督库存现金每天的收入、支出和结存情况的账簿，其格式有三栏式和多栏式两种。为增强账簿记录的真实性，无论采用三栏式还是多栏式现金日记账，都必须使用订本账。三栏式现金日记账设借方、贷方和余额三个基本的金额栏目，一般将其分别称为收入、支出和结余，在金额栏与摘要栏之间常常插入"对方科目"，以便记账时标明现金收入的来源科目和现金支出的用途科目。三栏式现金日记账的格式如表6-3所示。多栏式现金日记账是在三栏式现金日记账的基础上发展起来的，日记账的借方（收入）和贷方（支出）金额栏都按对方科目设专栏，也就是按收入的来源和支出的用途设专栏。多栏式现金日记账的格式如表6-4、表6-5所示：

表6-3　　　　　　　　　　　　　库存现金日记账（三栏式）

年		凭证字号	摘要	对方科目	收入	支出	余额
月	日						

表6-4　　　　　　　　　　　　　三栏式现金（收入）日记账

年		凭证字号	摘要	对方科目	银行存款	其他应收款	营业外收入	收入合计	支出合计	余额
月	日									

表6-5　　　　　　　　　　　　　三栏式现金（支出）日记账

年		凭证字号	摘要	对方科目	其他应付款	管理费用	其他应收款		支出合计
月	日								

2. 现金日记账的登记方法

现金日记账由出纳人员根据现金收款凭证、现金付款凭证和银行存款付款凭证，按时间顺序逐日逐笔进行登记，并根据"上日余额＋本日收入－本日支出＝本日余额"的公式，逐日结出现金余额，与库存现金实存数核对，以检查每日现金收付是否有误。

三栏式现金日记账的具体登记方法有以下四种：①日期栏：是指记账凭证的日期，应与现金实际收付日期一致。②凭证栏：是指登记入账的收付款凭证的种类和编号，如"现金收（付）款凭证"，简写为"现收（付）"；"银行存款收（付）款凭证"，简写为"银收（付）"。凭证栏还应登记凭证的编号数，以便于查账和核对。③摘要栏：摘要说明登记入账的经济业务的内容。文字要简练且能说明问题。④对方科目栏：是指现金收入的来源科目或支出的用途科目。如从银行提取现金，其来源科目（即对方科目）为"银行存款"。其作用在于了解经济业务的来龙去脉。⑤收入、支出栏：是指现金实际收付的金额。每日终了，应分别计算现金收入和支出的合计数，结出余额，同时将余额与出纳员的库存现金核对，即通常说的"日清"。如账款不符，应查明原因，并记录备案。月终同样要计算现金收、付和结存的合计数，通常称为"月结"。

在实际工作中，如果要设多栏式现金日记账，一般常把现金收入业务和支出业务分设为"现金收入日记账"和"现金支出日记账"两本账。其中，现金收入日记账按对应的贷方科目设置专栏，另设"支出合计"栏和"余额"栏；现金支出日记账则只按支出的对方科目设专栏，不设"收入合计"栏和"余额"栏。"现金收入日记账"和"现金支出日记账"的格式分别如表6-4、表6-5所示。借贷方分设的多栏式现金日记账的登记方法是：①先根据有关现金收入业务的记账凭证登记现金收入日记账，根据有关现金支出业务的记账凭证登记现金支出日记账。②每日营业终了，根据现金支出日记账结计的支出合计数，一笔转入现金收入日记账的"支出合计"栏中，并结出当日余额。

(二) 银行存款日记账的格式和登记方法

银行存款日记账是用来核算和监督银行存款每日的收入、支出和结余情况的账簿。银行存款日记账应按企业在银行开立的账户和币种分别设置，每个银行账户设置一本日记账。由出纳员根据与银行存款收、付款业务有关的记账凭证按时间先后顺序逐日逐笔进行登记；根据银行存款收款凭证和有关的现金付款凭证（库存现金存入银行的业务）登记银行存款收入栏，根据银行存款付款凭证登记其支出栏，每日结出存款余额。

1. 银行存款日记账的格式

银行存款日记账的格式与现金日记账相同，既可以采用三栏式，也可以采用多栏式。多栏式可以将收入和支出在一本账上进行核算，也可以分设"银行存款收入日记账"和"银行存款支出日记账"，其格式与表6-4、表6-5相似。银行存款日记账目前使用最多的格式如表6-6所示：

表6-6　　　　　　　　　银行存款日记账（三栏式）

年		凭证		对方科目	摘要	收入	支出	结余
月	日	字	号					

2. 银行存款日记账的登记方法

银行存款日记账的登记方法与现金日记账的登记方法基本相同。其登记方法如下：①日期栏：是指记账凭证的日期。②凭证栏：是指登记入账的收付款凭证的种类和编号（与现金日记账的登记方法一致）。③对方科目栏：是指银行存款收入的来源科目或支出的用途科目。如开出支票一张支付购料款，其支出的用途科目（即对方科目）应为"物资采购"科目，其作用在于了解经济业务的来龙去脉。④摘要栏；摘要说明登记入账的经济业务的内容。文字要简练且能说明问题。⑤现金支票号数和转账支票号数栏：如果所记录的经济业务是以支票付款结算的，应在这两栏内填写相应的支票号数，以便与开户银行对账。⑥收入、支出栏：是指银行存款实际收付的金额。每日终了，应分别计算银行存款的收入和支出的合计数，结算出余额，做到日清；月终应计算出银行存款全月收入、支出的合计数，做到月结。

二、总分类账的格式和登记方法

(一) 总分类账的格式

总分类账简称总账，它是按照总分类账户分类记录以提供总括会计信息的账簿。总账中的账页是按总账科目（一级科目）开设的总分类账户。应用总分类账，可以全面、系统、综合地反映企业所有的经济活动情况和财务收支情况，为编制会计报表提供所需的资料。因此，每一企业都应设置总分类账。总分类账最常用的格式为三栏式，即设置借方、贷方和余额三个基本金额栏目如表6-7所示：

表6-7　　　　　　　　　　　　　　　　　总分类账

账户名称：

年		凭证号数	摘要	借方金额	贷方金额	借或贷	余额
月	日						

(二) 总分类账的登记方法

总分类账的登记方法由企业所选取的账务处理程序所决定。总分类账既可以根据记账凭证逐笔直接登记，也可以根据经过汇总的科目汇总表或汇总记账凭证等登记。

三、明细分类账的格式和登记方法

(一) 明细分类账的格式

明细分类账是根据二级账户或更细的明细账户开设账页，分类、连续地登记经济业务以提供明细核算资料的账簿。明细分类账是总分类账的明细记录，它是按照总分类账的核算内容，按照更加详细的分类，反映某一具体类别经济活动的财务收支情况。它对总分类账起补充说明的作用，它所提供的资料也是编制会计报表的重要依据，其格式有三栏式、多栏式、数量金额式和横线登记式（或称平行式）等多种。

1. 三栏式明细分类账

三栏式明细分类账设有借方、贷方和余额三个栏目，用以分类核算各项经济业务，提供详细核算资料的账簿，其格式与三栏式总账格式相同。三栏式明细分类账适用于只进行金额核算的账户，如应收账款、应付账款、应交税费等往来结算账户以及待摊费用、预提费用等账户。三栏式明细分类账的格式如表6-8所示：

表 6 - 8　　　　　　　　　　　　　　　　应付账款明细分类账

账户名称：应付账款——建平工厂

20××年		凭证号数	摘要	借方金额	贷方金额	借或贷	余额
月	日						
9	1		月初结余			贷	200 000
	9	转 4	购货欠		50 000	贷	250 000
	18	转 11	购货欠		100 000	贷	350 000
	26	银付 9	还款	300 000		贷	50 000
	28	转 26	购货欠		60 000		110 000

2. 多栏式明细分类账

多栏式明细分类账是将属于同一个总账科目的各个明细科目合并在一张账页上进行登记，即在这种格式账页的借方或贷方金额栏内按照明细项目设若干专栏。多栏式明细分类账适用于成本、费用、收入类科目的明细核算。

在实际工作中，成本、费用类科目的明细账可以只按借方发生额设置专栏，贷方发生额由于每月发生的笔数很少，可以在借方直接用红字冲销。这类明细账也可以在借方设专栏的情况下，贷方设一总金额栏，再设一余额栏。这两种多栏式明细账的格式分别如表 6 - 9、表 6 - 10 所示：

表 6 - 9　　　　　　　　　　　　　　　　生产成本明细账

××车间：×××产品

年		凭证字号	摘要	直接材料	直接人工	燃料动力	制造费用
月	日						

表 6 - 10　　　　　　　　　　　　　　　　生产成本明细账

产品品种：乙产品

年		凭证号数	摘要	借方（成本项目）				贷方	借或贷	余额
月	日			直接材料	直接人工	制造费用	合计			

3. 数量金额式明细分类账

数量金额式明细分类账中，其借方（收入）、贷方（发出）和余额（结存）都分别设有数量、单价和金额三个专栏。该明细账适用于既要进行金额核算又要进行数量核算的最细一级的盘存类明细账户。其格式如表6－11所示：

表6－11　　　　　　　　　　　　　　　　　　　原材料明细分类账

材料名称：　　　　　　　　　　　　　　　　　　　　　　　　　　　　计量单位：

年		凭证号数	摘要	收入			发出			结存		
月	日			数量	单价	金额	数量	单价	金额	数量	单价	金额

4. 横线登记式明细分类账

横线登记式明细分类账是采用横线登记，即将每一相关的业务登记在一行，从而可依据每一行中各个栏目的登记是否齐全来判断该项业务的进展情况。这种明细账实际上也是一种多栏式明细账，适用于登记材料采购业务、应收票据和其他应收应付业务。其格式如表6－12所示：

表6－12　　　　　　　　　　　　　　　　　　　材料采购明细账

借方					贷方				
年		凭证		摘要	金额	年		凭证	摘要	金额
月	日	字	号							

（二）明细分类账的登记方法

明细分类账的登记通常有三种方法：一是根据原始凭证直接登记明细账；二是根据汇总原始凭证登记明细分类账；三是根据记账凭证登记明细分类账。

不同类型经济业务的明细分类账，可按管理需要依据记账凭证、原始凭证或汇总原始凭证逐日逐笔或定期汇总登记。固定资产、债权、债务等明细账应逐日逐笔登记；库存商品、原材料、产成品收发明细账以及收入、费用明细账可以逐笔登记，也可定期汇总登记。

第四节　期末账项调整

按照权责发生制基础的要求，不论款项是否支付，凡是本会计期间已经实现的收入和该负担的费用都要计入本期的收入和费用；凡是不属于本期的收入和该期应承担的费用，即使相关款项已经收付，也不能计入本期会计期间的收入和费用。因此，每个会计期末都要对已经入账和没有入账的相关收入、费用进行必要的调整，以便正确计算本期损益。这就是会计期末的账项调整。

账项调整的内容有五种类型，分别是应计收入的调整、预收收入的调整、应计费用的调整、预付费用的调整、其他账项的调整。下面分别介绍这几种会计处理方法。

一、应计收入的调整

应计收入是指本期已经实现，但尚未收到款项的收入，如应计出租包装租金收入、应计银行存款利息收入、建筑施工单位按照工程进度确认的本期内收入等。这些收入尚未收到款项，平时未予记录，在期末必须查明，并予以调整入账。

【例6-1】　汉中公司于20××年10月、11月分别估计银行存款当月利息收入为8 000元，12月31日接到银行通知，本季度存款利息25 000元，已经转入公司银行存款账户。编制会计分录如下：

（1）10月末将估计的当月银行存款利息确认为本期收入入账：

借：应收利息　　　　　　　　　　　　　　　　　　　　　　　　8 000
　　贷：财务费用　　　　　　　　　　　　　　　　　　　　　　　　8 000

（2）11月末将估计的当月银行存款利息确认为本期收入入账：

借：应收利息　　　　　　　　　　　　　　　　　　　　　　　　8 000
　　贷：财务费用　　　　　　　　　　　　　　　　　　　　　　　　8 000

（3）12月末将实际收到的本季度银行存款利息登记入账：

借：银行存款　　　　　　　　　　　　　　　　　　　　　　　　25 000
　　贷：财务费用　　　　　　　　　　　　　　　　　　　　　　　　9 000
　　　　应收利息　　　　　　　　　　　　　　　　　　　　　　　　16 000

【例6-2】　定军山公司为一家建筑施工企业，于20××年6月承接了一项总造价为500万元的工程，合同规定10个月完工。20××年9月，该公司根据完工百分比确认当期实现收入500 000元。编制会计分录如下：

借：应收账款　　　　　　　　　　　　　　　　　　　　　　　　500 000
　　贷：主营业务收入　　　　　　　　　　　　　　　　　　　　　　500 000

二、预收收入的调整

预收收入是指已经收到款项，但尚未交付商品或提供劳务收入。这些款项所代表的收入，在后续会计期间会随着商品的交付或劳务的提供而实现。因此，在会计期末需要作相应的调整账项处理，将已实现的部分收入计入本期收入，未实现的部分递延到下期，作为负债处理（相当于从付款单位借款）。

【例 6 - 3】 汉中公司在 20×× 年 9 月 30 日预收第四季度出租某种专用设备的租金 150 000 元，款项已存入银行。编制会计分录如下：

（1）9 月 30 日的账务处理：

借：银行存款   150 000

　　贷：其他应付款   150 000

（2）10—12 月每月末的账务处理：

借：其他应付款   50 000

　　贷：其他业务收入   50 000

三、应计费用的调整

应计费用是指本期已经发生，或已经由本期受益，但尚未入账，也未支付现金（含银行存款）的费用，如应计借款利息、应计水电费、应计设备维修费等。这些费用应该归属本期负担，所以应在期末予以调整入账。

【例 6 - 4】 汉中公司于 20×× 年 7 月、8 月分别估计当月短期借款利息为 30 000 元，9 月 30 日接到银行通知，本季度短期利息 86 000 元已经从公司银行存款账户划拨。编制会计分录如下：

（1）7 月末将估计的本月短期借款利息确认为本期费用入账：

借：账务费用   30 000

　　贷：应付利息   30 000

（2）8 月末将估计的本月短期借款利息确认为本期费用入账：

借：财务费用   30 000

　　贷：应付利息   30 000

（3）9 月末将实际支付的本季度短期借款利息登记入账：

借：财务费用   26 000

　　应付利息   60 000

　　贷：银行存款   86 000

四、预付费用的调整

预付费用是指本期或前期已经支付入账，但是后续会计受益而应归属于后续会计期间负担的费用，如预付房屋租金、预付财产保险费、预付报刊订阅费等。预付费用应根据后续会计期间的受益比例，分期摊销。

【例 6 - 5】 定军山公司于 20×× 年 9 月以银行存款支付第四季度办公用房租金 30 000 元，10—12 月各月均摊 10 000 元。编制会计分录如下：

（1）9 月预付款项：

借：待摊费用   30 000

　　贷：银行存款   30 000

（2）10 月末摊销：

借：管理费用　　　　　　　　　　　　　　　　　　　　　　　　　10 000

　贷：待摊费用　　　　　　　　　　　　　　　　　　　　　　　　　　10 000

11、12 月的账务处理与 10 月相同。

五、其他账项的调整

除上述应计收入、预收收入、应计费用、预付费用的调整以外，会计期末账项调整的内容还包括计提固定资产折旧、计提资产减值准备、计提应交税费等其他项目。

1. 固定资产折旧

固定资产是企业为生产商品、提供劳务或经营管理而持有的使用寿命超过一个会计年度的有形资产，如房屋、建筑物、机器设备、运输工具等。固定资产通常单位价值大，使用寿命长，可以在多个会计期间参与企业的生产经营活动。简单地说，固定资产折旧就是把购置或建造固定资产所支付的费用（假设报废时没有清理费用和残值收入，即没有预计净残值），在整个固定资产使用期间进行分期摊销。其意义在于：一是使各会计期间的收入与为取得这些收入所支付的费用进行合理配比以正确计算经营成果；二是通过收回销售货款或劳务收入，使固定资产使用中的磨损价值得到补偿，为最终固定资产报废更新提供资金储备。

【例 6-6】　汉中公司于 20×× 年 9 月末计提当月固定资产折旧，其中生产车间用房及机器设备应计提折旧额为 15 000 元，办公用房屋及设备应计提折旧额为 3 000 元。编制会计分录如下：

借：制造费用　　　　　　　　　　　　　　　　　　　　　　　　　15 000

　　管理费用　　　　　　　　　　　　　　　　　　　　　　　　　　3 000

　贷：累计折旧　　　　　　　　　　　　　　　　　　　　　　　　　18 000

2. 资产减值准备

为了体现我国《基本会计准则》规定的会计信息质量要求中的"谨慎性"原则，企业应定期对各项资产的账面价值与可收回金额进行比较，当资产的可收回资金低于其账面价值时，应当确认资产减值损失，同时建立相应的准备金，如坏账准备、存货跌价准备、固定资产减值准备。以计提坏账准备为例，简要说明其计提的账务处理方法（详细核算方法将在后续课程中介绍）。

（1）坏账准备。企业因赊销商品等业务而产生的应收账款、其他应收款、长期应收款、应收票据以及预付账款等应收款项，是企业的债权资产。这些债权有可能不能如数收回，从而使企业遭受损失。不能收回的债权称为坏账。企业对可能发生的坏账应当事前做出处理，以便将由此带来的损失分散到有关各期，并依此确认各期的损益和资产。计提坏账准备就是对可能发生的坏账进行事前的处理。

【例 6-7】　汉中公司于 20×× 年末应收账款账户借方余额为 500 000 元，企业按应收账款余额的 3% 计提坏账准备。

其账务处理步骤为：

第一步，计算本期应计提的坏账准备金额如下：

应计提坏账准备 = 500 000 ×3% = 15 000 （元）

第二步，编制会计分录如下：

借：资产减值损失　　　　　　　　　　　　　　　　　　　　　　15 000

　　贷：坏账准备　　　　　　　　　　　　　　　　　　　　　　　　　　15 000

（2）存货跌价准备。企业应当定期或至少在每年度终了时对货物进行全面清查，如有因存货毁损、陈旧过时或销售价格低于成本等因素而使存货成本高于其可变现净值的，应按可变现净值低于存货成本的部分，计提存货跌价准备。

【例6-8】　汉中公司于20××年末存货的账面价值为5 000 000元，经测算，其可变现净值为4 800 000元，应计提存货跌价准备200 000元。编制会计分录如下：

借：资产减值损失　　　　　　　　　　　　　　　　　　　　　　200 000

　　贷：存货跌价准备　　　　　　　　　　　　　　　　　　　　　　　200 000

（3）固定资产减值准备。企业应当定期或至少在每年度终了时对固定资产进行逐项检测，如查明某项资产由于市价持续下跌，或技术陈旧、损坏、长期闲置等原因导致其可收回金额低于账面价值的，应当按可收回金额与其账面价值（即账面实际余额减去已计提的累计折旧和减值准备）的差额计提固定资产减值准备。

【例6-9】　20××年末，定军山公司根据测试和计算结果，确认运输汽车发生减值20 000元。编制会计分录如下：

借：资产减值损失　　　　　　　　　　　　　　　　　　　　　　20 000

　　贷：固定资产减值准备　　　　　　　　　　　　　　　　　　　　　20 000

3. 应交税费

企业应于会计期末（月末）根据各项收入及利润计算应交纳的相关税费，包括营业税、消费税、城乡维护建设税、教育费附加、所得税等。企业计算出这些税费后，不一定立即交付税务部门，从而形成企业对税务部门的负债，因此，计提应交税费也是会计期末账面调整的内容之一。

【例6-10】　20××年9月末，定军山公司计算出本月应交营业税为5 000元，应交城乡维护建设税为350元，应交教育费附加为150元。编制会计分录如下：

借：营业税金及附加　　　　　　　　　　　　　　　　　　　　　5 500

　　贷：应交税费　　　　　　　　　　　　　　　　　　　　　　　　　5 500

第五节　对　账

对账就是核对账目，是指对账簿、账户记录所进行的核对工作。通过对账应当做到账证相符、账账相符、账实相符。

在日常会计工作中，在填制凭证、记账、过账、算账、结账、计算的过程中，难免会发生差错，出现账款与账物不符的情况。因此，在结账前后，要通过对账，将有关账簿记录进行核对，确保会计核算资料的正确性和完整性，为编制会计报表提供真实可靠的数据资料。对账的内容一般包括账证核对、账账核对、账实核对。

一、账证核对

账证核对是指核对会计账簿记录与原始凭证、记账凭证的时间、凭证字号、内容、金额是否一致，记账方向是否相符。为了保证账证相符，必须将账簿记录同有关会计凭证相核对。一般来说，日记账应与收、付款凭证相核对，总账应与记账凭证相核对，明细账应与记账凭证或原始凭证相核对。通常这些核对工作是在日常编证和记账工作中进行的。

二、账账核对

账账核对是指核对不同会计账簿之间的记录是否相符。为了保证账账相符，必须将各种账簿之间的有关数据进行核对。具体核对的内容包括：①总分类账簿之间相关账户的余额核对。要按借贷记账法自动平衡的要求，资产类账户的余额应等于权益类账户的余额，或总账账户的借方期末余额合计数应与贷方期末余额合计数相符。②总分类账簿与所属明细分类账簿核对。要按借贷记账法中平行登记的要求，总账账户的期末余额应与所属明细分类账户期末余额之和相符。③总分类账簿与序时账簿核对。如前所述，序时账簿包括特种日记账和普通日记账，而我国企事业单位必须设置的特种日记账是现金日记账和银行存款日记账。这两类业务同时还必须设置总分类账。现金日记账和银行存款日记账期末余额应分别同有关总分类账户的期末余额相符。④明细分类账簿之间的核对。会计部门各种财产物资明细分类账的期末余额应与财产物资保管或使用部门有关明细账的期末余额相符。

三、账实核对

账实核对是指各项财产物资、债权债务等账面余额与实有数额之间的核对。为了保证账实相符，应将各种账簿记录与有关财产物资的实有数相核对。具体核对内容包括：①现金日记账账面余额与库存现金数额核对是否相符；②银行存款日记账账面余额与银行对账单的余额核对是否相符；③各项财产物资明细账账面余额与财产物资的实有数额核对是否相符；④有关债权债务明细账账面余额与对方单位的账面记录核对是否相符；⑤各种应收、应付与上下级单位、财政和税务部门的拨缴款项也应定期核对无误。

第六节　查错账和错账更正

一、错账的查找方法

为了保证会计核算资料真实准确，应做到账证相符、账账相符、账实相符，但是，正确记账是基础。会计人员天天记账，难免会有差错。由于种种原因，记账中出现的差错，往往会呈现出规律性，注意发现并且掌握差错出现的规律，能大幅度提高查错的效率，提高会计核算的质量。以下介绍常用的、简便有效的查找错账方法。

1. 局部数字检查法

例如，总账与明细账的差额是 4.29 元，其差错范围只涉及元、角、分位数。查账时，只要查对有尾数的数据，对于大额数就不必查对，缩小对账范围。同理，如果银行存款日记账与银行存款总账的差额是 30 000 元，查账时，可重点查万位数。

2. 差数法

差数法是指按照错账差数查找错账的方法。例如，在记账过程中只登记了会计分录的借方或贷方，漏记了另一方，从而形成试算平衡中借方合计与贷方合计不等的情况。其表现形式是：借方金额遗漏，会使该金额在贷方超出；贷方金额遗漏，会使该金额在借方超出。对于这样的差错，可由会计人员通过回忆相关金额的记账核对来查找。

3. 尾数法

对于发生的角、分的差错只查找小数部分，以提高查错的效率。

4. 除 2 法

除 2 法是指以差错除以 2 来查找错账的方法。当某个借方金额错记入贷方（或相反）时，出现错账的差数表现为错误金额的 2 倍，将此差数用 2 去除，得出的商即是反向的金额。例如，应记入"原材料——甲材料"科目借方的 4 000 元误记入了贷方，则贷方会多出 8 000 元，除以 2 查找出 4 000 元。同理，如果借方总额大于贷方 600 元，即应查找有无将 300 元的贷方金额误记为借方。如无此类错误，则应另寻差错的原因。

【例 6-11】 某会计人员记账时将应记入"库存商品——甲商品"科目借方的 5 000 元误记入贷方。会计人员在查找该项错账时，在下列方法中，应采用的方法是（ ）。

A. 除 2 法 　　　B. 除 9 法 　　　　C. 差数法 　　　　D. 尾数法

正确答案为 A，将应记入"库存商品——甲商品"科目借方金额错记为贷方时，出现错账的差数表现为错误金额的 2 倍，因此，应采用除 2 法。

5. 除 9 法

除 9 法是指以差数除以 9 来查找错数的方法。此法适用于以下三种情况：

（1）将数字写小。如将 400 写为 40，错误数字小于正确数字的 9 倍。查找的方法是，以差数除以 9 后得出的商即为写错的数字，商乘以 10 即为正确的数字。将上例差数 360（即 400-40）除以 9，商 40 即为错误数，扩大 10 倍后即可得出正确的数字 400。

【例 6-12】 某会计人员记账时将应记入"银行存款"科目借方的 5 100 元误记为 510 元。会计人员在查找该项错账时，在下列方法中，应采用的方法是（ ）。

A. 除 2 法 　　　　B. 除 9 法 　　　　C. 差数法 　　　　D. 尾数法

正确答案为 B，将应记入"银行存款"科目借方的 5 100 元误记为 510 元，属于将数字缩小，因此，应采用除 9 法。

（2）将数字写大。如将 50 写为 500，错误数字大于正确数字的 9 倍。查找的方法是，以差数除以 9 后得出的商为正确的数字，商乘以 10 后所得的积为错误数字。将上例差数 450（即 500-50）除以 9 后，所得的商 50 为正确数字。

（3）邻数颠倒。如将 78 写为 87，将 96 写为 69，将 36 写为 63 等。颠倒的两个数字之差最小为 1，最大为 9（即 1 至 9）。查找的方法是：将差数除以 9，得出的商连续加 11，直到找出颠倒的数字为止。如将 78 记为 87，其差数为 9。查找此错误的方法是，将差数除以 9 得 1，连加 11 后可能的结果为 12、23、34、45、56、67、78、89。当发现账簿记录中出现上述数字（本例为 78）时，则有可能正是颠倒的数字。

二、错账更正方法

登记账簿发生差错应当予以更正,简称错账更正,这是会计核算的一项技术方法,是会计人员的一项基本工作。

《会计法》第十五条规定:"会计账簿发生错误或者隔页、缺号、跳行的,应当按照会计制度规定的方法更正,并由会计人员和会计主管在更正处盖章。"

《会计基础工作规范》第六十二条规定:"账簿记录发生错误,不准涂改、挖补、刮擦或者用药水消除字迹,不准重新抄写;由于记账凭证错误而使账簿记录发生错误,应当按规定的更正方法更正。"

填写凭证和登记账簿,应当认真仔细,尽可能避免出现差错,如果发现差错,不能随意更改,必须遵循一定的程序和规则。错账更正方法有划线更正法、补充登记法、红字更正法。

(一)划线更正法

划线更正法是最简单、最常用的改错方法,它的使用并不局限于会计核算。

划线更正法是在写错的文字或数字中间划横红线,表示注销,在红线上方用蓝黑字写上正确的文字或数字,更正人在红线尾端的空白处签字或盖章。

划线更正法主要适用于下列情况:

(1)结账前,发现账页记录有差错,而记账凭证没有错误,即记账时的笔误或差错;此时尚未结账。

(2)记账凭证上有差错,但此记账凭证尚未登记账页,更改这张记账凭证。

注意:

(1)将错误的文字或者数字划横红线注销,必须让原有字迹保持清晰可认。

(2)对于数字差错,不能仅仅划去写错的那一个字符,应划去全部数字。

(3)会计账面上的数字是前后相关联的,前面数字错,自然导致后面数字错。如果要更改很多数字,不仅工作量大,也容易造成账面紊乱不清。因此,划线更正法仅适用于及时发现的非重大差错。

【例6-13】 记账时,正确数字是24 763,误写成24 736(最后两个字符颠倒),采用划线更正法改正:

24 763(正确的数字)

24 736(划横红线、划线人签名或盖章)

【例6-14】 车间领用乙材料1 000元,用于制造B产品,根据原始凭证(领料单),编制记账凭证如下:

借:生产成本——B产品　　　　　　　　　　　　　　　　　1 000

　贷:原材料——乙材料　　　　　　　　　　　　　　　　　　　1 000

记账凭证正确,登记账时,误记入"生产成本——A产品"和"原材料——甲材料"账上,没有其他差错。当即发现,采用划线更正法,注销"A产品"和"甲材料"的账面错误记录,更改人在红线尾签名(盖章)。然后根据记账凭证,记入正确的"B产品"和"乙材料"账。

（二）补充登记法

补充登记法是登记账簿后发现记账凭证错误。记账凭证中借贷和科目没有差错，只是数字（金额）小于正确的数字（金额），导致账页记录的数字错误，这时可用蓝黑字按照原来记账凭证的借贷和科目填制一张记账凭证，补上少记的数字并且据此入账。

账面记录来源于记账凭证，如果记账凭证错，一般来说，会导致账面上出现同样的差错。要改正账面记录，也需要有相应的记账凭证。

【例6－15】　生产A产品领用原材料2 100元，记账凭证上少写了100元，导致账面记录也少记100元：

借：生产成本——A产品　　　　　　　　　　　　　　　　　2 000

　　贷：原材料　　　　　　　　　　　　　　　　　　　　　　2 000

补充登记法只需要一步：按照原会计分录和少记数字（金额），补填一张记账凭证并据以登记账簿。

借：生产成本——A产品　　　　　　　　　　　　　　　　　　100

　　贷：原材料　　　　　　　　　　　　　　　　　　　　　　　100

在凭证"摘要"栏注明：某日第几号记账凭证有误，现补充。

【例6－16】　同上例，记账凭证正确，登记账时少记金额100元，可以不编记账凭证，直接在账面上补充记录100元，同时在账簿的"摘要"栏注明。

（三）红字更正法

红字更正法也叫红字冲销法、红字冲账法。它是用红字冲减掉错误的数字（金额）后，再记录正确的数字。

它适用于下列情况：

（1）记账凭证正确，登账时出现差错，经历时间长，已经结账。

登记账簿时出现笔误或差错，如果尚未结账，并且经过时间不长，可以采用最简单的划线更正法，否则不应当使用此法。

（2）记账凭证有差错，而且是科目或者记账方向（"借"和"贷"）有差错，导致账面记录同样错误。

不论是记账凭证出的差错还是登记账时出的差错，如果仅仅是金额有误，而借贷和科目正确，则采用补充登记法或简化的红字更正法；如果是借贷或者科目有误，则需要采用红字更正法。需要特别指出的是，在会计电算化的环境下，红字正失去其在传统会计中的意义，并可能退出会计核算。除了在数字前面加"－"号代表负数（减数）之外，相反的记账方向也是代表负数（减数），例如，"贷：现金"就是减少现金；银行存款的贷方余额就是负数余额；因此，要冲减××账户，可以用红字，可以用负数，也可以用相反的记账方向。这时，"红字更正法"只是沿用习惯的称呼而已。

【例6－17】　接上例，生产A产品领用原材料2 100元，记账凭证没有差错，登记账时，误记到"生产成本——B产品"账户（借方）。

更正这笔差错只需要一个分录并且登记入账：

借：生产成本——A产品　　　　　　2 100（正确账户）

　　贷：生产成本——B产品　　　　　　2 100（冲销误记的账户）

凭证"摘要"栏注明：某日第几号记账凭证正确，登记账有误，现更正账面记录。

【例 6-18】　接上例，记账凭证没有差错，登记账时，记入账户和金额都有错，金额错记成 11 000，更正时需要两笔分录：

（1）冲销全部数字：用红字填制一张内容相同的记账凭证，其中数字用红字，据此登记账簿，以冲销账面数字。

借：生产成本——B 产品　　　　　　　　　　　　　　　　$\boxed{11\ 000}$

　　贷：原材料　　　　　　　　　　　　　　　　　　　　$\boxed{11\ 000}$

如果借贷方科目对转，则数字前不加负号，其作用相同。

凭证"摘要"栏注明：某日第几号记账凭证正确、登记账有误，现冲销账面记录。

（2）重新填制正确的记账凭证（凭证编号××），据此登记账簿。

借：生产成本——A 产品　　　　　　　　　2 100（正确的账户和金额）
　　贷：原材料　　　　　　　　　　　　　　2 100

凭证"摘要"栏注明：××号记账凭证冲销账面记录，现重新登记账。

【例 6-19】　接上例，记账凭证有错，而且借贷、科目、金额都错了，导致账面出现差错，更正时需要两笔分录：

（1）冲销全部数字：填制一张内容相同的记账凭证，其中数字用红字，据此登记账簿，以冲销账面数字。

借：原材料　　　　　　　　　　　　　　　　　　　　　$\boxed{2\ 000}$

　　贷：生产成本——B 产品　　　　　　　　　　　　　$\boxed{2\ 000}$

凭证"摘要"栏注明：某日第几号记账凭证错误，现冲销凭证及账面记录。

（2）重新填制正确的记账凭证（凭证编号××），据此登记账簿。

借：生产成本——A 产品　　　　　　　　　　　　　　2 100
　　贷：原材料　　　　　　　　　　　　　　　　　　2 100

凭证"摘要"栏注明：××号记账凭证冲销错账，现重新登记账。

简化的红字更正法，也称冲减登记法、红字冲减法，是登记账簿后，发现记账凭证中借贷和科目没有差错，只是数字（金额）大于正确的数字（金额），导致账面记录的数字错误，这时可用蓝黑字，按照原来记账凭证的借贷和科目填制一张记账凭证，用红色数字（红字）表示多记部分，冲减多记数字并且据此入账。

在传统会计中，红字有特定用途，用以表示负数（减少数）。《会计基础工作规范》第六十条规定，下列情况可以用红色墨水记账：

使用红字冲账的记账凭证，冲销错误记录；在不设借贷等栏的多栏式账页中，登记减少数；在三栏式账户的余额栏前，如未印明余额方向的，在余额栏内登记负数余额。

红字冲减法的原理，就是用红色数字代表负数（减数），冲减或者冲销原来错误的数字。当然，也可以在数字前面加"-"号代表负数。

【例 6-20】　接上例，生产 A 产品领用原材料 2 100 元，记账凭证上多写了一个零，导致账面记录出现同样差错。

借：生产成本——A 产品　　　　　　　　　　　　　　21 000
　　贷：原材料　　　　　　　　　　　　　　　　　　21 000

冲减登记法只需要一步：按照原会计分录补填一张记账凭证并据以登记账簿，其中多记的数字用红字。

借：生产成本——A产品　　　　　　　　　　　　　　 | 18 900 |

贷：原材料　　　　　　　　　　　　　　　　　　　　　 | 18 900 |

凭证的"摘要"栏注明：某日第几号记账凭证有误，现冲减。

【例6-21】　同上例，记账凭证正确，登记账时，多写了一个零，多记入金额18 900元，可以不编记账凭证，直接在账面上冲减记录18 900元，同时在账簿的"摘要"栏注明。

第七节　结　账

结账是将账簿记录定期结算清楚的一项账务工作。在一定时期结束时（如月末、季末或年末），为了编制会计报表需要进行结账。结账的内容通常包括两个方面：一是结清各种损益类账户，并据以计算确定本期利润；二是结清各资产、负债和所有者权益账户，分别结出本期发生额合计和期末余额。

一、结账的程序

（1）将本期发生的经济业务事项全部登记入账并保证其正确性。

（2）根据权责发生制的要求，调整有关账项，合理确定本期应计的收入和应计的费用。

（3）将损益类科目转入"本年利润"科目，结转所有损益类科目。

（4）结算出资产、负债和所有者权益科目的本期发生额和余额，并结转下期。

二、结账的方法

（1）对不需按月结计本期发生额的账户，每次记账以后，都要随时结出余额，每月最后一笔余额为月末余额。月末结账时，只需要在最后一笔经济业务事项记录之下通栏划单红线，不需要再结计一次余额。

（2）现金、银行存款日记账和需要按月结计发生额的收入、费用等明细账，每月结账时，要结出本月发生额和余额，在摘要栏内注明"本月合计"字样，并在下面通栏划单红线。

（3）需要结计本年累计发生额的某些明细账户，每月结账时，应在"本月合计"行下结出自年初起到本月末止的累计发生额，登记在月份发生额下面，在摘要栏内注明"本年累计"字样，并在下面通栏划单红线。12月末的"本年累计"就是全年累计发生额，全年累计发生额下通栏划双红线。

（4）总账账户平时只需结出月末余额。年终结账时，将所有总账账户结出全年发生额和年末余额，在摘要栏内注明"本年合计"字样，并在合计数下通栏划双红线。

（5）年度终了结账时，有余额的账户，要将其余额结转下年，并在摘要栏内注明"结转下年"字样；在下一会计年度新建有关会计账户的第一行余额栏内填写上年结转的余额，并在摘要栏内注明"上年结转"字样（见表6-13）：

表6-13　　　　　　　　　　　　总分类账

账户名称：应付账款

××年		凭证号数	摘　要	借方金额	贷方金额	借或贷	余　额
月	日						
1	1		年初余额			贷	××××
12	31		本月合计	××××	××××	贷	××××
12	31		本季累计	×××××	×××××	贷	50 000
12	31		本年累计	×××××	×××××	贷	50 000
12	31		结转下年				

第八节　账簿更换、保管

一、会计账簿的更换

会计账簿的更换通常在新会计年度建账时进行。一般来说，总账、日记账和大多数明细账应每年更换一次。但有些财产物资明细账和债务明细账由于材料品种、规格和往来单位较多，更换新账、重抄一遍的工作量较大，因此可以不必每年度更换一次。各种备查账簿也可以连续使用。

二、会计账簿的保管

根据《会计档案管理办法》的规定，会计账簿是重要的经济档案，必须按规定妥善保管，不得丢失、损坏和随意销毁。账簿的保管，既要安全、保密，又要做到使用时能方便迅速地查找。

要明确账簿保管的责任，建立完善的账簿交接手续；年度终了更换新账后，旧账页应清点整理，所有活页账应装订成册，加具封面，统一编号，加盖公章，与订本账一起归档保管。

《会计基础工作规范》第五十八条规定：实行会计电算化的单位，用计算机打印的会计账簿必须连续编号，经审核无误后装订成册，并由记账人员和会计机构负责人、会计主管签字或盖章。

账簿保管要做到五防：防火、防盗、防潮、防霉烂变质、防虫蛀鼠咬。存档后的会计账簿，调阅时必须提出申请，经本单位有关负责人批准，在保管员陪同下方可查阅，原则上不得借出。

根据《会计档案管理办法》的规定，账簿的保管期限如下：①现金日记账和银行存款日记账保管25年；②总账和明细账保管15年；③固定资产卡片账在固定资产报废清理后应当继续保存5年。

复习思考题

1. 会计账簿有什么作用？

2. 什么是日记账？如何登记？

3. 什么是总分类账？什么是明细分类账？它们各自是如何登记的？

4. 总账、明细账、日记账和辅助账簿有什么区别？各自的作用是什么？

5. 活页式明细账与订本式明细账各有什么特点？卡片式明细账适用于哪几类账户？

6. 登记账簿有哪些基本要求？

7. 什么是结账？怎样进行结账？

8. 错账更正的方法有哪几种？如何运用？

9. 账簿的更换和保管要注意哪些方面？

10. 明细分类账页有哪几种格式？

11. 为什么要对账？应从哪几个方面进行对账？

12. 月度结账与年度结账的方法有什么区别？

练习题一

（一）目的

练习三栏式日记账的登记方法。

（二）资料

1. 20××年2月初，风光厂的"库存现金"账户期初借方余额50 000元，"银行存款"账户期初借方余额150 000元。

2. 该厂2月发生的有关现金和存款收付款业务见第五章练习题一的资料。

（三）要求

1. 开设三栏式"库存现金"、"银行存款"日记账，并登记期初余额。

2. 根据第五章练习题一中现金和银行存款的收、付款凭证登记日记账。

3. 结出库存现金日记账和银行存款日记账的本月发生额和月末余额。

练习题二

（一）目的

练习错账的更正方法。

（二）资料

××厂20××年2月在日记账中发生了如下的错误记录：

1. 12日，采购员三毛报销差旅费1 800元，记账凭证误写为：

借：管理费用　　　　　　　　　　　　　　　　　　　　　　　　　　180

　贷：其他应收款——三毛　　　　　　　　　　　　　　　　　　　　180

并据以登记入账。

2. 17日，从银行借入期限为六个月的借款180 000元，存入银行，记账凭证误写为：

借：银行存款　　　　　　　　　　　　　　　　　　　　　　130 000
　　贷：短期借款　　　　　　　　　　　　　　　　　　　　　130 000
并据以登记入账。

3. 30 日，支付本月应负担的短期借款利息 1 300 元。记账凭证误写为：

借：管理费用　　　　　　　　　　　　　　　　　　　　　　1 300
　　贷：银行存款　　　　　　　　　　　　　　　　　　　　　1 300
并据以登记入账。

（三）要求
用适当的错账更正方法更正上述各项错误记录。

练习题三

（一）目的
进一步练习错账更正方法。

（二）资料
××厂将账簿记录与记账凭证进行核对时，发现下列经济业务内容的账簿记录有误：

1. 开出现金支票 600 元，支付企业管理部门日常零星开支。原编记账凭证的会计分录如下：

借：管理费用　　　　　　　　　　　　　　　　　　　　　　600
　　贷：库存现金　　　　　　　　　　　　　　　　　　　　　600

2. 签发转账支票 48 000 元，支付办公用房修理费。分两年摊销。原编记账凭证的会计分录如下：

借：管理费用　　　　　　　　　　　　　　　　　　　　　　48 000
　　贷：银行存款　　　　　　　　　　　　　　　　　　　　　48 000

3. 结算本月实际完工产品的生产成本 49 000 元。原编记账凭证的会计分录如下：

借：库存商品　　　　　　　　　　　　　　　　　　　　　　94 000
　　贷：生产成本　　　　　　　　　　　　　　　　　　　　　94 000

4. 收到购货单位偿还上月所欠货款 7 600 元。原编记账凭证的会计分录如下：

借：银行存款　　　　　　　　　　　　　　　　　　　　　　6 700
　　贷：应收账款　　　　　　　　　　　　　　　　　　　　　6 700

5. 计提本月固定资产折旧费 4 100 元。原编记账凭证的会计分录如下：

借：管理费用　　　　　　　　　　　　　　　　　　　　　　1 400
　　贷：银行存款　　　　　　　　　　　　　　　　　　　　　1 400

6. 结算本月应付职工工资，其中，生产工人工资为 14 000 元，管理人员工资为 3 400 元，原编记账凭证的会计分录如下：

借：生产成本　　　　　　　　　　　　　　　　　　　　　　14 000
　　管理费用　　　　　　　　　　　　　　　　　　　　　　3 400
　　贷：应付职工薪酬　　　　　　　　　　　　　　　　　　　17 400
登记该转账凭证时，其"管理费用"借方金额误记为 4 300 元。

7. 结转本期主营业务收入 480 000 元。原编记账凭证的会计分录如下：

借：本年利润   450 000

 贷：主营业务收入   450 000

8. 用银行存款支付所欠供货单位货款 7 600 元。原编记账凭证的会计分录如下：

借：应付账款   6 700

 贷：银行存款   6 700

9. 以现金支付采购人员差旅费 2 000 元。原编记账凭证的会计分录如下：

借：其他应付款   2 000

 贷：库存现金   2 000

10. 车间管理人员出差回来报销差旅费 1 900 元，交回现金 100 元，予以转账。原编记账凭证的会计分录如下：

借：管理费用   1 900

  库存现金   100

 贷：其他应收款   2 000

（三）要求

将上列各项经济业务的错误记录，分别用适当的更正错账方法予以更正。

第七章 会计核算组织程序

第一节 会计核算组织程序概述

一、会计核算组织程序的定义

会计核算组织程序也称账务处理程序或会计核算形式。从物的使用和组织的角度来讲，会计核算组织程序是指会计凭证、会计账簿和会计报表相结合的方式。它包括会计凭证、会计账簿以及会计报表的种类、格式，会计凭证与会计账簿、会计报表之间的联系方法。从会计工作的角度来讲，会计核算组织程序是指会计工作人员由取得或审核原始凭证到编制记账凭证、登记明细分类账户和总分类账户、编制会计报表的工作程序和方法。

二、正确选择会计核算组织程序的重要性

由于会计凭证、会计账簿、会计报表之间的结合方式不同，形成了不同的会计核算组织程序，不同的会计核算组织程序又有不同的方法、特点和适用范围。科学、合理地选择适用于本单位的会计核算组织程序，对提高会计核算工作效率，保证会计核算工作质量，有效地组织会计核算具有重要意义。

（1）有利于会计工作程序规范化。通过选择科学、合理的账务处理程序，确定会计凭证、会计账簿与会计报表之间的联系方式及处理顺序，保证会计信息记录、加工过程的完整性和严密性，提高会计信息质量。

（2）有利于会计工作分工协调，强化会计人员岗位责任制。通过账务处理程序明确会计工作、会计人员的分工协调，提高账务处理的效率，强化会计人员岗位责任制。

（3）有利于提高会计信息的真实性和可靠性。通过账务处理程序所确定的会计凭证、会计账簿和会计报表之间的钩稽关系和牵制作用，增强会计信息的真实性和可靠性。

（4）有利于减少不必要的会计核算环节。通过井然有序的会计处理程序，可以减少不必要的会计核算环节和手续，避免烦琐的重复劳动，节约人力、物力，提高会计核算工作的效率。

（5）有利于发挥会计监督职能。通过账务处理程序所定的会计分工与协调，可发现错误、明确责任，充分发挥会计的监督职能。

三、会计核算组织程序的种类

会计核算组织程序的建立是由多种因素决定的，如经济活动和财务收支的实际情况、经营管理的需要、会计核算中的核算手续等。这些因素是不断变化的，因此，由它们所决定的会计凭证系统组织、会计账簿系统组织、会计报表系统组织以及核算程序和方法也在不断发生变化，由此形成了不同的会计核算组织程序。在我国，常用的会计核算组织程序主要有：①记账凭证会计核算组织程序；②汇总记账凭证会计核算组织程序；③科目汇总表会计核算组织程序。这三种会计核算组织程序有许多共同之处，它们的不同之处在于登记总分类账的依据和程序不同。

第二节 记账凭证会计核算组织程序

一、记账凭证会计核算组织程序的基本内容

记账凭证会计核算组织程序是指对发生的经济业务事项都要根据原始凭证或汇总原始凭证编制记账凭证，然后直接根据记账凭证逐笔登记总分类账的一种账务处理程序，其特点是直接根据记账凭证逐笔登记总分类账。它是最基本的账务处理程序。在这一程序中，记账凭证可以是通用记账凭证，也可以分设收款凭证、付款凭证和转账凭证，需要设置现金日记账、银行存款日记账、明细分类账和总分类账，其中现金日记账、银行存款日记账和总分类账户一般采用三栏式，明细分类账根据需要采用三栏式、多栏式和数量金额式。其一般程序（见图 7-1 ）是：

（1）根据原始凭证编制汇总原始凭证。

（2）根据原始凭证或汇总原始凭证编制记账凭证。

（3）根据收款凭证、付款凭证逐笔登记现金日记账和银行存款日记账。

（4）根据记账凭证和原始凭证、汇总原始凭证，登记各种明细分类账。

（5）根据记账凭证逐笔登记总分类账。

（6）期末，将现金日记账、银行存款日记账和明细分类账的余额同有关总分类账的余额核对相符。

（7）期末，根据总分类账和明细分类账的记录编制会计报表。

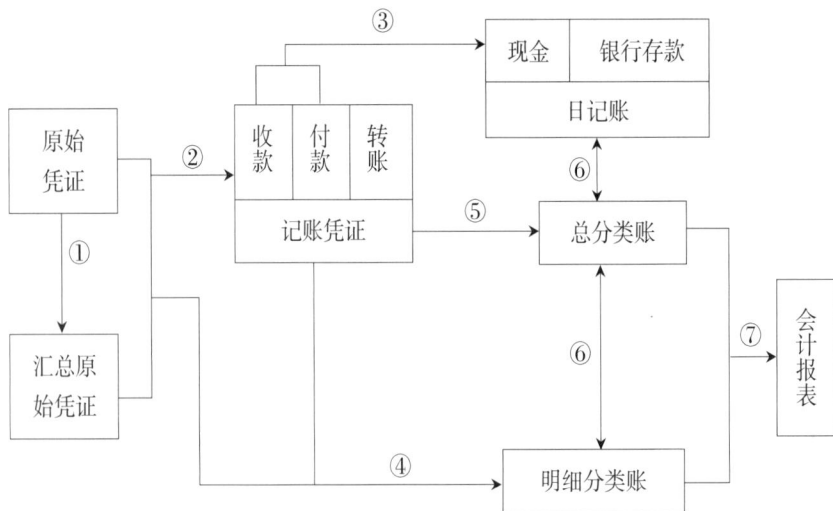

图 7-1　记账凭证会计核算组织程序

二、记账凭证会计核算组织程序的优缺点及适用范围

　　记账凭证会计核算组织程序的优点是：①简单明了，易于理解，可直接根据记账凭证登记总账。②总分类账可以较详细地反映经济业务的发生情况。③保持了账户的对应关系，便于查错对账。其缺点是登记总分类账的工作量较大，费工费时，对于经济业务较多、经营规模较大的企业来说，总分类账的登记工作过于繁重。适用范围：记账凭证会计核算组织程序适用于规模较小、经济业务量较少的单位。

第三节　汇总记账凭证会计核算组织程序

一、汇总记账凭证会计核算组织程序的基本内容

　　汇总记账凭证会计核算组织程序是指根据原始凭证或汇总原始凭证编制记账凭证，定期根据记账凭证分类编制汇总收款凭证、汇总付款凭证和汇总转账凭证，再根据汇总记账凭证登记总分类账的一种账务处理程序。其特点是定期根据记账凭证分类编制汇总收款凭证、汇总付款凭证和汇总转账凭证，再根据汇总记账凭证登记总分类账。在这一程序中，除设置收款凭证、付款凭证和转账凭证外，还应设置汇总收款凭证、汇总付款凭证和汇总转账凭证，账簿的设置与记账凭证会计核算组织程序基本相同，其一般程序（见图 7-2）是：

　　（1）根据原始凭证编制汇总原始凭证。

　　（2）根据原始凭证或汇总原始凭证编制记账凭证。

　　（3）根据收款凭证、付款凭证逐笔登记现金日记账和银行存款日记账。

　　（4）根据原始凭证、汇总原始凭证和记账凭证，登记各种明细分类账。

　　（5）根据各种记账凭证编制有关汇总记账凭证。

　　（6）根据各种汇总记账凭证登记总分类账。

（7）期末，现金日记账、银行存款日记账和明细分类账的余额同有关总分类账的余额核对相符。

（8）期末，根据总分类账和明细分类账的记录编制会计报表。

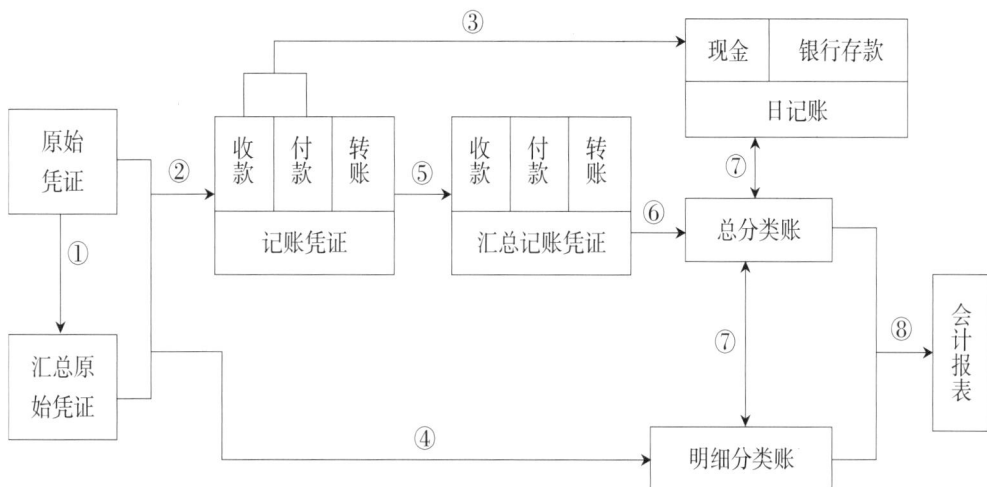

图 7 - 2　汇总记账凭证会计核算组织程序

二、汇总记账凭证会计核算组织程序的优缺点及适用范围

汇总记账凭证会计核算组织程序的优点是：①减轻了登记总分类账的工作量；②保持了账户的对应关系，便于查错对账。其缺点是：①按每一贷方科目编制汇总转账凭证，不利于会计核算的日常分工；②当转账凭证较少时，编制汇总转账凭证的工作量反而更大。适用范围：汇总记账凭证会计核算组织程序适用于规模较大、经济业务较多的单位。

第四节　科目汇总表会计核算组织程序

一、科目汇总表会计核算组织程序的基本内容

科目汇总表会计核算组织程序又称记账凭证汇总表会计核算组织程序，它是根据记账凭证定期编制科目汇总表，再根据科目汇总表登记总分类账的一种账务处理程序。科目汇总表是根据记账凭证汇总而成的，其特点是编制科目汇总表并据以登记总分类账。其记账凭证、账簿的设置与记账凭证账务处理程序基本相同，其一般程序（见图 7 - 3）是：

（1）根据原始凭证编制汇总原始凭证。

（2）根据原始凭证或汇总原始凭证编制记账凭证。

（3）根据收款凭证、付款凭证逐笔登记现金日记账和银行存款日记账。

（4）根据原始凭证、汇总原始凭证和记账凭证，登记各种明细分类账。

（5）根据各种记账凭证编制有关科目汇总表。

（6）根据科目汇总表登记总分类账。

（7）期末，现金日记账、银行存款日记账和明细分类账的余额同有关总分类账的余额核对相符。

（8）期末，根据总分类账和明细分类账的记录编制会计报表。

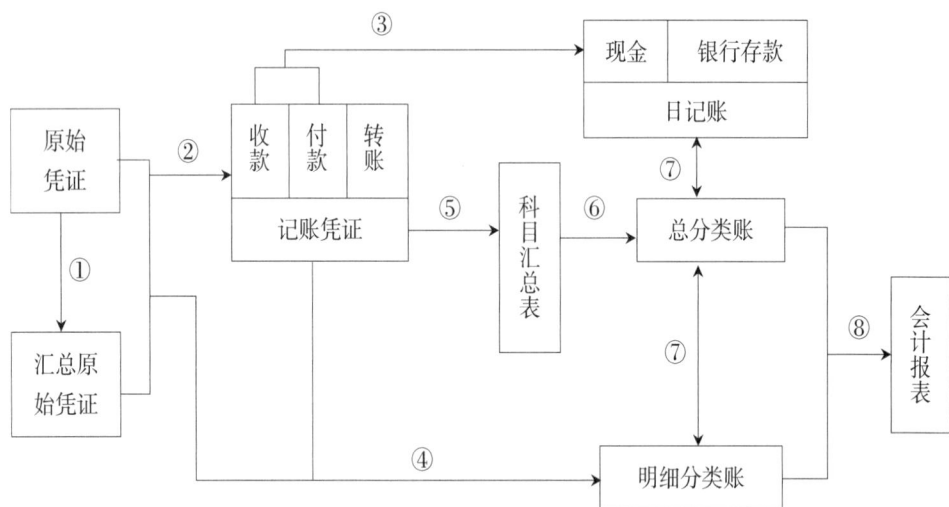

图 7 - 3　科目汇总表会计核算组织程序

二、科目汇总表会计核算组织程序的优缺点及适应范围

科目汇总表会计核算组织程序的优点是：①减轻了登记总分类账的工作量；②简单明了，易于操作；③很适合于会计电算化。其缺点是：①混淆了账户的对应关系，不便于查错对账。②不利于会计核算的日常分工。适用范围：科目汇总表会计核算组织程序适用于规模较大、经济业务较多的大企业。科目汇总表的格式如表 7 - 1 所示：

表 7 - 1　　　　　　　　　　　　　　科目汇总表

20××年9月1—10日　　　　　　　　　　　　　　　　　　　　第1号

会计科目	账页	本期发生额		记账凭证 起讫号数
		借方	贷方	
库存现金	略	2 500	2 500	
银行存款	略	24 040	21 550	
应收账款	略	21 060	10 000	
材料采购	略	15 000		
应交税费	略	4 050	5 100	
应付职工薪酬	略	2 500		
主营业务收入	略		30 000	
合计		69 150	69 150	

三、科目汇总表会计核算组织程序举例

【例】 大额公司20××年8月末的总分类账户和明细分类账户科目余额分别如表7-2、表7-3所示：

表7-2 总分类账户余额表

20××年9月1日

账户名称	金额	账户名称	金额
库存现金	90 000	累计折旧	750 000
银行存款	750 000	短期借款	750 000
原材料	60 000	长期借款	1 200 000
生产成本	300 000	实收资本	3 000 000
库存商品	600 000	盈余公积	600 000
固定资产	4 500 000		
合计	6 300 000		6 300 000

表7-3 明细分类账户余额表

账户名称	金额
原材料——A材料	60 000
生产成本——X产品	300 000
库存商品——X产品	600 000

大额公司20××年9月发生的经济业务如下（假定除下列经济业务外，该公司未发生其他经济业务事项）：

（1）2日，购入A材料24 000千克，单价10元，价款共计240 000元，材料已验收入库，货款以银行存款支付（不考虑增值税）。

（2）8日，陈某出差借差旅费现金6 000元。

（3）10日，销售X产品500件，单位售价1 500元，共计价款750 000元，货物已发出，价款收到并存入银行（不考虑增值税）。

（4）15日，用现金支付销售X产品的运费950元。

（5）20日，为生产X产品领用A材料6 000千克，单价10元，共计60 000元。

（6）25日，陈某出差回来，报销差旅费5 500元，归还余款500元。

（7）25日，销售A材料1 945千克，单价20元，共计价款38 900元，货物已发出，价款收到并存入银行（不考虑增值税）。

（8）30日，以银行存款支付本月保险费用18 000元。

（9）30日，以银行存款支付借款利息27 000元。

（10）30日，计提本月应交城乡维护建设税15 000元，应交教育费附加7 500元。

（11）30日，结转已售X产品成本，已知X产品单位产品成本1 000元，成本共计500 000元，结转已售A材料成本19 450元。

（12）30日，将本月主营业务收入750 000元、其他业务收入38 900元转入"本年利

润"贷方。

（13）30 日，将本月主营业务成本 500 000 元、其他业务成本 19 450 元转入"本年利润"借方。

（14）30 日，将本月发生的营业税金及附加 22 500 元、销售费用 950 元、财务费用 27 000 元、管理费用 23 500 元转入"本年利润"借方。

（15）30 日，计算本月应交所得税 48 875 元。

（16）30 日，将本月所得税 48 875 元转入"本年利润"借方。

（17）30 日，结转本年利润 146 625 元。

在科目汇总表会计核算组织程序下，该公司经济业务的会计核算组织程序是：

第一，根据发生经济业务所取得的原始凭证或汇总原始凭证填制收款凭证、付款凭证、转账凭证（在这里，以会计分录代表记账凭证）。

（1）9 月 2 日购入 A 材料

借：原材料——A 材料	240 000
贷：银行存款	240 000

（2）9 月 8 日预借差旅费

借：其他应收款——陈某	6 000
贷：库存现金	6 000

（3）9 月 10 日销售 X 产品

借：银行存款	750 000
贷：主营业务收入	750 000

（4）9 月 15 日支付运费

借：销售费用	950
贷：库存现金	950

（5）9 月 20 日领用甲材料

借：生产成本——X 产品	60 000
贷：原材料——甲材料	60 000

（6）9 月 25 日报销差旅费

A 借：管理费用	5 500
贷：其他应收款	5 500
B 借：库存现金	500
贷：其他应收款	500

（7）25 日销售 A 材料 1 945 千克，单价 20 元，共计价款 38 900 元

借：银行存款	38 900
贷：其他业务收入	38 900

（8）9 月 30 日支付保险费用

借：管理费用	18 000
贷：银行存款	18 000

（9）9 月 30 日支付利息

借：财务费用	27 000
贷：银行存款	27 000

（10）9月30日计提应交城建税、教育费附加

借：营业税金及附加　　　　　　　　　　　　　　　　　　22 500

　　贷：应交税费——应交城乡维护建设税　　　　　　　　　　15 000

　　　　　　　——应交教育费附加　　　　　　　　　　　　7 500

（11）9月30日结转产品成本

借：主营业务成本　　　　　　　　　　　　　　　　　　500 000

　　其他业务成本　　　　　　　　　　　　　　　　　　　19 450

　　贷：库存商品——X产品　　　　　　　　　　　　　　　500 000

　　　　原材料　　　　　　　　　　　　　　　　　　　　19 450

（12）9月30日结转主营业务收入

借：主营业务收入　　　　　　　　　　　　　　　　　　750 000

　　其他业务收入　　　　　　　　　　　　　　　　　　　38 900

　　贷：本年利润　　　　　　　　　　　　　　　　　　　788 900

（13）9月30日结转主营业务成本

借：本年利润　　　　　　　　　　　　　　　　　　　　519 450

　　贷：主营业务成本　　　　　　　　　　　　　　　　　500 000

　　　　其他业务成本　　　　　　　　　　　　　　　　　19 450

（14）9月30日结转营业税金及附加、销售费用、财务费用及管理费用

借：本年利润　　　　　　　　　　　　　　　　　　　　73 950

　　贷：营业税金及附加　　　　　　　　　　　　　　　　22 500

　　　　销售费用　　　　　　　　　　　　　　　　　　　950

　　　　管理费用　　　　　　　　　　　　　　　　　　23 500

　　　　财务费用　　　　　　　　　　　　　　　　　　27 000

（15）9月30日计算应交所得税

借：所得税费用　　　　　　　　　　　　　　　　　　　48 875

　　贷：应交税费——应交所得税　　　　　　　　　　　　48 875

（16）9月30日结转所得税

借：本年利润　　　　　　　　　　　　　　　　　　　　48 875

　　贷：所得税费用　　　　　　　　　　　　　　　　　　48 875

（17）9月30日结转本年利润

借：本年利润　　　　　　　　　　　　　　　　　　　146 625

　　贷：利润分配——未分配利润　　　　　　　　　　　146 625

第二，根据现金和银行存款收付款凭证，逐笔登记现金日记账和银行存款日记账，具体填制内容分别如表7－4、表7－5所示：

表7－4　　　　　　　　　　　　　库存现金日记账

20××年		凭证		摘要	对方科目	收入	支出	余额
月	日	字	号					
9	1			月初余额				90 000
	8	现付	1	陈某借差旅费	其他应收款		6 000	84 000

（续上表）

20××年		凭证		摘要	对方科目	收入	支出	余额
月	日	字	号					
	15	现付	2	支付销售产品运费	销售费用		950	83 050
	25	现收	1	陈某归还多余差旅款	其他应收款	500		83 550
				本月合计		500	6 950	83 550

表 7-5　　　　　　　　　　　　银行存款日记账

20××年		凭证		摘要	对方科目	收入	支出	余额
月	日	字	号					
9	1			月初余额				750 000
	2	银付	1	购入 A 材料	原材料		240 000	510 000
	10	银收	1	销售 X 产品	主营业务收入	750 000		1 260 000
	25	银收	2	销售 A 材料	其他业务收入	38 900		1 298 900
	30	银付	2	支付保险费	管理费用		18 000	1 280 900
	30	银付	3	支付借款利息	财务费用		27 000	1 253 900
				本月合计		788 900	285 000	1 253 900

第三，根据原始凭证和记账凭证登记各种明细分类账（只列举原材料、生产成本和其他应收款的明细分类账，其他略），分别如表 7-6 至表 7-8 所示：

表 7-6　　　　　　　　　　　　原材料明细分类账

材料名称：A 材料　　　　　　　　　　　　　　　　　　　　　　　计量单位：千克

20××年		凭证号数	摘要	收入			发出			结存		
月	日			数量	单价	金额	数量	单价	金额	数量	单价	金额
9	1		期初余额							6 000	10	60 000
	2	银付1	购入	24 000	10	240 000				30 000	10	300 000
	20	转1	生产领用				6 000	10	60 000	24 000	10	240 000
	30	转4	销售发出				1 945	10	19 450	22 055	10	220 550
	30		本月合计	24 000	10	240 000	7 945	10	79 450	33 055	10	220 550

表 7-7　　　　　　　　　　　　生产成本明细账

产品品种：X 产品

20××年		凭证号数	摘要	借方（成本项目）				贷方	借或贷	余额
月	日			直接材料	直接人工	制造费用	合计			
9	1		期初余额						借	300 000
	20	转1	领用	60 000					借	360 000

表7-8 　　　　　　　　　　　　　明细分类账（三栏式）

账户名称：其他应收款——陈某

20××年		凭证号数	摘要	借方金额	贷方金额	借或贷	余额
月	日						
9	8	现付1	预借差旅费	60 000		借	6 000
	25	转2	报销差旅费		5 500	借	500
	25	现收1	交回现金		500	平	0
	30		本月合计	6 000	6 000	平	0

第四，根据各种记账凭证编制科目汇总表（见表7-9至表7-12）。

表7-9 　　　　　　　　　　　　　科目汇总表 　　　　　　　　　编号：（1）

科目	（9.1—9.10）发生额		账页
	借	贷	
库存现金		6 000	
银行存款	750 000	240 000	
其他应收款	6 000		
原材料	240 000		
主营业务收入		750 000	
合计	996 000	996 000	

表7-10 　　　　　　　　　　　　　科目汇总表 　　　　　　　　　编号：（2）

科目	（9.11—9.20）发生额		账页
	借	贷	
库存现金		950	
原材料		60 000	
销售费用	950		
生产成本	60 000		
合计	60 950	60 950	

表7-11 　　　　　　　　　　　　　科目汇总表 　　　　　　　　　编号：（3）

科目	（9.21—9.30）发生额		账页
	借	贷	
库存现金	500		
银行存款	38 900	45 000	
其他应收款		6 000	
库存商品		500 000	
应交税费		71 375	
本年利润	788 900	788 900	
利润分配		146 625	
主营业务收入	750 000		
主营业务成本	500 000	500 000	

（续上表）

科目	(9.21—9.30) 发生额		账页
	借	贷	
营业税金及附加	22 500	22 500	
销售费用		950	
管理费用	23 500	23 500	
财务费用	27 000	27 000	
所得税费用	48 875	48 875	
原材料		19 450	
其他业务收入	38 900	38 900	
其他业务成本	19 450	19 450	
合计	2 258 525	2 258 525	

表 7 - 12　　　　　　　　　　　　　　科目汇总表

科目	(9.1—9.10) 发生额		(9.11—9.20) 发生额		(9.21—9.30) 发生额	
	借	贷	借	贷	借	贷
库存现金		6 000		950	500	
银行存款	750 000	240 000			38 900	45 000
其他应收款	6 000					6 000
库存商品						500 000
应交税费						71 375
本年利润					788 900	788 900
利润分配						146 625
主营业务收入		750 000			750 000	
主营业务成本					500 000	500 000
营业税金及附加					22 500	22 500
销售费用			950			950
管理费用					23 500	23 500
财务费用					27 000	27 000
所得税费用					48 875	48 875
原材料	240 000			60 000		19 450
其他业务收入					38 900	38 900
其他业务成本					19 450	19 450
生产成本			60 000			
合计	996 000	996 000	60 950	60 950	2 258 525	2 258 525

第五，根据科目汇总表登记总分类账，具体登记情况如表7-13至表7-34所示：

表7-13　　　　　　　　　　　　　　总分类账

会计科目：库存现金

20××年		凭证		摘要	借方	贷方	借或贷	余额
月	日	字	号					
9	1			上月结转			借	90 000
	10	科汇	1	1—10日发生额		6 000	借	84 000
	20	科汇	2	11—20日发生额		950	借	83 050
	30	科汇	3	21—30日发生额	500		借	83 550
	30			本月合计	500	6 950	借	83 550

表7-14　　　　　　　　　　　　　　总分类账

会计科目：银行存款

20××年		凭证		摘要	借方	贷方	借或贷	余额
月	日	字	号					
9	1			上月结转			借	750 000
	10	科汇		1—10日发生额	750 000	240 000	借	1 260 000
	30	科汇		21—30日发生额	38 900	45 000	借	1 253 900
	30			本月合计	788 900	285 000	借	1 253 900

表7-15　　　　　　　　　　　　　　总分类账

会计科目：其他应收款

20××年		凭证		摘要	借方	贷方	借或贷	余额
月	日	字	号					
9	10	科汇	1	1—10日发生额	6 000		借	6 000
	30	科汇	3	21—30日发生额		6 000	平	0
	30			本月合计	6 000	6 000	平	0

表7-16　　　　　　　　　　　　　　总分类账

会计科目：原材料

20××年		凭证		摘要	借方	贷方	借或贷	余额
月	日	字	号					
9	1			上月结转			借	60 000
	10	科汇	1	1—10日发生额	240 000		借	300 000
	20	科汇	2	11—20日发生额		60 000	借	240 000
	30	科汇	3	21—30日发生额		19 450	借	220 550
	30			本月合计	240 000	79 450	借	220 550

表 7 – 17　　　　　　　　　　　　　　　　　总分类账

会计科目：库存商品

20××年		凭证		摘要	借方	贷方	借或贷	余额
月	日	字	号					
9	1			上月结转			借	600 000
	30	科汇	3	21—30 日发生额		500 000	借	100 000
	30			本月合计		500 000	借	100 000

表 7 – 18　　　　　　　　　　　　　　　　　总分类账

会计科目：固定资产

20××年		凭证		摘要	借方	贷方	借或贷	余额
月	日	字	号					
9	1			上月结转			借	4 500 000

表 7 – 19　　　　　　　　　　　　　　　　　总分类账

会计科目：累计折旧

20××年		凭证		摘要	借方	贷方	借或贷	余额
月	日	字	号					
9	1			上月结转			贷	750 000

表 7 – 20　　　　　　　　　　　　　　　　　总分类账

会计科目：短期借款

20××年		凭证		摘要	借方	贷方	借或贷	余额
月	日	字	号					
9	1			上月结转			贷	750 000

表 7 – 21　　　　　　　　　　　　　　　　　总分类账

会计科目：应交税费

20××年		凭证		摘要	借方	贷方	借或贷	余额
月	日	字	号					
9	30	科汇	3	21—30 日发生额		71 375	贷	71 375
	30			本月合计		71 375	贷	71 375

表 7 – 22　　　　　　　　　　　　总分类账

会计科目：长期借款

20××年		凭证		摘要	借方	贷方	借或贷	余额
月	日	字	号					
9	1			上月结转			贷	1 200 000

表 7 – 23　　　　　　　　　　　　总分类账

会计科目：实收资本

20××年		凭证		摘要	借方	贷方	借或贷	余额
月	日	字	号					
9	1			上月结转			贷	3 000 000

表 7 – 24　　　　　　　　　　　　总分类账

会计科目：盈余公积

20××年		凭证		摘要	借方	贷方	借或贷	余额
月	日	字	号					
9	1			上月结转			贷	600 000

表 7 – 25　　　　　　　　　　　　总分类账

会计科目：本年利润

20××年		凭证		摘要	借方	贷方	借或贷	余额
月	日	字	号					
9	30	科汇	3	21—30日发生额	788 900	788 900	平	0
	30			本月合计	788 900	788 900	平	0

表 7 – 26　　　　　　　　　　　　总分类账

会计科目：利润分配

20××年		凭证		摘要	借方	贷方	借或贷	余额
月	日	字	号					
9	30	科汇	3	21—30日发生额		146 625	贷	146 625
	30			本月合计		146 625	贷	146 625

表 7 – 27　　　　　　　　　　　　总分类账

会计科目：生产成本

20××年		凭证		摘要	借方	贷方	借或贷	余额
月	日	字	号					
9	1			上月结转			借	300 000
	20	科汇	2	11—20日发生额	60 000		借	360 000
	30			本月合计	60 000		借	360 000

表 7 - 28　　　　　　　　　　　　　　总分类账

会计科目：主营业务收入

20××年		凭证		摘要	借方	贷方	借或贷	余额
月	日	字	号					
9	30	科汇	3	21—30 日发生额	750 000	750 000	平	0
	30			本月合计	750 000	750 000	平	0

表 7 - 29　　　　　　　　　　　　　　总分类账

会计科目：主营业务成本

20××年		凭证		摘要	借方	贷方	借或贷	余额
月	日	字	号					
9	30	科汇	3	21—30 日发生额	500 000	500 000	平	0
	30			本月合计	500 000	500 000	平	0

表 7 - 30　　　　　　　　　　　　　　总分类账

会计科目：营业税金及附加

20××年		凭证		摘要	借方	贷方	借或贷	余额
月	日	字	号					
9	30	科汇	3	21—30 日发生额	22 500	22 500	平	0
	30			本月合计	22 500	22 500	平	0

表 7 - 31　　　　　　　　　　　　　　总分类账

会计科目：销售费用

20××年		凭证		摘要	借方	贷方	借或贷	余额
月	日	字	号					
9	20	科汇	2	11—20 日发生额	950		借	950
	30	科汇	3	21—30 日发生额		950	平	0
	30			本月合计	950	950	平	0

表 7 - 32　　　　　　　　　　　　　　总分类账

会计科目：管理费用

20××年		凭证		摘要	借方	贷方	借或贷	余额
月	日	字	号					
9	30	科汇	3	21—30 日发生额	23 500	23 500	平	0
	30			本月合计	23 500	23 500	平	0

表 7 - 33　　　　　　　　　　　　　　总分类账

会计科目：财务费用

20××年		凭证		摘要	借方	贷方	借或贷	余额
月	日	字	号					
9	30	科汇	3	21—30 日发生额	27 000	27 000	平	0
	30			本月合计	27 000	27 000	平	0

表 7-34   总分类账

会计科目: 所得税费用

20××年		凭证		摘要	借方	贷方	借或贷	余额
月	日	字	号					
9	30	科汇	3	21—30日发生额	48 875	48 875	平	0
	30			本月合计	48 875	48 875	平	0

第六，根据登记的总分类账编制试算平衡表。具体登记情况如表 7-35 所示:

表 7-35   20××年9月试算平衡表

科目	期初余额		本期发生额		期末余额	
	借	贷	借	贷	借	贷
库存现金	90 000		500	6 950	83 550	
银行存款	750 000		788 900	285 000	1 253 900	
盈余公积		600 000				600 000
其他应收款			6 000	6 000		
库存商品	600 000			500 000	100 000	
应交税费				71 375		71 375
本年利润			788 900	788 900		
利润分配				146 625		146 625
主营业务收入			750 000	750 000		
主营业务成本			500 000	500 000		
营业税金及附加			22 500	22 500		
销售费用			950	950		
管理费用			23 500	23 500		
财务费用			27 000	27 000		
所得税费用			48 875	48 875		
原材料	60 000		240 000	79 450	220 550	
其他业务收入			38 900	38 900		
其他业务成本			19 450	19 450		
累计折旧		750 000				750 000
生产成本	300 000		60 000		360 000	
固定资产	4 500 000				4 500 000	
实收资本		3 000 000				3 000 000
长期借款		1 200 000				1 200 000
短期借款		750 000				750 000
合计	6 300 000	6 300 000	3 315 475	3 315 475	6 518 000	6 518 000

复习思考题

1. 会计核算组织程序有哪几种?

2. 简述记账凭证会计核算组织程序的优缺点。

3. 简述汇总记账凭证会计核算组织程序的优缺点。

4. 简述科目汇总表会计核算组织程序的优缺点。

练习题一

（一）目的

练习记账凭证核算形式。

（二）资料

××厂20××年4月有关资料如下：

1. 本月初各账户余额如下（见表7-36）：

表7-36　　　　　　　　　　　　　各账户余额

账户名称	借方金额	账户名称	贷方金额
库存现金	50 500	短期借款	310 000
银行存款	400 000	应付账款	129 500
交易性金融资产	10 000	应付职工薪酬	35 000
应收账款	60 000	应交税费——应交增值税	14 250
材料采购	195 000	累计折旧	300 000
原材料	240 000	实收资本	1 500 000
生产成本	280 600	资本公积	228 100
库存商品	425 000	盈余公积	57 500
		本年利润	160 000
固定资产	1 012 500		
利润分配	60 750		
合计	2 734 350		2 734 350

2. 该厂4月发生下列经济业务：

（1）3日销售给光明厂甲产品850 000元，增值税额144 500元，收到500 000元的转账支票一张，余款尚未收到。

（2）7日购入A材料，货款650 000元，增值税额110 500元，运杂费5 000元。开出转账支票支付，材料尚未入库。

（3）9日，将上月已付款的B材料验收入库，实际成本145 000元。

（4）10日，购入不需要安装的设备，价款100 000元，增值税额17 000元，运杂费3 000元，以银行存款支付。

（5）11日，以银行存款支付上月应缴税金14 250元。

（6）14日，提取现金300 000元，备发工资。

（7）14日，以现金300 000元发放工资。

（8）14日，分配工资费用：生产工人工资200 000元，车间管理人员工资40 000元，厂部行政管理人员工资60 000元。

（9）16日，用存款支付本月借款利息 12 000 元。

（10）17日，生产甲产品领用 A 材料 455 000 元，B 材料 145 000 元。

（11）18日，以银行存款支付车间办公费 2 500 元。

（12）19日，计提折旧 60 000 元，其中，生产车间 40 000 元，厂部 20 000 元。

（13）22日，以银行存款支付广告费 15 000 元。

（14）30日，结转制造费用。

（15）30日，本月甲产品全部完工入库，结转其成本。

（16）30日，结转本月销售甲产品的生产成本共 300 000 元。

（17）30日，结转损益类账到本年利润。

（18）30日，按 25% 计提本月所得税。

（三）要求

1. 根据资料 1 开设总账并登记期初余额。

2. 根据资料 2 填制有关记账凭证。

3. 根据记账凭证逐笔登记总账，并进行月结。

练习题二

（一）目的

练习汇总记账凭证核算形式。

（二）资料

见练习题一。

（三）要求

1. 根据练习题一资料 1 开设总账，并登记期初余额。

2. 根据练习题一填制的记账凭证，月末按月编制汇总记账凭证。

3. 根据汇总记账凭证登记总账并进行月结。

练习题三

（一）目的

练习科目汇总表编制方法。

（二）资料

××厂 20××年×月发生以下各项经济业务：

1. 向一厂购入甲材料 200 千克，每千克 129.20 元，计 25 840 元，增值税税率 17%，货款以银行存款支付。

2. 以现金支付甲材料杂费 160 元。

3. 甲材料 200 千克验收入库，按实际成本转账。

4. 以银行支票 15 200 元缴纳上月销售税金。

5. 以银行支票 30 000 元归还临时借款。

6. 收到二厂还来货款 42 120 元，四厂还来货款 70 200 元，已存入银行。

7. 购入劳保用品 100 元，增值税税率 17%，以现金支付，并交车间使用。

8. 仓库发出乙材料460千克，每千克进价100元。其中，300千克用于制造B产品，160千克用于制造A产品。

9. 购入新机器一台，价值70 000元，增值税税率17%，以银行支票支付。

10. 售给二厂A产品300件，每件售价180元，计54 000元，增值税税率17%，货款尚未收到。

11. 售给四厂B产品100件，每件售价400元，计40 000元，增值税税率17%，货款尚未收到。

12. 购入即用的销售包装纸箱100只，每只16元，以银行存款支付。

13. 仓库发出甲材料100千克，每千克130元，用于制造A产品。

14. 以银行支票支付车间设备修理费3 280元。

15. 以现金80元支付销售产品运杂费。

16. 购入丁材料100千克，验收入库，计2 400元，增值税税率17%，以银行支票支付，同时按实际成本转账。

17. 仓库发出车间一般耗用的丁材料40千克，每千克24元。

18. 向三厂购入乙材料200千克，计19 760元，增值税税率17%，以银行支票支付。

19. 以银行支票支付乙材料装卸费240元。

20. 乙材料200千克验收入库，按实际成本转账。

21. 仓库发出甲材料200千克，每千克进价130元，用于制造B产品。

22. 向五厂购入丙材料300千克，计11 820元，增值税税率17%，货款尚未支付。

23. 以银行存款支付丙材料款11 820元，增值税税率17%，上述丙材料300千克验收入库，按实际成本转账。

24. 开出银行支票1 000元，提取现金。

25. 以银行支票330元购买管理部门的办公用品。

26. 售出A产品200件，每件售价180元，计36 000元，货款已存入银行。

27. 以现金40元支付销售A产品装卸搬运费。

28. 收到二厂货款54 000元，存入银行。

29. 收到四厂货款40 000元，存入银行。

30. 从三厂购入乙材料300千克，计29 640元，增值税税率17%，以银行支票支付。

31. 乙材料300千克已验收入库，按实际成本转账。

32. 售出B产品150件，每件售价400元，计60 000元，货款已存入银行。

33. 以现金支付B产品销售运杂费50元。

34. 购入会计用账表凭证60元，车间用文具用品84元（增值税税率17%），分别以现金支付。

35. 仓库发出丙材料150千克，其中，50千克用于制造A产品，100千克用于制造B产品。丙材料成本每千克40元。

36. 以银行支票450元支付车间机器修理费。

37. 管理部门人员出差回来报销差旅费1 290元，已借支1 500元，余款交回现金。

38. 经批准报废清理旧机器一台，原值16 000元，已提折旧15 360元。

39. 以银行支票支付报废机器清理费用320元。

40. 报废机器残料出售，收入1 040元，已存入银行。

41. 报废机器净收入 80 元转入营业外收入处理。

42. 向银行提取现金 38 000 元，用于发放工资。

43. 以现金 38 000 元发放工资。

44. 售给二厂 A 产品 200 件，每件售价 180 元，计 36 000 元，货款尚未收到。

45. 以现金 30 元支付 A 产品销售搬运费。

46. 以银行支票支付职工医药费 3 120 元。

47. 以银行支票支付本月电费 4 770 元，其中，车间生产用电 3 978 元，监管部门用电 792 元。

48. 以银行支票支付本月水费 3 800 元，其中，车间用水 2 160 元，管理部门用水 1 640 元。

49. 以现金支付厂办办公品费用 240 元。

50. 结算本月工资 38 000 元，其中，生产工人工资 27 200 元（A 产品工人工资 12 800 元，B 产品工人工资 14 400 元），车间技术、管理人员工资 5 800 元，行政管理部门人员工资 5 000 元。

51. 计提本月固定资产折旧 3 780 元，其中，车间用固定资产折旧 2 500 元，行政管理部门固定资产折旧 1 280 元。

52. 以银行存款支付本月应负担银行借款利息 600 元。

53. 结转本月制造费用，按生产工人工资比例分配计入 A、B 产品生产成本。

54. 结转已完工 A 产品 300 件、B 产品 400 件的实际生产成本。

55. 结转已销产品生产成本：A 产品每件 126.46 元，B 产品每件 273.44 元。

56. 计算本月利润，按利润额的 25% 结算应交所得税。

57. 按净利润 10% 计提法定盈余公积。

（三）要求

1. 按上列经济业务编制会计分录。

2. 编制科目汇总表。

第八章　财产清查

第一节　财产清查概述

一、财产清查的意义

财产清查是指通过对货币资金、实物资产和往来款项的盘点或核对确定其实存数，查明账存数与实存数是否相符的一种专门方法。

保证会计信息资料的真实性、正确性，是对会计核算最重要的要求。真实的会计信息是企业投资者、债权人以及企业经营管理者和国家宏观经济管理部门等有关方面进行决策的依据。企业各项财产物资的增减变动和结存情况，都是通过账簿记录来反映的，账簿上的结存数与实存数应该一致。但在实际工作中，可能会因各种原因使各项资产的账面数与实际结存数之间发生差异，造成账实不符。主要原因有：

（1）在管理和核算方面，由于手续不全或制度不严而发生的计算或登记上的错误，如凭证或账簿中出现漏记、重记、错记或计算错误。

（2）在收财产物资时，由于计量或查验不准确，造成品种、数量或等级上的差错。

（3）由于管理不善或责任者过失造成的财产物资毁损、短缺等。

（4）由于保管中发生自然损耗或遭受自然灾害造成的财产物资损失。

（5）由于不法分子贪污盗窃、营私舞弊而发生的财产物资损失。

（6）在结算过程中，由于未达账项等原因造成的单位之间的账账不符。

为了保证会计账簿记录真实、可靠，在编制会计报表前，有必要对各项财产物资进行清查，以保证账实相符。财产清查的意义可以概括为：

（1）通过财产清查，确定各项财产的实存数，查明实查数与账存数之间的差异以及发生差异的原因和责任，以便及时调整账面记录，使账实相符，从而保证会计核算资料的真实可靠。

（2）通过财产清查，查明各项财产物资储备和利用情况，以便根据不同情况分别采取不同措施。对于储备不足的，应及时加以补充，确保生产经营的需要；对于超储、积压或呆滞的财产，应及时处理，防止盲目采购，提高资金的使用效率，加速资金周转。

（3）通过财产清查，还能够促进内部控制制度的落实，建立健全财产物资保管的岗位责任制，保证各项财产物资安全完整。

（4）通过财产清查，又可以促使经办人员自觉遵守财经纪律和结算制度，及时结清债权债务，以避免发生坏账损失。

二、财产清查的分类

财产清查的分类，主要有按照清查对象的范围分类和按照清查的时间分类两种。

1. 按照清查对象的范围分类

按照清查对象的范围大小，财产清查可分为全面清查和局部清查。

（1）全面清查。全面清查是指对属于本单位或存放在本单位的全部财产物资、货币资金和各项债权债务进行盘点和核对。全面清查的对象一般包括：

①货币资金，包括现金、银行存款等。

②财产物资，包括在本单位所有的固定资产、库存商品、材料物资、包装物、低值易耗品，属于本单位但尚在途中的各种在途商品、在途材料物质，存放在本单位的代销商品、材料物资等。

③债权债务，包括各项应收款项、应付和应交款项，以及银行借款等。

全面清查范围广、内容多、花费时间长。一般在以下四种情况下，才需进行全面清查。

①年终决算前，需进行一次全面清查，以明确经济责任。

②单位撤销、合并或改变隶属关系时，需进行全面清查，以明确经济责任。

③对外投资合作，需进行全面清查。

④开展清产核资，需进行全面清查，以摸清家底，准确地核定资金。

（2）局部清查。局部清查是指根据需要对一部分财产进行的清查。其清查对象主要是流动性较大的财产，如现金、库存商品、材料物资、包装物等。

局部清查范围小、涉及人员少，但专业性较强。局部清查的对象一般包括：

①现金，出纳人员应于每日业务终了时清点核对。

②银行存款，出纳人员应定期同银行核对。

③库存商品、材料物资、包装物等，年内应轮流盘点或重点抽查；对各种贵重物资，每月都要清查盘点。

④债权债务，应定期同对方核对。

2. 按照清查的时间分类

按照清查的时间不同，财产清查可分为定期清查和不定期清查。

（1）定期清查。定期清查是指按规定或预先计划安排的时间对财产进行清查。这种清查通常是在年末、季末、月末结账前进行，这样做的目的是，在编制会计报表前如果发现账实不符的情况，可据以调查有关账簿记录，使账实相符，从而保证会计报表资料的客观真实性。定期清查可以是全面清查，也可以是局部清查。一般年末进行全面清查，季末、月末进行局部清查。

（2）不定期清查。不定期清查是指根据需要进行的临时清查。一般在以下五种情况下进行不定期清查。

①更换财产和现金保管人员时，为了分清经济责任，要对其所保管的财产、现金进行清查。

②发生自然灾害和意外损失时，为了查明损失情况，要对其所保管的财产进行清查。

③有关财政、审计、银行等部门对本单位进行会计检查时，为了验证会计资料的可靠性，要按检查要求和范围进行清查。

④进行临时性清产核资时，要对某些要求清查的资产进行清查。

⑤单位撤销、合并或改变隶属关系时，应对本单位的各项财产物资、货币资金、债权债务进行清查。

不定期清查可以是局部清查，也可以是全面清查。

三、财产清查的一般工作步骤

(1) 建立财产清查组。

(2) 组织清查人员学习有关政策规定，掌握有关法律、法规和相关业务知识，以提高财产清查工作的质量。

(3) 确定清查对象、范围，明确清查任务。

(4) 制订清查方案，具体安排清查内容、时间、步骤、方法，以及进行必要的清查前准备。

(5) 清查时本着先清查数量、核对有关账簿记录，后认定质量的原则进行。

(6) 填制盘存清单。

(7) 根据盘存清单填制实物、往来账项清查结果报告表。

第二节　财产清查的方法

为了实施财产清查工作，应组成由会计部门牵头的清查小组，制定好清查计划，准备好计量器具和各项登记表格等。会计人员要做好账簿登记工作，做到账账相符、账证相符，财产物资保管部门要做好财产物资的入账工作，整理、摆放好各项财产物资，准备接受清查。不同的财产物资，其清查方法也会有所不同。

一、货币资金的清查方法

(一) 现金的清查

现金清查的主要方法是通过实地盘点的方法来确定库存现金的实存数，然后再与现金日记账的账面余额核对，确定账存与实存是否相符以及盈亏情况。

现金清查主要包括两种情况：一是由出纳人员每日清点库存现金实有数，并与现金日记账结余额相核对，这是出纳人员所做的日常性的现金清查工作。这种清查方法比较省时、省力，但只采用这种清查方法不够严密，容易出漏洞。因此，在实际工作中，除了由出纳人员对现金进行经常性清查以外，还应由清查小组对库存现金进行定期或不定期清查。清查时，出纳人员必须在场，现金由出纳人员盘点，清查人员从旁监督。同时，清查人员还应认真审核现金收付凭证和有关账簿，检查账务处理是否合理合法，账簿记录有无错误，以确定账存与实存是否相符等。

通过现金清查，既要检查账证是否客观、真实，是否符合各项有关规定，又要检查账实是否相符。现金清查结束后应填写"库存现金盘点报告表"（见表 8 - 1），并据以调整现金日记账的账面记录。

表 8 - 1   库存现金盘点报告表
                                            年   月   日

实存金额	账存金额	对比结果				备注
		溢余		短缺		

（二）银行存款的清查

银行存款清查是通过与开户银行转来的对账单进行核对，来查明银行存款的实有数额。银行存款日记账与开户银行转来的对账单不一致的原因可能有两种：一是双方或一方记账有错误，二是存在未达账项。

清查时，要将企业的银行存款日记账与银行定期送来的对账单进行逐笔核对，以查明账实是否相符。如果在核对中发现有属于企业方面的记账差错，经确定后应立即更正；有属于银行方面的记账差错，则应通知银行更正。即使双方均无记账错误，企业的银行存款日记账余额与银行对账单余额也往往不一致，这种不一致一般是由于未达账项造成的。未达账项是指企业与银行之间，由于凭证传递上的时间差，一方已登记入账，而另一方因尚未接到凭证而未登记入账的款项。具体地说，未达账项大致有以下四种情况：

（1）企业已收款入账、银行未收款入账，即企业送存银行的款项，企业已根据有关凭证登记银行存款增加，但银行尚未办妥手续而未入账。如企业已将销售产品收到的支票入账，而对账前银行尚未入账。

（2）企业已付款入账、银行未付款入账，即企业已开出支票或其他付款凭证，并据以登记存款减少，但银行尚未支付或办理转账手续而未入账。如企业开出支票购买货物，根据支票存根已经登记银行存款的减少，而银行尚未接到支票，未登记银行存款的减少。

（3）银行已收款入账、企业尚未收款入账，即企业委托银行收取的款项，银行已登记存款增加，但企业尚未收到通知而未入账。如银行收到其他单位采用托收承付方式购货所付的款项，并已相应登记入账，但此时企业因未收到银行通知而未入账。

（4）银行已付款入账、企业尚未付款入账，即企业委托银行的款项，银行已登记银行存款的减少，但企业尚未收到通知而未入账。如企业购货时，已委托银行代为付款，银行办妥相关手续后登记入账，但企业尚未收到银行通知而未入账的款项。

上述任何一种情况的发生都会造成企业的银行存款日记账的余额与银行对账单的余额不相符。其中在（1）、（4）两种情况下，会使企业账面的存款余额大于银行对账单的余额；而在（2）、（3）两种情况下，又会使企业账面余额小于银行对账单的余额。因此，在清查银行存款时，如出现未达账项，应通过编制银行存款余额调节表进行调整。调节表的编制方法一般是在企业与银行双方的账面余额的基础上，各自加上对方已收而本单位未收的款项，减去对方已付而本单位未付的款项。经过调节后，双方的余额应相互一致。下面举例说明银行存款余额调节表的格式和编制方法。

【例 8 - 1】 汉中公司 20×× 年 6 月 30 日银行存款日记账余额为 200 000 元，银行对账单余额为 210 000 元。经逐笔核对，双方记账均无差错，但发现有下列未达账项：

（1）企业已收账，而银行未入账的收款 50 000 元。

（2）企业已付账，而银行未入账的付款 20 000 元。

（3）银行已收账，而企业未入账的收款 70 000 元。

（4）银行已付账，而企业未入账的付款 30 000 元。

根据以上未达账项，编制银行存款余额调节表，如表 8-2 所示：

表 8-2　　　　　　　　　　　　　　**银行存款余额调节表**

20××年 6 月 30 日　　　　　　　　　　　　　　单位：元

企业银行存款日记账余额	200 000	银行对账单余额	210 000
加：银行已收、企业未收	70 000	加：企业已收、银行未收	50 000
减：银行已付，企业未付	30 000	减：企业已付、银行未付	20 000
调节后存款余额	240 000	调节后存款余额	240 000

银行存款余额调节表的编制方法，是双方在账面余额的基础上各自补记对方已记账、本单位未记账的金额（包括增加金额和减少金额），经过调节以后的双方账面余额应该相等，说明双方记账均无错误。根据双方账面余额和未达账项调节后的余额，是企业实际可使用的存款数额。

需要说明的是，银行存款在双方余额调节相符后，对未达账项一般暂不作账务处理，对银行已入账而企业未入账的各项经济业务，不能根据银行存款余额调节表来编制会计分录，作为记账依据，而必须在收到银行转来的有关原始凭证后方可入账。因此，银行存款余额调节表只是为核对银行存款余额而编制的一个工作底稿，不能作为实际记账的凭证。它只是用以及时查明本企业和银行双方账目记载有无差错的一种清查方法。对长期存在的未达账项，应查明原因，并及时处理。

二、实物的清查方法

由于实物的形态、体积、重量、码放方式等不同，采用的清查方法也不同。主要有两种：①实地盘点法，是指在财产物资存放现场逐一清点数量或用计量仪器确定其实存数的一种方法。此方法得到的数字准确可靠，但工作量较大。②技术推算法，是指利用技术方法推算财产物资实存数的方法。适用于煤炭、砂石等大宗物资的清查。此方法盘点数字不够准确，但工作量较小。对各项财产物资的盘点结果，应逐一填制盘存单，并与账面余额记录核对，确认盘盈盘亏数，填制实存账存对比表作为调整账面记录的原始凭证。盘存单及实存账存对比表的格式参见表 8-3、表 8-4：

表 8-3　　　　　　　　　　　　　　　　**盘存单**

单位名称　　　　　　　　　　　　　存放地点　　　　　　　　　　编号

财产类别　　　　　　　　　　　　　盘点时间

序号	名称	规格	计量单位	盘点数量	单价	金额	备注

盘点人签章　　　　　　　　　　　　　　　　　　　保管人签章

表 8 - 4 实存账存对比表

单位名称 20×× 年 × 月 × 日

序号	名称	规格	计量单位	单价	实存		账存		盘盈		盘亏		备注
					数量	金额	数量	金额	数量	金额	数量	金额	

盘点人签章 会计签章

根据清查的结果调整有关账面记录。盘盈时，批准处理前借记有关盘盈财产科目，贷记"待处理财产损溢"科目；批准处理后借记"待处理财产损溢"科目，贷记"管理费用"、"营业外收入"等科目。盘亏时，批准处理前借记"待处理财产损溢"科目，贷记有关盘亏财产科目；批准处理后借记"管理费用"、"营业外支出"等科目，贷记"待处理财产损溢"科目。

三、往来款项的清查方法

往来款项主要包括应收款、应付款、暂收款等款项。往来款项的清查一般采用发函询证的方法进行核对。具体步骤为：①将本单位的往来账款核对清楚，确认各总分类账的余额与它所属的明细分类账的余额之和是否相等；②在保证往来账户记录完全正确的基础上，编制"往来款项对账单"，寄往各有关单位。"往来款项对账单"的格式一般为一式两联，其中一联作为回单，对方单位核对后退回，盖章表示核对相符，如不相符由对方单位另外说明。其格式如表 8 - 5 所示：

×× 单位：

本公司与贵单位的业务往来款项有下列各项目，为了清兑账目，特函请查证是否相符，请在回执联中注明后盖章寄回。此致敬礼。

表 8 - 5 往来结算款项对账单

单位：	地址：		编号：
会计科目名称	截止日期	经济事项摘要	账面余额

收到上述回单后，应据此编制"往来款项清查表"（见表 8 - 6），注明核对相符与不相符的款项，对不相符的款项按有争议、未达账项、无法收回等情况归类合并，针对具体情况及时采取措施予以解决。

表 8-6 　　　　　　　　　　　　　往来款项清查表

总分类账户名称：　　　　　　　　　　　　　　　　　　　　　　　　　20××年×月×日

明细账		清查结果		核对不符原因分析			备注
名称	账面余额	核对相符金额	核对不符金额	未达账项金额	有争议款金额	其他金额	

第三节　财产清查结果的处理方法

一、财产清查结果处理的工作环节

对财产清查的结果应以国家的有关法规、制度为依据，严肃认真地处理。

1. 分析产生差异的原因和性质，提出处理建议

对于财产清查所发现的盘盈、盘亏，应及时查明原因，明确经济责任，并依据有关规定进行处理。对于一些合理的物资损耗等，只要在规定的损耗标准和范围内，会计人员可按照规定及时做出处理；对于超出规定职权范围的部分，会计人员无权自行处理，应及时报请单位负责人做出处理。一般来说，个人造成的损失，应由个人赔偿；因管理不善等原因造成的损失，应作为企业管理费用入账；因自然灾害造成的非常损失，列入企业的营业外支出。

2. 积极处理多余的积压财产，清理往来款项

对于财产清查中发现的多余、积压物资，应视不同情况分别处理。属于盲目采购或者盲目生产等原因造成的积压，一方面积极利用或者改造出售，另一方面要停止采购或生产。

3. 总结经验教训，建立健全各项管理制度

财产清查后，要针对存在的问题和不足，总结经验教训，采取必要的措施，建立健全财产管理制度，进一步提高财产管理水平。

4. 及时调整账簿记录，保证账实相符

对于财产清查中发现的盘盈或盘亏，应及时调整账面记录，以保证账实相符。要根据清查中取得的原始凭证编制记账凭证、登记有关账簿，使各种财产物资的账存数与实存数相一致，同时反映待处理财产损溢的发生。

二、财产清查结果处理

为了记录、反映财产的盘盈、盘亏和毁损情况，应设置"待处理财产损溢"科目。"待处理财产损溢"账户是资产类账户，用来核算企业在清查财产过程中查明的各种财产物资

的盘盈、盘亏和毁损。在该科目下应设置"待处理固定资产损溢"和"待处理流动资产损溢"两个明细科目，分别核算固定资产和流动资产的待处理损溢。"待处理财产损溢"账户的基本结构如下图所示：

借方 待处理财产损溢 贷方
待处理财产盘亏数 结转待处理财产盘盈数	待处理财产盘盈数 结转待处理财产盘亏数

（一）审批之前的处理

对于财产清查中发现的盘盈、盘亏，在报经有关领导审批之前，应基于客观性原则，根据"清查结果报告表"、"盘点报告表"等已经查实的数据资料，编制记账凭证，记入有关账簿，使账簿记录与实际盘存数相符，同时根据企业的管理权限，将处理建议报股东大会或董事会，或经理（厂长）会议等机构批准。

（二）审批之后的处理

经批准后根据差异发生的原因和批准处理意见，将处理结果编制会计分录，并据以登记有关账簿，进行差异处理、调整账项。

（1）财产盘盈的账务处理。企业盘盈的各种材料、库存商品、固定资产等，应借记"原材料"、"库存商品"、"固定资产"科目，贷记"待处理财产损溢"科目、"累计折旧"和"以前年度损益调整"科目。盘盈的财产，报经批准后处理时，对于流动资产的盘盈，借记"待处理财产损溢"科目，贷记"管理费用"等科目；而对于固定资产盘盈，则借记"待处理财产损溢"科目，贷记"应交税费——应交所得税"、"盈余公积"、"利润分配"科目。

（2）财产盘亏的账务处理。企业盘亏的各种材料、库存商品、固定资产等，应借记"待处理财产损溢"科目、"累计折旧"科目，贷记"原材料"、"库存商品"、"固定资产"科目。盘亏财产报经批准后处理时，对于流动资产的盘亏，应当先将其残料价值、可以收回的保险赔偿和过失人赔偿，借记"原材料"、"其他应收款"等科目；剩余净损失中属于非常损失部分，借记"营业外支出"科目，贷记"待处理财产损溢"科目；属于一般经营损失部分，借记"管理费用"科目，贷记"待处理财产损溢"科目。对于固定资产的盘亏，借记"营业外支出"科目，贷记"待处理财产损溢"科目。

三、财产清查结果账务处理实操

（一）货币资金清查结果的账务处理实操

【例8-2】 ××企业在财产清查中，盘点库存现金发现长款15元，无法查明原因，后经批准作为营业外收入处理。

①在批准处理前，根据"现金盘点报告表"所确定的长款金额，作如下会计分录：

借：库存现金　　　　　　　　　　　　　　　　　　　　　　15
　　贷：待处理财产损溢　　　　　　　　　　　　　　　　　　　　15

②经批准作为营业外收入处理后，作如下会计分录：

借：待处理财产损溢　　　　　　　　　　　　　　　　　　　15
　　贷：营业外收入　　　　　　　　　　　　　　　　　　　　　　15

【例 8 - 3】　××企业在财产清查中，盘点库存现金发现短款 25 元，无法查明原因，后经批准决定由出纳员个人赔偿，赔偿款尚未收到。

①在批准处理前，根据"现金盘点报告表"所确定的短款金额，作如下会计分录：

借：待处理财产损溢　　　　　　　　　　　　　　　　　　　25
　　贷：库存现金　　　　　　　　　　　　　　　　　　　　　　25

②在批准决定由出纳员个人赔偿后，作如下会计分录：

借：其他应收款　　　　　　　　　　　　　　　　　　　　　25
　　贷：待处理财产损溢　　　　　　　　　　　　　　　　　　　25

(二) 实物清查结果的账务处理实操

1. 存货清查结果的账务处理

造成存货账实不符的原因有很多，各单位根据不同情况作相应的账务处理。一般的处理方法是：自然损耗定额内的盘亏，应增加费用；责任事故造成的损失，应由过失人负责赔偿；由于自然灾害等非常事故造成的损失，在扣除保险公司赔款和残料价值后，经批准列为营业外支出。如果发生盘盈，一般冲减费用。

(1) 存货盘盈。

【例 8 - 4】　××企业在财产清查中，盘盈材料 550 元。

①在批准处理前，根据"实存账存对比表"所确定的材料盘盈数，作如下会计分录：

借：原材料　　　　　　　　　　　　　　　　　　　　　　　550
　　贷：待处理财产损溢　　　　　　　　　　　　　　　　　　　550

②上述材料盘盈，经查明原因，批准作冲减管理费用处理。根据批准处理意见，作如下会计分录：

借：待处理财产损溢　　　　　　　　　　　　　　　　　　　550
　　贷：管理费用　　　　　　　　　　　　　　　　　　　　　　550

(2) 存货盘亏、毁损。

【例 8 - 5】　××企业在财产清查中，盘亏材料 1 600 元。

①在批准前，根据"实存账存对比表"所确定的材料盘亏数，作如下会计分录：

借：待处理财产损溢　　　　　　　　　　　　　　　　　　1 600
　　贷：原材料　　　　　　　　　　　　　　　　　　　　　　1 600

②上述盘亏材料经批准作如下处理：盘亏中有 200 元为定额内自然损耗，列为管理费用处理；有 400 元为保管不善所致，责成有关责任人赔偿；有 1 000 元属于自然灾害造成的非常损失，列为营业外支出处理。

根据批准的处理意见，作如下会计分录：

借：管理费用　　　　　　　　　　　　　　　　　　　　　　200
　　其他应收款　　　　　　　　　　　　　　　　　　　　　400

营业外支出	1 000
贷：待处理财产损溢	1 600

2. 固定资产清查结果的账务处理

（1）固定资产盘盈。固定资产盘盈，一般都是单位自制设备交付使用后未及时入账所造成的。经批准作为前年度损溢调整。

【例8-6】 ××企业在财产清查中，发现账外机器一台，重置价值为50 000元，按其新旧程度估计已磨损价值20 000元，净值30 000元。

①借：固定资产	50 000
贷：累计折旧	20 000
以前年度损益调整	30 000

经批准后，作如下会计分录：

②借：以前年度损益调整	7 050
贷：应交税费——应交所得税	4 500
盈余公积	2 550
③借：以前年度损益调整	22 950
贷：利润分配	22 950

（2）固定资产盘亏。固定资产出现盘亏的原因有很多，单位应根据不同情况作不同的处理。一般处理方法是：自然灾害等非常事故造成的固定资产盘亏，在扣除保险公司赔款和残值收入后，经批列为营业外支出处理；责任事故造成的固定资产盘亏，应由责任人酌情赔偿损失。

【例8-7】 ××企业在财产清查中，盘亏机器一台，其账面价值为30 000元，已提折旧18 000元。

①在报经批准前，根据"实存账存对比表"所确定的固定资产盘亏数，作如下会计分录：

借：待处理财产损溢	12 000
累计折旧	18 000
贷：固定资产	30 000

②上述盘亏固定资产经批准作营业外支出处理。根据批准处理意见，作如下会计分录：

借：营业外支出	12 000
贷：待处理财产损溢	12 000

（三）债权债务清查结果的账务处理实操

在财产清查中，对长期挂账的往来款项，应及时进行清理。其中，对于经确认确实无法收回的应收款项，按管理权限报经批准后作为坏账，转销应收账款，借记"坏账准备"账户，贷记"应收账款"、"其他应收款"等账户；对于确实无法支付的应付款项，报经批准后作营业外收入处理。

【例8-8】 ××公司在财产清查中，查明应收长期挂账的某单位货款5 100元，因该单位已撤销，确实无法收回。经批准作为坏账处理。其会计分录为：

借：坏账准备	5 100
贷：应收账款	5 100

复习思考题

1. 何为财产清查？财产清查有什么意义？

2. 如何清查库存现金？可能会出现什么问题？

3. 如何清查银行存款？可能会出现什么问题？如何解决？

4. 实物清查的方法有哪些？

5. 什么是未达账项？未达账项有哪几种？如何编制银行存款余额调节表？

6. 财产清查的一般程序有哪些？

7. 财产清查结果怎样处理？

练习题一

（一）目的

练习银行存款对账方法。

（二）资料

××企业 20××年 7 月 31 日银行存款的账目余额为 535 000 元，开户银行送来对账单，其银行存款余额为 508 000 元。经查对，发现有以下几笔未达账项：

1. 30 日，委托银行收款 50 000 元，银行已收入企业银行存款户，收款账单尚未送达企业。

2. 30 日，企业开出现金支票一张，计 8 000 元，企业已减少银行存款，银行尚未记账。

3. 31 日，银行为企业支付电费 1 000 元，银行已入账，减少企业存款，企业尚未记账。

4. 31 日，企业收到外单位转账支票一张，计 84 000 元，企业已记收账，银行尚未记账。

（三）要求

编制银行存款余额调节表。

练习题二

（一）目的

练习银行存款对账方法。

（二）资料

某厂 20××年 8 月 25—30 日银行存款账面记录如下：

1. 25 日，开出#1 246 支票，支付购入材料运费 300 元。

2. 25 日，开出#1 248 支票，支付购入材料价款 39 360 元（包括增值税，下同）。

3. 27 日，存入销货款转账支票 40 000 元。

4. 28 日，开出#1 249 支票，支付委托外单位加工费 16 800 元。

5. 30 日，存入销货款转账支票 28 000 元。

6. 30 日，开出#1 252 支票，支付机器修理费 376 元。

7. 30 日，银行存款账面余额 43 594 元。

银行对账单记录如下：

1. 27 日，开出#1 248 支票付出 39 360 元。

2. 28 日，转账收入 40 000 元。

3. 28 日，代交电费 3 120 元。

4. 28 日，开出#1 246 支票付出 300 元。

5. 29 日，存款利息收入 488 元。

6. 29 日，代收浙江货款 11 820 元。

7. 30 日，开出#1 249 支票付出 16 800 元。

8. 30 日，结存余额 25 158 元。

（三）要求

根据上述材料查出未达账项，编制银行存款余额调节表，确立企业月末实际可用的银行存款余额。

练习题三

（一）目的

练习财产清查结果的会计处理。

（二）资料

××厂年终进行财产清查，在清查中发现下列事项：

1. 盘亏水泵一部，原价 5 200 元，账面已提折旧 1 400 元。

2. 发现账外机器一台，估计重置价 10 000 元，现值 6 000 元。

3. 甲材料账面余额 455 千克，价值 19 110 元。盘点实际存量为 450 千克，经查明，其中，3 千克为定额损耗，2 千克为日常收发计量差错。

4. 乙材料账面余额 166 千克，价值 5 312 元，盘点实际存量为 161 千克，缺少数是因保管人员失职造成的损失。

5. 丙材料盘盈 25 千克，每千克 30 元，经查明，其中 20 千克为代兄弟厂加工剩余材料，该厂未及时提回，其余属于日常收发计量差错。

（以上甲、乙、丙材料购入时的进项税税率为 17%）

6. 经检查，其他应收账目有××运输公司欠款 250 元，属于委托该公司运输材料时，由于装卸工疏忽造成的损失。已确定由该公司赔偿，但该运输公司已撤销，无法收回。

以上各项盘盈、盘亏和损失，经查原因属实，报请领导审核批准，作如下处理：

（1）盘亏水泵是因自然灾害招致毁损，作为非常损失处理。

（2）账外机器尚可使用，交车间投入生产，作为营业外收入处理。

（3）材料定额内损耗及材料收发计量错误，均列入管理费用处理。

（4）保管人员失职造成材料短缺损失，责成过失人赔偿。

（5）无法收回的应收款项，作为坏账损失处理。

（三）要求

1. 将上列清查结果编制成审批前的会计分录。

2. 根据报请批准处理的结果编制会计分录。

3. 登记"待处理财产损溢"总账。

练习题四

（一）目的

练习固定资产处置的核算。

（二）资料

1. 出售一项固定资产，取得销货款 20 万元存入银行。

2. 该项固定资产原价 30 万元，已提折旧 20 万元。

3. 用银行存款支付清理费 1 万元。

4. 对该项固定资产销售按 5% 计提营业税。

5. 结转该项固定资产处置后出现的净收益。

（三）要求

编制会计分录。

第九章 财务会计报告

第一节 财务会计报告概述

一、财务报表的意义

企业对经济业务的日常核算，是通过对账簿的连续、系统地登记和计算进行的。这些账簿记录可以提供丰富的会计信息，对于反映经济活动和实行会计监督有一定的积极作用。但是会计账簿反映的经济活动是具体、分散的，不能总括地反映经济活动的状况，会计部门的账簿资料也不便为其他职能部门使用，更不便为企业外部的有关部门和有关人员使用。为了概括地反映企业的经济活动，需要根据资料定期编制财务报表。

财务报表是对企业财务状况、经营成果和现金流量的系统性、综合性表述。财务报表是企业财务会计报告的重要内容。财务会计报告包括财务报表及其附注和其他应当在财务会计报告中披露的相关信息和资料。企业财务报表至少应当包括资产负债表、利润表、所有者权益（或股东权益）变动表、现金流量表和报表附注（称四表一注）。小企业编制的财务报表可以不包括现金流量表。企业编制财务报表的意义主要表现在：

1. 反映财务情况

财务报表提供的信息很丰富，通过这些信息可以全面、系统、集中地反映企业的财务情况。例如，通过资产负债表可以了解一定时点上企业资产配制、债务结构和权益类别等情况；通过利润表可以了解一定时期内现金收入和现金支出情况；通过所有者权益变动表可以了解企业在一定时间内所有者权益的增减变动情况。

2. 加强会计监督

根据企业财务报表提供的会计信息，可以对企业的经营活动、理财活动、获利能力等多方面进行监督，以求满足各方面财务报表使用者的需要。

企业管理者可以通过财务报表提供的会计信息，总结经营管理的经验，检查各项经济指标，是否达到了预期的目标；找出经营中存在的问题并及时采取相应措施加以解决，以便进一步加强管理。

企业的投资者通过对财务报表提供的会计信息，可以监督其投资的使用情况，了解企业的经营成果和获利能力，分析企业的财务状况和投资程度，保护其在企业应享有权益的完整性，保证其获利的增加。

企业的债权人通过财务报表提供的信息，可以监督企业的周转资金与运营情况，分析企业的偿债能力和到期支付信息的保证程度，保护债权人在企业的利益不受侵犯。

财政部门根据企业财务报表提供的信息，可以加强对企业的财务监督，检查企业是否遵守各项财政、财务制度，有无违纪行为；税务部门根据企业的财务报表提供的信息，可以监督企业是否按税法规定及时、足额地交纳税款，有无偷税漏税的现象，有无拖欠税款的现象；审计机构根据企业财务报表所提供的信息，可以查明各项会计处理是否符合会计准则和会计制度的要求，是否公正地表达了特定期间企业的财务状况和经营成果，以及企业是否贯彻执行了有关方针、政策、法规、合同等，以实施有效的审计监督；企业的主管部门通过财务报表提供的信息，可以监督企业的经营活动是否正常进行，报表中的资料是否与实际情况相符，有无弄虚作假的现象，等等。

3. 进行经济决策

报表提供的信息为各方面的报表使用者进行经济决策提供了方便，主要表现在：①财务报表为投资者、潜在投资者选择正确的投资方向提供了信息。投资者可以根据企业的财务状况和未来的发展趋势进行投资决策，促进资源在全社会范围内的合理组合与配置。②财务报表提供的信息，为债权人合理地贷放资金提供了正确导向。债权人可以根据企业信用条件的优劣，合理调整贷款投向，保证资金的收回。③政府的政策、税收和综合计划部门，可以根据报表信息进行宏观的综合分析和决策，以保障国民经济的正常发展。④财务报表提供的信息，还能为与企业有业务往来的单位，如供货商、销货客户提供有关商品交易的信息，为这些供货商制定未来的经济规划提供决策依据。⑤财务报表提供的信息，可以使证券管理部门掌握企业发行股票和债券等的情况，以便据此加以管理。⑥财务报表提供的信息，还是本企业管理人员规划企业未来的经营方向和制定预算的重要依据。企业管理人员可根据财务报表反映的内容，总结以往的工作，评价企业的经营决策和财务状况，分析存在的问题，并根据已有的经验和未来的客观条件，正确地预计未来要达到的经营目标，确定出较为准确的各项指标数字。

二、财务报表的基本内容

编制财务报表的主要目的是向各有关方反映企业的财务状况和经营成果。为了全面反映企业的情况，财务报表的主要内容由表头、表身和表外说明三部分组成。

表头的内容包括报表名称、报表编制单位名称、编制时间（或会计期间）、报表编号和计量单位五部分。其中有的项目比较稳定，可事先印制在报表上，如报表名称、编号、计量单位等，未印制的项目需在报表编制时填写。表身是报表最重要的部分，它由一系列互相联系的经济指标组成。表外说明是对表身未反映的事项进行补充或对表身未能详细反映的内容作必要的解释。

三、财务报表的种类

不同性质的会计主体，由于会计核算的具体内容和经济管理的要求不同，其需要编制的财务报表的种类也不尽相同。对企业而言，可按照以下标准将财务报表划分成不同的类别：

1. 按经济内容分类

按所反映的经济内容不同，财务报表可分为静态报表和动态报表。静态报表是指综合反映企业某一特定时点资金、负债和所有者权益情况的报表，如资产负债表；动态报表是指综合反映企业一定时期内的经营情况、现金流量情况以及所有者权益变动情况的报表，如利润表、现金流量表和所有者权益变动表。

2. 按报表时间分类

按报表时间的不同,财务报表可分为中报和年报。中报,即中期报表,是在年度中间的某一时期对外提供的财务报表。中期报表涵盖的时间短于一个会计年度,包括月报、季报和半年报。年报,即年度报表,是在年末编制的、按年度反映企业年末财务状况和年度内经营成果、现金流量的财务报表。一般而言,月报要求简明扼要,及时反映;年报要求揭示完整,全面反映;而季报和半年报在会计信息的详细程度方面,则介于这两者之间。

3. 按编制主体分类

按编制主体的不同,财务报表可分为个别财务报表和合并财务报表,这种划分在企业对外单位进行投资的情况下,基于特殊财务关系而形成的。个别财务报表是指投资企业或接受投资企业编制的,只反映投资企业或接受投资企业本身的财务状况、经营成果和现金流动情况的财务报表;合并财务报表是指投资企业在对个别投资占被投资企业的资本总额一半以上(或者实质上拥有被投资企业控制权)的情况下,根据本企业和被投资企业的个别财务报表编制的,反映投资企业与被投资企业整体的财务状况、经营成果和现金流动情况的财务报表。

4. 按服务对象分类

按服务对象的不同,财务报表可分为内部报表和外部报表。内部报表是指为适应企业内部经营管理需要而编制的不对外公布的财务报表,它一般不需要统一的格式,也没有统一的指标体系;外部报表则是指企业向外提供的财务报表,主要供投资者、债权人、政府部门和社会公众等有关方面使用,它通常有统一的格式和规定的指标体系。根据《企业会计准则第30号——财务报表列报》(以下简称《财务报表列报准则》)的规定,企业对外报送的财务报表包括资产负债表、利润表、现金流量表和所有者权益变动表。

根据《财务报表列报准则》的规定,各期间财务会计报告编制的时间要求和基本内容是:

(1)月度财务会计报告。在每月终了时编制,应于月份终了后6日内报出,至少应当包括资产负债和利润表。会计制度规定需要编制会计报表附注的,从其规定。

(2)季度财务会计报告。在每季度终了时编制,应于季度终了后的15日内报出,包括的内容与月度财务会计报告基本相同。

(3)半年度财务会计报告。在每半年度终了时编制,应于年度中期结束后60天内报出,一般包括基本会计报表、利润分配表等附表以及财务情况说明书。

(4)年度财务会计报告。在每年度终了时编制,应于年度终了后4个月内对外提供,包括财务会计报告的全部内容。

另外,我国《小企业会计制度》规定,小企业的年度财务会计报告包括资产负债表、利润表和会计报表附注,小企业可以根据需要选择是否编制现金流量表。

我国《财务会计报告条例》规定,年度结账日为公历年度每年的12月31日;半年度、季度、月度结账日分别为公历年度每半年、每季、每月的最后一天。

四、财务会计报告的编制要求

为了使财务会计报告能够最大限度地满足各有关方面的需要,实现编制财务会计报告的基本目的，充分发挥财务会计报告的作用，企业在编制财务会计报告时，应当根据真实的交易、事项以及完整、准确的账簿记录等资料，严格遵循国家会计制度规定的编制基础、编制依据、编制原则和编制方法。其编制的财务会计报告应当真实可靠、相关可比、全面完整、编报及时、便于理解，符合国家有关会计制度和会计准则的规定。其基本要求如下：

（1）真实可靠，是对会计报表真实性的要求。会计报表各项目的数据必须建立在真实可靠的基础之上，使企业会计报表能够如实地反映企业的财务状况、经营成果和现金流量情况。因此，会计报表必须根据审核无误的账簿及相关资料编制，不得以任何方式弄虚作假。如果会计报表所提供的资料不真实或者可靠性很差，则不仅不能发挥会计报表的应有作用，而且还会由于信息错误而导致会计报表使用者对企业的财务状况、经营成果和现金流量情况作出错误的评价与判断，致使报表使用者作出错误的决策。企业会计准则规定，会计核算应当以实际发生的交易或事项为依据，如实反映企业的财务状况、经营成果和现金流量。

（2）相关可比，这是对会计报表有用性的要求。企业会计报表所提供的财务会计信息必须与报表使用者的决策需要相关，能满足报表使用者的需要，并且会计报表各项目的数据应当口径一致、相互可比，便于报表使用者在不同企业之间及同一企业前后各期之间进行比较。只有提供相关且可比的信息，才能使报表使用者分析企业在整个社会特别是同行业中的地位，了解、判断企业过去、现在的情况，预测企业未来的发展趋势，进而为报表使用者的决策服务。

（3）全面完整，这是对会计报表完整性的要求。企业会计报表应当全面地披露企业的财务状况、经营成果和现金流动情况，完整地反映企业财务活动的全过程和结果，以满足各有关方面对财务会计信息资料的需要。为了保证会计报表的全面完整，企业在编制会计报表时，应当按照企业会计准则规定的格式和内容填报。特别是对某些重要事项，应当按照要求在会计报表附注中进行说明，不得漏编漏报。

（4）编报及时，这是对会计报表时效性的要求。企业会计报表所提供的信息资料，具有很强的时效性。只有及时编制和报送会计报表，才能为使用者提供决策所需的信息资料。否则，即使会计报表的编制十分真实可靠、全面完整且具有可比性，但由于编报不及时，也可能失去其应有的价值，成为相关性较低甚至不相关的信息。随着市场经济和信息技术的迅速发展，会计报表的及时性要求将变得日益重要。

（5）便于理解，这是对会计报表易读性的要求。可理解性是指会计报表提供的信息可以为使用者所理解。企业对外提供的会计报表是为广大会计报表使用者提供企业过去、现在和未来的有关资料，为企业目前或潜在的投资者和债权人提供决策所需的会计信息，因此，编制的会计报表应当清晰明了，便于理解和利用。如果提供的会计报表模糊难懂、不可理解，使用者就不能据以作出准确的判断，所提供的会计报表的作用也会大大减少；当然，会计报表的这一要求是建立在会计报表使用者具有一定的会计报表阅读能力的基础上的。

我国《企业财务会计报告条例》规定，企业对外提供的财务会计报告应当依次编定页数、加具封面、装订成册、加盖公章。封面上应当注明企业名称、企业统一代码、组织形式、地址、报表所属年度或者月份、报出日期，并由企业负责人和主管会计工作的负责人、会计机构负责人（会计主管人员）签名并盖章；设置总会计师的企业，还应当由总会计师签名并盖章。

五、编制财务会计报告前的准备

（一）全面财产清查

为了满足编制财务会计报告的要求，在编制财务会计报告前，应当按照下列规定，全面清查资产、核实债务：

（1）结算款项，包括应收款项、应付款项、应交税费等是否存在，与债务、债权单位的相应债务、债权金额是否一致。

（2）原材料、在产品、自制半成品、库存商品等各项存货的实存数量与账面数量是否一致，是否有报废损失和积压物资等。

（3）各项投资是否存在，投资收益是否按照国家统一的会计制度规定进行确认和计量。

（4）房屋建筑物、机器设备、运输工具等各项固定资产的实存数量与账面数量是否一致。

（5）在建工程的实际发生额与账面记录是否一致。

（6）需要清查、核实的其他内容。

企业通过前款规定的清查、核实，查明财产物资的实存数量与账面数量是否一致、各项结算款项的拖欠情况及其原因、材料物资的实际储备情况、各项投资是否达到预期目的、固定资产的使用情况及其完好程度等。企业清查、核实后，应当将清查、核实的结果及其处理办法向企业的董事会或相应机构报告，并根据国家统一的会计制度的规定进行相应的会计处理。企业还应当在年度中间根据具体情况，对各项财产物资和结算款项进行重点抽查、轮流清查或定期清查。

（二）检查会计事项的处理结果

企业在编制财务会计报告前，除应当全面清查资产、核实债务外，还应当完成下列工作：

（1）核对各会计账簿记录与会计凭证的内容、金额等是否一致，记账方向是否相符。

（2）依照规定的结账日进行结账，结出有关会计账簿的余额和发生额，并核对各会计账簿之间的余额。

（3）检查相关的会计核算是否按照国家统一的会计制度进行。

（4）对于国家统一的会计制度没有规定统一核算方法的交易、事项，检查其是否按照会计核算的一般原则进行确认和计量，以及相关账务处理是否合理。

（5）检查是否存在因会计差错、会计政策变更等原因需要调整前期或者本期相关项目。

企业在编制年度和半年度财务会计报告时，对经查实后的资产、负债有变动的，应当按照资产、负债的确认和计量标准进行确认和计量，并按照国家统一的会计制度的规定进行相应的会计处理。

第二节　资产负债表

一、资产负债表概述

(一) 资产负债表的定义

资产负债表是指反映企业某一特定时点（如月末、季末、年末等）财务状况的会计报表。它是根据"资产＝负债＋所有者权益"这一会计等式，依照一定的分类标准和顺序，将企业在一定时点的全部资产、负债和所有者权益项目进行适当分类、汇总、排列后编制而成的。资产负债表是企业基本会计报表之一，是所有独立核算的企业单位都必须对外报送的会计报表。

资产负债表的内容主要反映以下三个方面：

(1) 资产。资产负债表中的资产反映由过去交易事项形成并由企业在某一特定时点所拥有或控制的、预期会给企业带来经济利益的资源。资产一般按照流动资产、非流动资产分类并进一步分项列示。流动资产是指可以在一年或者超过一年的一个营业周期内变现或耗用的资产。流动资产项目通常包括货币资金、交易性金融资产、应收票据、应收账款、应收利息、应收股利、其他应收款、预付账款、存货、一年内到期的非流动资产等。非流动资产项目通常包括可供出售金融资产、持有至到期投资、长期应收款、长期股权投资、投资性房地产、固定资产、在建工程、工程物资、固定资产清理、生产性生物资产、无形资产、开发支出、商誉、长期待摊费用、递延所得税资产及其他非流动资产等。

(2) 负债。资产负债表中的负债反映企业在某一特定时点所承担的、预期会导致经济利益流出企业的现时义务。负债一般分为流动负债和长期负债。流动负债是指将在一年（含一年）或者超过一年的一个营业周期内偿还的债务。流动负债项目包括短期借款、交易性金融负债、应付票据、应付账款、预收账款、应付职工薪酬、应交税费、应付利息、应付股利、其他应付款、一年内到期的非流动负债以及其他流动负债等。长期负债是指偿还期在一年或者超过一年的一个营业周期以上的负债。长期负债项目包括长期借款、应付债券、长期应付款、专项应付款、预计负债、递延所得税负债和其他非流动负债等。

(3) 所有者权益。在股份有限公司所有者权益也称为股东权益。资产负债表中的所有者权益反映企业在某一特定时点股东（投资者）拥有的净资产的总额，它一般按照实收资本（或股本）、资本公积、盈余公积和未分配利润分项列示。

(二) 资产负债表的重要性

资产负债表可以反映企业资产、负债和所有者权益的全貌。通过编制资产负债表，可以反映企业资产的构成及其状况，分析企业在某一时点所拥有的经济资源及其分布情况；可以反映企业在某一时点的负债总额及其结构，分析企业目前与未来需要支付的债务数额；可以反映企业所有者权益的情况，了解企业现有的投资者在企业资产总额中所占的份额。通过对资产负债表项目金额及其相关比率进行分析，可以帮助报表使用者全面了解企业的资产状况、盈利能力，分析企业的债务偿还能力，从而为未来的经济决策提供信息。例如，通过资产负债表可以计算流动比率、速动比率，以了解企业的短期偿债能力。又如，通过资产负债表可以计算资产负债率，以了解企业偿付到期长期债务的能力。

二、资产负债表的格式

资产负债表由表头、表身和表尾等部分组成。表头部分应列明报表名称、编表单位名称、编制日期和金额、计量单位；表身部分反映资产、负债和所有者权益的内容；表尾部分为补充说明的内容。其中，表身部分是资产负债表的主体和核心。

资产负债表的格式主要有账户式和报告式两种。我国企业的资产负债表多采用账户式结构。账户式资产负债表分左右两方，左方为资产项目，按资产的流动性大小排列：流动性大的资产，如"货币资金"、"交易性金融资产"、"应收票据"等排在前面，流动性小的资产，如"可供出售金融资产"、"持有至到期投资"、"固定资产"、"无形资产"等则排在后面；右方为负债及所有者权益项目，一般按求偿权先后顺序排列："短期借款"、"交易性金融负债"、"应付票据"、"应付职工薪酬"等需要在一年以内或长于一年的一个营业周期内偿还的流动负债排在前面，"长期借款"、"应付债券"等在一年以上或长于一年的一个营业周期以上才需偿还的长期负债排在中间，在企业清算之前不需要偿还的所有者权益项目排在后面。账户式资产负债表中的资产各项目的合计等于负债和所有者权益各项目的合计，即资产负债表左方和右方平衡。因此，通过账户式资产负债表可以反映资产、负债、所有者权益之间的内在关系，即"资产 = 负债 + 所有者权益"。

账户式资产负债表的基本格式如表9-1所示：

表9-1　　　　　　　　　　　　　　　资产负债表

会企02表

编制单位：　　　　　　　　　　年　　月　　日　　　　　　　　　　单位：元

资产	行次	期末余额	年初余额	负债和所有者权益（或股东权益）	行次	期末余额	年初余额
流动资产：				流动负债：			
货币资金				短期借款			
交易性金融资产				交易性金融负债			
应收票据				应付票据			
应收账款				应付账款			
预付账款				预收账款			
应收股利				应付职工薪酬			
应收利息				应交税费			
其他应收款				应付利息			
存货				应付股利			
其中：消耗性生物资产				其他应付款			
一年内到期的非流动资产				一年内到期的非流动负债			
其他流动资产				其他流动负债			
流动资产合计				流动负债合计			
非流动资产：				非流动负债：			

（续上表）

资产	行次	期末余额	年初余额	负债和所有者权益（或股东权益）	行次	期末余额	年初余额
可供出售金融资产				长期借款			
持有至到期投资				应付债券			
长期应收款				长期应付款			
长期股权投资				专项应付款			
投资性房地产				递延所得税负债			
固定资产				预计负债			
在建工程				其他非流动负债			
工程物资				非流动负债合计			
固定资产清理				负债合计			
生产性生物资产				所有者权益（或股东权益）：			
油气资产				实收资本（或股本）			
无形资产				资本公积			
开发支出				盈余公积			
商誉				未分配利润			
长期待摊费用				减：库存股			
递延所得税资产				所有者权益合计			
其他非流动资产							
非流动资产合计							
资产总计				权益总计			

注：以人民币以外的货币作为记账本位币的企业，可以在"所有者权益（或股东权益）合计"项目前增设"外币报表折算差额"项目。

三、资产负债表的编制方法

（一）资产负债表的资料来源

通常资产负债表的各项目均需填列"年初数"和"期末数"两栏。其中，资产负债表的"年初数"栏内各项数字，应根据上年末资产负债表的"期末数"栏内所列数字填列。如果本年度资产负债表规定的各项目名称和内容与上年不一致，则应对上年末资产负债表各项目的名称和数字按照本年度的规定进行调整，填入本表"年初数"栏内。资产负债表的"期末数"栏则根据会计报表编报时间，可为月末、季末或年末的数字。"期末数"主要是通过对本会计期间的会计核算记录的数据加以归集、整理而成，其资料来源有以下五个方面：

（1）根据总账科目余额填列。资产负债表中的有些项目，可直接根据有关总账科目的期末余额填列，如"应收票据"项目，可根据"应收票据"总账科目的期末余额直接填列；"短期借款"项目，可根据"短期借款"总账科目的期末余额直接填列等；有些项目，则需根据几个总账科目的期末余额计算填列，如"货币资金"项目，需根据"库存现金"、"银行存款"、"其他货币资金"三个总账科目的期末余额的合计数填列。

（2）根据明细账科目余额计算填列。资产负债表中的有些项目，不能根据总账科目的期末余额或几个总账科目的期末余额计算填列，而需要根据有关科目所属的相关明细账科目的期末余额来计算填列。如"应付账款"项目，需要根据"应付账款"和"预付账款"两个科目分别所属的相关明细科目的期末贷方余额计算填列；"应收账款"项目，需要根据"应收账款"和"预收账款"两个科目分别所属的相关明细科目的期末借方余额计算填列。

（3）根据总账科目和明细科目余额分析计算填列。资产负债表的许多项目，不能根据有关总账科目的期末余额直接或计算填列，也不能根据有关科目所属相关明细科目的期末余额计算填列，而需要依据总账科目和明细科目两者的余额分析计算填列。如"长期借款"项目，需要根据"长期借款"总账科目余额扣除"长期借款"科目所属的明细科目中将在一年内到期的长期借款部分分析计算填列。

（4）根据科目余额减去其备抵项目后的净额填列。如"应收账款"、"长期股权投资"项目，应根据"应收账款"、"长期股权投资"等科目的期末余额，减去"坏账准备"、"长期股权投资减值准备"等科目的期末余额后，以净额填列。"固定资产"项目，应根据"固定资产"科目的期末余额减去"累计折旧"、"固定资产减值准备"科目期末余额后的净额填列。又如，"无形资产"项目，根据"无形资产"科目的期末余额，减去"累计摊销"、"无形资产减值准备"科目余额后的净额填列。我国企业会计准则规定，需要计提的资产减值准备包括坏账准备、存货跌价准备、长期股权投资减值准备、固定资产减值准备、无形资产减值准备、在建工程减值准备、投资性房地产减值准备、商誉减值准备、生产性生物资产减值准备等。

（5）综合运用上述方法分析填列。如"存货"项目、"在途物资"、"发出商品"、"材料成本差异"等总账科目期末余额的分析汇总数，再减去"存货跌价准备"科目余额后的净额填列。

（二）资产负债表各项目的填列方法

根据企业会计准则及解释，资产负债表中主要项目的填列方法如下：

1. 资产项目的填列方法

（1）"货币资金"项目，反映企业库存现金、银行结算户存款、外埠存款、银行汇票存款、银行本票存款、信用卡存款、信用证保证金存款等的合计数。本项目应根据"库存现金"、"银行存款"、"其他货币资金"科目期末余额的合计数填列。

（2）"交易性金融资产"项目，反映企业持有的以公允价值计量且其变动计入当期损益的为交易目的所持有的债券投资、股票投资、基金投资、权证投资等金融资产。本项目应当根据"交易性金融资产"科目的期末余额填列。

（3）"应收票据"项目，反映企业因销售商品、提供劳务等而收到的商业汇票，包括银行承兑汇票和商业承兑汇票。本项目应根据"应收票据"科目的期末余额，减去"坏账准备"科目中有关应收票据计提的坏账准备期末余额后的金额填列。

（4）"应收账款"项目，反映企业因销售商品、提供劳务等经营活动应收取的款项。本项目应根据"应收账款"和"预收账款"科目所属各明细科目的期末借方余额合计减去"坏账准备"科目中有关应收账款计提的坏账准备期末余额后的金额填列。如"应收账款"科目所属明细科目期末有贷方余额的，应在本表"预收款项"项目内填列。

（5）"预付款项"项目，反映企业按照购货合同规定预付给供应单位的款项等。本项目应根据"预付账款"和"应付账款"科目所属各明细科目的期末借方余额合计数，减去

"坏账准备"科目中有关预付款项计提的坏账准备期末余额后的金额填列。如"预付账款"科目所属各明细科目期末有贷方余额的，应在资产负债表"应付账款"项目内填列。

（6）"应收利息"项目，反映企业应收取的债券投资等的利息。本项目应根据"应收利息"科目的期末余额，减去"坏账准备"科目中有关应收利息计提的坏账准备期末余额后的金额填列。

（7）"应收股利"项目，反映企业应收取的现金股利和应收取其他单位分配的利润。本项目应根据"应收股利"科目的期末余额，减去"坏账准备"科目中有关应收股利计提的坏账准备期末余额后的金额填列。

（8）"其他应收款"项目，反映企业除应收票据、应收账款、预付账款、应收股利、应收利息等经营活动以外的其他各种应收、暂付的款项。本项目应根据"其他应收款"科目的期末余额，减去"坏账准备"科目中有关其他应收款计提的坏账准备期末余额后的金额填列。

（9）"存货"项目，反映企业期末在库、在途和在加工中的各种存货的可变现净值。本项目应根据"材料采购"、"原材料"、"库存商品"、"周转材料"、"委托加工物资"、"委托代销商品"、"生产成本"等科目的期末余额合计，减去"受托代销商品款"、"存货跌价准备"科目期末余额后的金额填列。材料采用计划成本核算以及库存商品采用计划成本核算或售价核算的企业，还应按加或减材料成本差异、商品进销差价后的金额填列。

（10）"一年内到期的非流动资产"项目，反映企业将于一年内到期的非流动资产项目金额。本项目应根据有关科目的期末余额填列。

（11）"长期股权投资"项目，反映企业持有的、对子公司、联营企业和合营企业的长期股权投资。本项目应根据"长期股权投资"科目的期末余额，减去"长期股权投资减值准备"科目的期末余额后的金额填列。

（12）"固定资产"项目，反映企业各种固定资产原价减去累计折旧和固定资产减值准备后的净额。本项目应根据"固定资产"科目的期末余额，减去"累计折旧"和"固定资产减值准备"科目期末余额后的金额填列。

（13）"在建工程"项目，反映企业期末各项未完工程的实际支出，包括交付安装的设备价值、未完建筑安装工程已经耗用的材料、工资和费用支出、预付出包工程的价款等可收回金额。本项目应根据"在建工程"科目的期末余额，减去"在建工程减值准备"科目期末余额后的金额填列。

（14）"工程物资"项目，反映企业尚未使用的各项工程物资的实际成本。本项目应根据"工程物资"科目的期末余额填列。

（15）"固定资产清理"项目，反映企业因出售、毁损、报废等原因转入清理但尚未清理完毕的固定资产的净值，以及固定资产清理过程中所发生的清理费用和变价收入等各项金额的差额。本项目应根据"固定资产清理"科目的期末借方余额填列，如"固定资产清理"科目期末为贷方余额，以"－"号填列。

（16）"无形资产"项目，反映企业持有的无形资产，包括专利权、非专利技术、商标权、著作权、土地使用权等。本项目应根据"无形资产"的期末余额，减去"累计摊销"和"无形资产减值准备"科目期末余额后的金额填列。

（17）"开发支出"项目，反映企业在开发无形资产的过程中能够资本化形成无形资产成本的支出部分。本项目应当根据"研发支出"科目中所属的"资本化支出"明细科目期末余额填列。

（18）"长期待摊费用"项目，反映企业已经发生但应由本期和以后各期负担的分摊期限在 1 年以上的各项费用。长期待摊费用中在 1 年内（含 1 年）摊销的部分，在资产负债表"1 年内到期的非流动资产"项目内填列。本项目应根据"长期待摊费用"科目的期末余额减去将于 1 年内（含 1 年）摊销的数额后的金额填列。

（19）"其他非流动资产"项目，反映企业除长期股权投资、固定资产、在建工程、工程物资、无形资产等以外的其他非流动资产。本项目应根据有关科目的期末余额填列。

2. 负债项目的填列方法

（1）"短期借款"项目，反映企业向银行或其他金融机构等借入的期限在 1 年以下（含 1 年）的各种借款。本项目应根据"短期借款"科目的期末余额填列。

（2）"应付票据"项目，反映企业为购买材料、商品和接受劳务供应等而开出、承兑的商业汇票，包括银行承兑汇票和商业承兑汇票。本项目应根据"应付票据"科目的期末余额填列。

（3）"应付账款"项目，反映企业因购买材料、商品和接受劳务供应等经营活动而支付的款项。本项目应根据"应付账款"和"预付账款"科目所属各明细科目的期末贷方余额合计数填列。如"应付账款"科目所属明细科目期末有借方余额的，应在资产负债表"预付款项"项目内填列。

（4）"预收款项"项目，反映企业按照购货合同规定预付给供应单位的款项。本项目应根据"预收账款"和"应收账款"科目所属各明细科目的期末贷方余额合计数填列。如"预收账款"科目所属各明细科目期末有借方余额，应在资产负债表"应收账款"项目内填列。

（5）"应付职工薪酬"项目，反映企业根据有关规定应付给职工的工资、福利、社会保险费、住房公积金、工会经费、职工教育经费、非货币性福利、辞退福利等各种薪酬。外商投资企业按规定从净利润中提取的职工奖励及福利基金，也在本项目列示。

（6）"应交税费"项目，反映企业按照税法规定计算应交纳的各种税费，包括增值税、消费税、营业税、所得税、资源税、土地增值税、城乡维护建设税、房产税、土地使用税、车船使用税、教育费附加、矿产资源补偿费等。企业代扣、代交的个人所得税，也通过本项目列示。企业所交纳的税金不需要预计应交数的，如印花税、耕地占用税等，不在本项目列示。本项目应根据"应交税费"科目的期末贷方余额填列。如"应交税费"科目期末为借方余额，应以"－"号填列。

（7）"应付利息"项目，反映企业按照规定应当支付的利息，包括分期付息到期还本的长期借款应支付的利息、企业发行的企业债券应支付的利息等。本项目应当根据"应付利息"科目的期末余额填列。

（8）"应付股利"项目，反映企业分配的现金股利或利润。企业分配的股票股利，不通过本项目列示。本项目应根据"应付股利"科目的期末余额填列。

（9）"其他应付款"项目，反映企业除应付票据、应付账款、预收款项、应付职工薪酬、应付股利、应付利息、应交税费等经营活动以外的其他各项应付、暂收的款项。本项目应根据"其他应付款"科目的期末余额填列。

（10）"1 年内到期的非流动负债"项目，反映企业非流动负债中将于资产负债表日后 1 年内到期部分的金额，如将于 1 年内偿还的长期借款。本项目应根据有关科目的期末余额填列。

（11）"长期借款"项目，反映企业向银行或其他金融机构借入的期限在 1 年以上（不含 1 年）的各项借款。本项目应根据"长期借款"科目的期末余额填列。

（12）"应付债券"项目，反映企业为筹集长期资金而发行的债券本金和利息。本项目应根据"应付债券"科目的期末余额填列。

（13）"其他非流动负债"项目，反映企业除长期借款、应付债券等项目以外的其他非流动负债。本项目应根据有关科目的期末余额填列。其他非流动负债项目应根据有关科目期末余额减去将于 1 年内（含 1 年）到期偿还数后的余额填列。非流动负债各项目中将于 1 年内（含 1 年）到期的非流动负债，应在"1 年内到期的非流动负债"项目内单独反映。

3. 所有者权益项目的填列方法

（1）"实收资本（或股本）"项目，反映企业各投资者实际投入的资本（或股本）总额。本项目应根据"实收资本"（或"股本"）科目的期末余额填列。

（2）"资本公积"项目，反映企业资本公积的期末余额。本项目应根据"资本公积"科目的期末余额填列。

（3）"盈余公积"项目，反映企业盈余公积的期末余额。本项目应根据"盈余公积"科目的期末余额填列。

（4）"未分配利润"项目，反映企业尚未分配的利润。本项目应根据"本年利润"科目和"利润分配"科目的余额计算填列。未弥补的亏损在本项目内以" – "号填列。

四、资产负债表的编制举例

【例 9 – 1】　达安公司 20 × × 年 9 月末部分账户的余额资料如表 9 – 2 所示：

表 9 - 2 　　　　　　　　　　　　　　　　　　　　　　　　　　　　　　　　　　　　单位：元

账户名称	借或贷	总账金额	明细账金额	账户名称	借或贷	总账金额	明细账金额
现金	借	10 000		应付账款	贷	100 000	
银行存款	借	90 000		——A 公司	贷		113 000
其他货币资金	借	50 000		——B 公司	借		13 000
应收账款	借	76 000		预收账款	贷	50 000	
——甲公司	借		78 000	——C 公司	贷		53 000
——乙公司	贷		2 000	——D 公司	借		3 000
预付账款	借	40 000		短期借款	贷	70 000	
——丙公司	借		45 000	长期借款	贷	130 000	
——丁公司	贷		5 000	累计折旧	贷	100 000	
原材料	借	50 000		实收资本	贷	600 000	
生产成本	借	100 000		本年利润	贷	200 000	
库存商品	借	200 000					
在途物资	借	50 000					
固定资产	借	484 000					
利润分配	借	100 000					
		1 250 000				1 250 000	

要求：

计算资产负债表中有关项目的金额，并完成资产负债表的编制。

（1）计算资产负债表中有关项目。

应收账款项目 = 76 000 + 2 000 + 3 000 = 81 000

预付账款项目 = 40 000 + 5 000 + 13 000 = 58 000

预收账款项目 = 50 000 + 3 000 + 2 000 = 55 000

应付账款项目 = 100 000 + 13 000 + 5 000 = 118 000

固定资产项目 = 484 000 − 100 000 = 384 000

存货项目 = 100 000 + 50 000 + 200 000 + 50 000 = 400 000

未分配利润项目 = 200 000 − 100 000 = 100 000

货币资金项目 = 90 000 + 10 000 + 50 000 = 150 000

（2）编制资产负债表（见表9−3）：

表9−3　　　　　　　　　　　　　　资产负债表

编制单位：达安公司　　　　　　　　20××年9月30日　　　　　　　　单位：元

资产	行次	期末余额	年初余额	负债和所有者权益（或股东权益）	行次	期末余额	年初余额
流动资产：				流动负债：			
货币资金		150 000		短期借款		70 000	
交易性金融资产				交易性金融负债			
应收票据				应付票据			
应收账款		81 000		应付账款		118 000	
预付账款		58 000		预收账款		55 000	
应收股利				应付职工薪酬			
应收利息				应交税费			
其他应收款				应付利息			
存货		400 000		应付股利			
其中：消耗性生物资产				其他应付款			
一年内到期的非流动资产				一年内到期的非流动负债			
其他流动资产				其他流动负债			
流动资产合计		689 000		流动负债合计		243 000	
非流动资产：				非流动负债：			
可供出售金融资产				长期借款		130 000	
持有至到期投资				应付债券			
长期应收款				长期应付款			
长期股权投资				专项应付款			
投资性房地产				递延所得税负债			
固定资产		384 000		预计负债			
在建工程				其他非流动负债			
工程物资				非流动负债合计		130 000	
固定资产清理				负债合计		373 000	
生产性生物资产				所有者权益（或股东权益）：			

（续上表）

资产	行次	期末余额	年初余额	负债和所有者权益（或股东权益）	行次	期末余额	年初余额
油气资产				实收资本（或股本）		600 000	
无形资产				资本公积			
开发支出				盈余公积			
商誉				未分配利润		100 000	
长期待摊费用				减：库存股			
递延所得税资产				所有者权益合计		700 000	
其他非流动资产							
非流动资产合计		384 000					
资产总计		1 073 000		权益总计		1 073 000	

第三节　利润表

一、利润表概述

（一）利润表的定义

利润表又称损益表，是反映企业在一定会计期间经营成果的报表。利润表是根据会计核算的配比原则，把一定时期内的收入和相对应的成本费用对比，从而计算出企业一定时期内的各项利润指标。

（二）利润表的意义

通过利润表可以从总体上了解企业收入、成本和费用及净利润（或亏损）的实现及构成情况。同时，通过利润表提供的不同时期的比较数字（本月数、本年累计数、上年数），可以分析企业的获利能力及利润的未来发展趋势，了解投资者投入资本的保值增值情况。由于利润既是企业经营业绩的综合体现，又是企业进行利润分配的主要依据，因此，利润表是会计报表中的一份基本报表。

二、利润表的格式

利润表由表头、表身和表尾三部分组成。表头部分应列明报表名称、编表单位名称、编制期间和金额计量单位；表身部分反映利润的构成内容；表尾部分为补充说明。其中，表身部分为利润表的主体和核心。

利润表的格式主要有多步式和单步式两种。按照我国企业会计准则的规定，我国企业的利润表采用多步式。企业可以分三个步骤编制利润表：第一步，以营业收入为基础，减去营业成本、营业税金及附加、销售费用、管理费用、财务费用、资产减值损失，加上公允价值变动收益（减去公允价值变动损失）和投资收益（减去投资损失），计算出营业利润；第二步，以营业利润为基础，加上营业外收入、减去营业外支出，计算出利润总额；第三步，以利润总额为基础，减去所得税费用，计算出净利润（或净亏损）。可以用公式表示如下：

$$营业利润 = 营业收入 - 营业成本 - 营业税费 - 销售费用 - 管理费用 - 财务费用 - 资产减值损失 + 公允价值变动收益 + 投资收益$$

$$利润总额 = 营业利润 + 营业外收入 - 营业外支出$$

$$净利润 = 利润总额 - 所得税费用$$

因此，多步式利润表反映了构成营业利润、利润总额、净利润的各项要素的情况，有助于使用者从不同利润类别中了解企业经营成果的不同来源。

利润表的基本格式如表 9 - 4 所示：

表 9 - 4 利润表

会企 02 表

编制单位：＿＿＿＿＿＿年度 单位：元

项目	行次	本年金额	上年金额
一、营业收入			
减：营业成本			
营业税金及附加			
销售费用			
管理费用			
财务费用（收益以"－"号填列）			
资产减值损失			
加：公允价值变动净收益（净损失以"－"号填列）			
投资净收益（净损失以"－"号填列）			
二、营业利润（亏损以"－"号填列）			
加：营业外收入			
减：营业外支出			
其中：非流动资产处置净损失（净收益以"－"号填列）			
三、利润总额（亏损总额以"－"号填列）			
减：所得税费用			
四、净利润（净亏损以"－"号填列）			
五、每股收益：			
（一）基本每股收益			
（二）稀释每股收益			

注：在发生同一控制下吸收合并的当期利润表中，应在"净利润"项目下增设"被合并方在合并前实现的净利润"项目。

三、利润表的编制方法

（一）利润表各项目的填列方法

利润表中各项目的数据来源主要是根据各损益类科目的发生额分析填列。

1. "上年金额"栏的列报方法

利润表"上年金额"栏内各项数字应根据上年度利润表"本年金额"栏内所列数字填列。如果上年度利润表中规定的各个项目的名称和内容同本年度不相一致，应对上年度利润表中各项目的名称和数字按本年度的规定进行调整，填入利润表"上年金额"栏内。

2. "本年金额"栏的列报方法

利润表"本年金额"栏内各项数字一般应根据损益类科目中的发生额分析填列。具体包括：

（1）"营业收入"项目反映企业经营主要业务和其他业务所确认的收入总额。本项目应根据"主营业务收入"和"其他业务收入"科目的发生额分析填列。

（2）"营业成本"项目反映企业经营主要业务和其他业务所发生的成本总额。本项目应根据"主营业务成本"和"其他业务成本"科目的发生额分析填列。

（3）"营业税金及附加"项目反映企业经营业务应负担的消费税、营业税、城乡建设维护税、资源税、土地增值税和教育费附加等。本项目应根据"营业税金及附加"科目中的发生额分析填列。

（4）"销售费用"项目反映企业在销售商品过程中发生的包装费、广告费等费用和为销售本企业商品而专设的销售机构的职工薪酬、业务费等经营费用。本项目应根据"销售费用"科目的发生额分析填列。

（5）"管理费用"项目反映企业为组织和管理生产经营发生的管理费用。本项目应根据"管理费用"的发生额分析填列。

（6）"财务费用"项目反映企业为筹集生产经营所需资金等而发生的筹资费用。本项目应根据"财务费用"科目的发生额分析填列。

（7）"资产减值损失"项目反映企业各项资产发生的减值损失。本项目应根据"资产减值损失"科目的发生额分析填列。

（8）"公允价值变动收益"项目反映企业应当计入当期损益的资产或负债公允价值变动收益。本项目应根据"公允价值变动损益"科目的发生额分析填列，如为净损失，本项目以"－"号填列。

（9）"投资收益"项目反映企业以各种方式对外投资所取得的收益。本项目应根据"投资收益"科目的发生额分析填列。如为投资损失，本项目以"－"号填列。

（10）"营业利润"项目反映企业实现的营业利润。如为亏损，本项目以"－"号填列。

（11）"营业外收入"项目反映企业发生的与经营业务无直接关系的各项收入。本项目应根据"营业外收入"科目的发生额分析填列。

（12）"营业外支出"项目反映企业发生的与经营业务无直接关系的各项支出。本项目应根据"营业外支出"科目的发生额分析填列。

（13）"利润总额"项目反映企业实现的利润。如为亏损，本项目以"－"号填列。

（14）"所得税费用"项目反映企业应从当期利润总额中扣除的所得税费用。本项目应根据"所得税费用"科目的发生额分析填列。

（15）"净利润"项目反映企业实现的净利润。如为亏损，本项目以"－"号填列。

（16）"基本每股收益"和"稀释每股收益"项目反映普通股股东每持有一股所能享有的企业利润或需承担的企业亏损。不存在稀释性潜在普通股的企业应当单独列示基本每股收益；存在稀释性潜在普通股的企业应当单独列示基本每股收益和稀释每股收益。

（二）月份利润表"本年累计数"栏各项目的填列方法

利润表"本年累计数"栏反映各项目自年初起到本月末止的累计实际发生数。根据上月利润表的"本年累计数"栏的数字，加上本月利润表的"本月数"栏的数字，可以得出各项目的本月利润表的"本年累计数"，然后填入相应的项目内。

（三）年度利润表有关栏目的填列方法

在编制年度利润表时，应将"本月数"栏改为"上年数"栏，填列上年全年累计实际发生数，从而与"本年累计数"栏各项目进行比较。如果上年度利润表与本年度利润表的项目名称和内容不一致，应对上年度报表项目的名称和数字按本年度的规定进行调整，填入利润表的"上年数"栏内。

12月份利润表的"本年累计数"就是年度利润表的"本年累计数"，可以直接转抄。由于年终结账时，全年的收入和支出已全部转入"本年利润"科目，并且通过收支对比结出本年净利润的数额。因此，应将年报中的"净利润"数字与"本年利润"科目结转到"利润分配——未分配利润"科目的数字相核对，检查报表编制和账簿记录的正确性。

【例9-2】　光大工厂20××年12月31日损益类账户本年末转账前累计发生额资料如表9-5所示：

表9-5

账户	借方发生额	贷方发生额	账户	借方发生额	贷方发生额
主营业务收入	268 000	7 827 000	财务费用	185 600	72 000
主营业务成本	4 760 000		投资收益		60 000
营业税金及附加	604 720		营业外收入		205 000
其他业务收入	126 400	384 700	营业外支出	781 750	
其他业务支出	156 000		所得税费用		28 000
销售费用	565 000				
管理费用	246 000				

要求：根据以上资料编制光大工厂20××年度利润表。

光大工厂20××年度利润表如下（见表9-6）：

表9-6　　　　　　　　　　　　利润表

会企02表

编制单位：光大工厂　　　　　　　　20××年度　　　　　　　　单位：元

项目	行次	本年金额	上年金额
一、营业收入	1	7 817 300	
减：营业成本	2	4 916 000	
营业税金及附加	3	604 720	
销售费用	4	565 000	
管理费用	5	246 000	

（续上表）

项目	行次	本年金额	上年金额
财务费用（收益以"－"号填列）	6	113 600	
资产减值损失	7		
加：公允价值变动净收益（净损失以"－"号填列）	8		
投资净收益（净损失以"－"号填列）	9		
二、营业利润（亏损以"－"号填列）	10	1 371 980	
加：营业外收入	11	205 000	
减：营业外支出	12	781 750	
其中：非流动资产处置净损失（净收益以"－"号填列）	13		
三、利润总额（亏损总额以"－"号填列）	14	795 230	
减：所得税费用	15	28 000	
四、净利润（净亏损以"－"号填列）	16	767 230	
五、每股收益：	17		
（一）基本每股收益	18		
（二）稀释每股收益	19		

第四节　现金流量表

现金流量表往往能反映企业经营的真实情况，而现金的流转情况在很大程度上影响着企业的生存和发展，因此，现金流量表愈来愈受到关注，在企业的中期财务报告中，要求至少报送资产负债表、利润表和现金流量表。

现金流量表是指反映企业在一定会计期间内现金和现金等价物流入和流出的报表。从编制原则上看，现金流量表按照收付实现制原则编制，将权责发生制下的盈利信息调整为收付实现制下的现金流量信息，便于信息使用者了解企业净利润的质量。从内容上看，现金流量表被分为经营活动、投资活动和筹资活动三个部分，每类活动又分为各种具体项目，这些项目从不同角度反映企业业务活动的现金流入与流出，弥补了资产负债表和利润表提供信息的不足。报表使用者通过现金流量表能够了解现金流量的影响因素，评价企业的支付能力、偿债能力和资金周转能力，预测企业未来现金流量，为其决策提供有力依据。现金流量表的基本格式如表9－7所示：

表9－7　　　　　　　　　　　　　　　　现金流量表　　　　　　　　　　　　　　　会企03表

编制单位：　　　　　　　　　　　　　　　　年度　　　　　　　　　　　　　　　　　　单位：元

项目	行次	本年金额	上年金额
一、经营活动产生的现金流量：			
销售商品、提供劳务收到的现金			
收到的税费返还			
收到其他与经营活动有关的现金			
经营活动现金流入小计			
购买商品、接受劳务支付的现金			

（续上表）

项目	行次	本年金额	上年金额
支付给职工以及为职工支付的现金			
支付的各项税费			
支付其他与经营活动有关的现金			
经营活动现金流出小计			
经营活动产生的现金流量净额			
二、投资活动产生的现金流量：			
收回投资收到的现金			
取得投资收益收到的现金			
处置固定资产、无形资产和其他长期资产收回的现金			
处置子公司及其他营业单位收到的现金净额			
收到其他与投资活动有关的现金			
投资活动现金流入小计			
构建固定资产、无形资产和其他长期资产支付的现金			
投资支付的现金			
取得子公司及其他营业单位支付的现金净额			
支付其他与投资活动有关的现金			
投资活动现金流出小计			
投资活动产生的现金流量净额			
三、筹资活动产生的现金流量：			
吸收投资收到的现金			
取得借款收到的现金			
收到其他与筹资活动有关的现金			
筹资活动现金流入小计			
偿还债务支付的现金			
分配股利、利润或偿付利息支付的现金			
支付其他与筹资活动有关的现金			
筹资活动现金流出小计			
筹资活动产生的现金流量净额			
四、汇率变动对现金的影响			
五、现金及现金等价物净增加额			
加：期初现金及现金等价物余额			
六、期末现金及现金等价物余额			

第五节　所有者权益变动表

根据《企业会计准则第30号——财务报表列报》的规定，财务报表至少应当包括资产负债表、利润表、现金流量表、所有者（股东）权益变动表以及附注。也就是说，在新会计准则体系中，随着对所有者权益关注的提高以及报表附注格式地位的提高，以前一直以资产负债表附表形式出现的所有者权益变动表成为必须与资产负债表、利润表和现金流量表并列披露的第四种财务报表。财务报表由延续多年的三大报表变成四大报表。

　　所有者权益变动表是反映构成所有者权益的各组成部分当期的增减变动情况的报表。其不仅包括所有者权益总量的增减变动，还包括所有者权益增减变动的重要结构性信息，特别是要反映直接计入所有者权益的利得和损失，让报表使用者准确理解所有者权益增减变动的根源。所有者权益变动表的基本格式如表 9 - 8 所示：

表 9 - 8　　　　　　　　　　　　　所有者权益（股东权益）变动表

会企 04 表

编制单位：　　　　　　　　　　　　　　年度　　　　　　　　　　　　　单位：元

项目	行次	本年所有者权益						上年所有者权益					
		实收资本（或股本）	资本公积	盈余公积	未分配利润	减：库存股	所有者权益合计	实收资本（或股本）	资本公积	盈余公积	未分配利润	减：库存股	所有者权益合计
一、上年末余额													
1. 会计政策变更													
2. 前期差错更正													
二、本年初余额													
三、本年增减变动金额（减少以"－"表示）													
（一）本年净利润													
（二）直接计入所有者权益的利得和损失													
1. 可供出售金融资产公允价值变动净额													
2. 现金流量套期工具公允价值变动净额													
3. 与计入所有者权益项目相关的所得税影响													
4. 其他													
上述（一）和（二）小计													

（续上表）

项目	行次	本年所有者权益						上年所有者权益					
		实收资本（或股本）	资本公积	盈余公积	未分配利润	减：库存股	所有者权益合计	实收资本（或股本）	资本公积	盈余公积	未分配利润	减：库存股	所有者权益合计
（三）所有者投入资本													
1. 所有者本年投入资本													
2. 本年购回库存股													
3. 股份支付计入所有者权益的金额													
（四）本年利润分配													
1. 提取盈余公积													
2. 对所有者（或股东）的分配													
（五）所有者权益内部结转													
1. 资本公积转增资本													
2. 盈余公积转增资本													
3. 盈余公积弥补亏损													
四、本年末余额													

第六节 会计报表附注

一、会计报表附注的概念

由于会计报表格式和填写要求的限制，会计报表所能提供的信息也有一定的限制，因此，需要通过会计报表附注对会计报表的部分项目作更详细的补充说明。为便于会计报表的使用者理解会计报表的内容，需要对会计报表的编制基础、编制依据、编制原则和方法及主要项目等作出解释。会计报表附注是企业财务会计报告中不可缺少的重要组成部分，是对资产负债表、利润表、现金流量表和所有者权益变动表等报表中列示项目的文字描述或详细资料，以及未能在这些报表中列示项目的说明等。

　　财务报表中的数字是经过分类与汇总后得出的结果，是对企业发生的经济业务的高度简化和浓缩的数字，如果没有形成这些数字所使用的会计政策和理解这些数字所必需的披露，财务报表就不可能发挥作用。因此，附注相对于报表而言同样具有重要性。

二、会计报表附注应披露的内容

　　会计报表附注披露的信息应是定量与定性信息的结合，并且按照一定的结构进行系统合理的排列和分类，有顺序地披露信息。企业应当按照具体会计准则要求在附注中至少披露下列内容，但非重要项目除外。

　　（一）企业的基本情况
　　（1）企业注册地、组织形式和总部地址。
　　（2）企业的业务性质和主要经营活动。
　　（3）母公司以及集团最终母公司的名称。
　　（4）财务报告的批准报出者和财务报告批准报出日。

　　（二）财务报表的编制基础
　　（1）会计计量所运用的计量基础。
　　（2）企业的可持续经营性。

　　（三）遵循企业会计准则的声明
　　企业应当明确说明编制的财务报表符合企业会计准则体系的要求，真实、公允地反映了企业的财务状况、经营成果和现金流量。

　　（四）重要会计政策和会计估计
　　企业应当披露重要的会计政策和会计估计，不具有重要性的会计政策和会计估计可以不披露。判断会计政策和会计估计是否重要，应当考虑与会计政策或会计估计相关项目的性质和金额。企业在披露会计政策和会计估计时，应当披露会计政策的确定依据，以及会计估计中所采用的关键假设和不确定因素的确定依据。

　　（五）会计政策和会计估计变更以及差错更正的说明
　　（1）会计变更的性质、内容和原因。
　　（2）当期和各个列报前期财务报表中受影响的项目名称和调整金额。
　　（3）会计政策变更无法进行追溯调整的事实和原因，以及开始应用变更后的会计政策的时点、具体应用情况。
　　（4）会计估计变更的内容和原因。
　　（5）会计估计变更对当期和未来期间的影响金额。

（6）会计估计变更的影响数不能确定的事实和原因。

（7）前期差错的性质。

（8）各个列报前期财务报表中受影响的项目名称和更正金额，前期差错对当期财务报表也有影响的，还应披露当期财务报表中受影响的项目名称和金额。

（9）前期差错无法进行追溯重述的事实和原因，以及对前期差错开始进行更正的时点、具体更正情况。

（六）重要报表项目的说明

企业应当尽可能以列表形式披露重要报表项目的构成或当期增减变动情况。对重要报表项目的明细说明，应当按照资产负债表、利润表、现金流量表、所有者权益变动表的顺序以及报表项目列示的顺序进行披露，并以文字和数字描述相结合的方式进行披露，与报表项目相互参照。

资产减值准备明细表、现金流量表补充资料应在附注中单独披露，不作为报表附表。

（七）其他需要说明的重大事项

这主要包括或有和承诺事项、资产负债表日后非调整事项、关联方关系及其交易等。

复习思考题

1. 简述财务会计报告的概念。
2. 简述企业年度财务会计报告的构成。
3. 简述财务会计报告的编制要求。
4. 简述我国企业资产负债表的结构特征。
5. 简述我国企业利润表的格式及编制步骤。

练习题一

（一）目的

练习资产负债表的编制。

（二）资料

××企业20××年12月31日有关账户余额如表9-9所示：

表9-9

账户名称	借方余额	贷方余额
库存现金	850	
银行存款	220 760	
应收账款	46 490	
其他应收款	800	
原材料	135 000	

（续上表）

账户名称	借方余额	贷方余额
库存商品	145 200	
生产成本	29 050	
固定资产	2 433 000	
短期借款		512 500
应付账款		89 120
其他应付款		11 100
应交税费		7 500
应付职工薪酬		14 320
实收资本		1 300 000
盈余公积		302 610
本年利润		234 520
利润分配	434 520	
累计折旧		974 000
合计	3 445 670	3 445 670

（三）要求

根据以上资料编制该企业 20××年度资产负债表（见表 9 - 10）。

表 9 - 10　　　　　　　　　　　　　　资产负债表

会企 02 表

编制单位：　　　　　　　　　年　　月　　日　　　　　　　　单位：元

资产	行次	期末余额	年初余额	负债和所有者权益（或股东权益）	行次	期末余额	年初余额
流动资产				流动负债			
货币资金				短期借款			
交易性金融资产				交易性金融负债			
应收票据				应付票据			
应收账款				应付账款			
预付账款				预收账款			
应收股利				应付职工薪酬			
应收利息				应交税费			
其他应收款				应付利息			
存货				应付股利			
其中：消耗性生物资产				其他应付款			
一年内到期的非流动资产				一年内到期的非流动负债			
其他流动资产				其他流动负债			
流动资产合计				流动负债合计			
非流动资产				非流动负债			
可供出售金融资产				长期借款			
持有至到期投资				应付债券			
长期应收款				长期应付款			

（续上表）

资产	行次	期末余额	年初余额	负债和所有者权益（或股东权益）	行次	期末余额	年初余额
长期股权投资				专项应付款			
投资性房地产				递延所得税负债			
固定资产				预计负债			
在建工程				其他非流动负债			
工程物资				非流动负债合计			
固定资产清理				负债合计			
生产性生物资产				所有者权益（或股东权益）			
油气资产				实收资本（或股本）			
无形资产				资本公积			
开发支出				盈余公积			
商誉				未分配利润			
长期待摊费用				减：库存股			
递延所得税资产				所有者权益合计			
其他非流动资产							
非流动资产合计							
资产总计				权益总计			

练习题二

（一）目的

练习资产负债表的编制。

（二）资料

黄光工厂有关总账户及明细账账户余额如下（单位：元）：

资料 A：总账账户余额

现金 500　银行存款 30 740　应收账款 26 760　材料 56 000　产成品 60 000　待摊费用 12 000　生产成本 14 000　固定资产 650 000　利润分配 50 000　应付账款 64 300　本年利润 70 000　累计折旧 150 000

资料 B：部分账户明细账户余额如下：

应收账款：甲单位借方余额 35 810　　　　乙单位贷方余额 9 050

应付账款：A 单位借方余额 8 264　　　　 B 单位贷方余额 72 564

预提费用：修理费有借方余额 3 000　　　 房租支出有贷方余额 3 000

（三）要求

根据资料 A 和 B 计算资产负债表中的下列项目：

①货币资金 ＝

②存货 ＝

③应收账款 ＝

④应付账款 ＝

⑤固定资产净值 ＝

⑥未分配利润 =

⑦待摊费用 =

⑧预提费用 =

练习题三

（一）目的

练习利润表的编制。

（二）资料

××工厂20××年损益类账户本年末转账前累计发生额资料如表9－11所示：

表9－11

账户	借方发生额	贷方发生额	账户	借方发生额	贷方发生额
主营业务收入	268 000	9 827 000	财务费用	185 600	72 000
主营业务成本	6 760 000		投资收益		60 000
营业税金及附加	604 720		营业外收入		205 000
其他业务收入	226 400	484 700	营业外支出	781 750	
其他业务支出	156 000		所得税费用		38 000
销售费用	565 000				
管理费用	246 000				

（三）要求

根据以上资料编制该工厂20××年度利润表（见表9－12），上年数据略。

表9－12　　　　　　　　　　　　　　利润表

编制单位：　　　　　　　　　　_____年_____月　　　　　　　　　　单位：元

项目	本期金额	上期金额
一、营业收入		
减：营业成本		
营业税金及附加		
销售费用		
管理费用		
财务费用		
资产减值损失		
加：公允价值变动收益（损失以"－"号填列）		
投资收益（损失以"－"号填列）		
其中：对联营企业和合营企业的投资收益		

（续上表）

项目	本期金额	上期金额
二、营业利润（亏损以"－"号填列）		
加：营业外收入		
减：营业外支出		
其中：非流动资产处置损失		
三、利润总额（亏损总额以"－"号填列）		
减：所得税费用		
四、净利润（净亏损以"－"号填列）		
五、每股收益：		
（一）基本每股收益		
（二）稀释每股收益		

第十章　会计档案

第一节　会计档案概述

一、会计档案的定义

会计档案是指会计凭证、会计账簿和财务报告等用于会计核算的其他专业材料，它是记录和反映单位经济业务的重要历史证据。

为了加强会计档案管理，统一会计档案管理制度，根据《中华人民共和国会计法》和《中华人民共和国档案法》的规定，财政部、国家档案局联合发布了《会计档案管理办法》，并于1999年1月1日起正式实施。

各单位（包括国家机关、社会团体、企业、事业单位、按规定应当建账的个体工商户和其他组织）必须加强对会计档案管理工作的领导，建立会计档案的立卷、归档、保管、查阅和销毁等管理制度，保证会计档案妥善保管、有序存放、方便查阅，严防毁损、散失和泄密。各级人民政府的财政部门和档案行政管理部门共同负责会计档案工作的指导、监督和检查。

二、会计档案的内容

会计档案的具体内容包括以下四个方面：

（1）会计凭证类：原始凭证、记账凭证、汇总凭证、其他会计凭证。

（2）会计账簿类：总账、明细账、日记账、固定资产卡片、辅助账簿、其他会计账簿。

（3）财务会计报告类：月度、季度、年度财务报告，包括会计报表、附表、附注及文字说明、其他财务报告。

（4）其他会计资料类：银行存款余额调节表、银行对账单、其他应当保存的会计核算专业资料、会计档案移交清册、会计档案保管清册、会计档案销毁清册。

第二节　会计档案的归档

根据《会计档案管理办法》的规定，各单位每年形成的会计档案都应由会计机构按照归档的要求整理立卷、装订成册、编制会计档案保管清册。

当年形成的会计档案在会计年度终了时，可暂由本单位财务会计部门保管一年。期满之后，原则上应由财务会计部门编造清册移交本单位的档案部门保管；未设立档案部门的，应当在财务会计部门内部指定专人保管。

移交本单位档案机构保管的会计档案原则上应当保持原卷册的封装，个别需要拆封重新整理的，档案机构应当会同会计机构和经办人共同拆封整理，以分清责任。

各单位对会计档案应当科学管理，做到妥善保管、存放有序、查找方便。同时，严格执行安全和保密制度，不得随意堆放，严防毁损、散失和泄密。

第三节 会计档案的保管期限

按会计档案的重要程度不同，保管期限也有所不同。根据《会计档案管理办法》的规定，各种会计档案的保管期限，根据其特点，可分为永久、定期两类。永久档案即长期保管，不可以销毁的档案；定期档案根据保管期限分为 3 年、5 年、10 年、15 年、25 年五种。会计档案的保管期限，从会计年度终了后的第一天算起。

《会计档案管理办法》规定了我国企业和其他组织、预算单位等会计档案的保管期限，该办法规定的会计档案保管期限为最低保管期限，具体可以分为以下六种：

（1）需要永久保存的会计档案。其中包括会计档案保管清册、会计档案销毁清册以及年度财务报告、财政总预算、行政单位和事业单位决算、税收年报（决算）。

（2）保管期限为 25 年的会计档案。其中包括现金和银行存款日记账、税收日记账（总账）和税收票证分类出纳账。

（3）保管期限为 15 年的会计档案。其中包括会计凭证类，即总账、明细账、日记账和辅助账簿（不包括现金和银行存款）；会计移交清册；行政单位和事业单位的各种会计凭证；各种完税凭证和缴、退库凭证；财政总预算拨款凭证及其他会计凭证；农牧业税结算凭证。

（4）保管期限为 10 年的会计档案。其中包括国家金库编送的各种报表及缴库退库凭证；各收入机关编送的报表；财政总预算保管行政单位和事业单位决算、税收年报、国家金库年报、基本建设拨贷款年报；税收会计报表（包括票证报表）。

（5）保管期限为 5 年的会计档案。其中包括固定资产卡片于固定资产报废清理后保管 5 年；银行余额调节表；银行对账单；财政总预算会计月、季度报表；行政单位和事业单位会计月、季度报表。

（6）保管期限为 3 年的会计档案。其中包括月、季度财务报告、财政总预算会计旬报。

表 10 - 1 和表 10 - 2 为《会计档案管理办法》规定的各类会计档案的保管期限，各类会计档案的保管在原则上应当按照该表所列期限执行。各单位会计档案的具体名称如有同该表中所列档案名称不相符的，可以比照类似档案的保管期限办理。

表 10-1　　　　　　　　企业和其他组织会计档案保管期限表

序号	档案名称	保管期限	备注
一	会计凭证类		
1	原始凭证	15 年	
2	记账凭证	15 年	
3	汇总凭证	15 年	
二	会计账簿类		
4	总账	15 年	包括日记总账
5	明细账	15 年	
6	日记账	15 年	现金和银行存款日记账保管 25 年
7	固定资产卡片		固定资产报废清理后保管 5 年
8	辅助账簿	15 年	
三	财务报告类		
9	月、季度财务报告	3 年	包括文字分析
10	年度财务报告（决算）	永久	包括文字分析
四	其他类		
11	会计移交清册	15 年	
12	会计档案保管清册	永久	
13	会计档案销毁清册	永久	
14	银行余额调节表	5 年	
15	银行对账单	5 年	

表 10-2　　　　　　　　财政总预算、行政单位、事业单位和
税收会计档案保管期限表

序号	档案名称	保管期限			备注
		财政总预算	行政单位、事业单位	税收会计	
一	会计凭证类				
1	国家金库编送的各种报表及缴库退库凭证	10 年		10 年	
2	各收入机关编送的报表	10 年			
3	行政单位和事业单位的各种会计凭证		15 年		包括原始凭证、记账凭证和传票汇总表
4	各种完税凭证和缴、退库凭证			15 年	缴款书存根联在销号后保管 2 年
5	财政总预算拨款凭证及其他会计凭证	15 年			包括拨款凭证和其他会计凭证
6	农牧业税结算凭证			15 年	
二	会计账簿类				
7	日记账		15 年	15 年	
8	总账	15 年	15 年	15 年	

（续上表）

序号	档案名称	保管期限			备注
		财政总预算	行政单位、事业单位	税收会计	
9	税收日记账（总账）和税收票证分类出纳账			25 年	
10	明细分类、分户账或登记簿	15 年	15 年	15 年	
11	现金出纳账、银行存款账		25 年	25 年	
12	行政单位和事业单位固定资产明细账（卡片）				行政单位和事业单位固定资产报废清理后保管 5 年
三	财务报表类				
13	财政总预算	永久			
14	行政单位和事业单位决算	10 年	永久		
15	税收年报（决算）	10 年		永久	
16	国家金库年报（决算）	10 年			
17	基本建设拨、贷款年报（决算）	10 年			
18	财政总预算会计旬报	3 年			所属单位报送的保管 2 年
19	财政总预算会计月、季度报表	5 年			所属单位报送的保管 2 年
20	行政单位和事业单位会计月、季度报表		5 年		所属单位报送的保管 2 年
21	税收会计报表（包括票证报表）			10 年	电报保管 1 年，所属税务机关报送的保管 3 年
四	其他类				
22	会计移交清册	15 年	15 年	15 年	
23	会计档案保管清册	永久	永久	永久	
24	会计档案销毁清册	永久	永久	永久	

注：税务机关的税务经费会计档案保管期限，按行政单位会计档案保管期限规定办理。

第四节 会计档案的查阅与复制

一、会计档案的查阅和复制

根据《会计档案管理办法》的规定，各单位应建立健全会计档案的查阅、复制登记制度。各单位保存的会计档案不得借出。如有特殊需要，经本单位负责人批准，可以提供查阅或复制，并办理登记手续。查阅或复制会计档案的人员，严禁在会计档案上涂画、拆封和抽换。借出的会计档案，会计档案管理人员要按期如数收回，并办理注销借阅手续。

二、会计档案的交接

根据《会计档案管理办法》的规定，单位因撤销、解散、破产或者其他原因而终止的，在终止和办理注销登记手续之前形成的会计档案，应当由终止单位的业务主管部门、财产所有者代管或移交有关档案馆代管。

根据《会计档案管理办法》的规定，单位分立后原单位存续的，其会计档案应当由分立后的存续方统一保管，其他方可查阅、复制与其业务相关的会计档案；单位分立后原单位解散的，其会计档案应当经各方协商后由其中一方代管或移交档案馆代管，各方可查阅、复制与其业务相关的会计档案。单位分立中未结清的会计事项所涉及的原始凭证，应当单独抽出由业务相关方保存，并按规定办理交接手续。

根据《会计档案管理办法》的规定，单位因业务移交其他单位办理所涉及的会计档案，应当由原单位保管，承接业务单位可查阅、复制与其业务相关的会计档案，对其中未结清的会计事项所涉及的原始凭证，应当单独抽出由业务承接单位保存，并按规定办理交接手续。

根据《会计档案管理办法》的规定，单位合并后原各单位解散或一方存续其他方解散的，原各单位的会计档案应当由合并后的单位统一保管；单位合并后原各单位仍存续的，其会计档案仍应由原各单位保管。建设单位在项目建设期间形成的会计档案，应当在办理竣工决算后移交给建设项目的接收单位，并按规定办理交接手续。

单位之间交接会计档案的，交接双方应当办理会计档案交接手续。移交会计档案的单位，应当编制会计档案移交清册，列明应当移交的会计档案名称、卷号、册数、起止年度和档案编号、应保管期限、已保管期限等内容。

交接会计档案时，交接双方应当按照会计档案移交清册所列内容逐项交接，并由交接双方的单位负责人负责监交。交接完毕后，交接双方的经办人和监交人应当在会计档案移交清册上签名或者盖章。

我国境内所有单位的会计档案不得携带出境。驻外机构和境内单位在境外设立的企业（简称境外单位）的会计档案，应当按照我国《会计档案管理办法》和国家有关规定进行管理。

第五节　会计档案的销毁

根据《会计档案管理办法》的规定，会计档案保管期满需要销毁时，可以按照以下程序销毁：

（1）由本单位档案机构提出销毁意见，编制会计档案销毁清册。会计档案销毁清册是销毁会计档案的记录和报批文件，一般应包括销毁会计档案的名称、卷号、册数、起止年度和档案编号、应保管期限、已保管期限、销毁时间等内容。

（2）单位负责人应当在会计档案销毁清册上签署意见。

（3）销毁会计档案时，应当由单位档案机构和会计机构共同派员监销。国家机关销毁会计档案时，应当由同级财政部门、审计部门派员参加监销。财政部门销毁会计档案时，应当由同级审计部门派员参加监销。

（4）监销人在销毁会计档案前，应当按照会计档案销毁清册所列内容清点核对所要销毁的会计档案。销毁后应当在会计档案销毁清册上签名盖章，并将监销情况报告本单位负责人。

对于保管期满但未结清的债权债务原始凭证，以及涉及其他未了事项的原始凭证不得销毁，应单独抽出、另行立卷，由档案部门保管到未了事项完结时为止。单独抽出立卷的会计档案，应当在会计档案销毁清册和会计档案保管清册中列明。正在项目建设期间的建设单位，其保管期满的会计档案不得销毁。

复习思考题

1. 简述会计档案的概念。
2. 简述会计档案的分类。
3. 简述会计档案保管期限的分类。
4. 简述企业会计档案保管期满时的销毁程序。

第十一章 会计工作组织

第一节 会计工作组织概述

一、会计工作组织的意义

所谓会计工作组织，是指为了适应会计工作的特点，对会计机构的设置、会计人员的配备、会计制度的制定和执行等项工作所做的统筹安排。会计管理职能的发挥离不开会计工作组织的存在及其正常运行。做好会计工作组织，具有如下意义：

1. 有利于维护财经法纪，贯彻经济工作的方针政策

会计工作是一项政策性很强的工作，必须通过核算如实地反映各单位的经济活动和财务收支，通过监督会计工作来贯彻执行国家有关的政策、方针、法令和制度。科学地组织会计工作，可以促使各单位更好地贯彻各项方针政策，维护财经纪律，为建立良好的社会经济秩序打下基础。

2. 有利于提高会计工作的质量和效率

会计工作通过凭证、账簿和报表，对企业的经济业务进行连续、系统、全面的记录、计算、分类、总汇，最后向社会各界提供会计信息。任何一个环节出了差错，都必然造成整个核算结果的不正确或不能及时完成任务，进而影响整个会计核算的质量和效率。所以必须结合会计工作的特点，科学地组织会计工作，保证会计工作正常、高效地运行。

3. 有利于加强与其他经济管理工作的协商一致，提高企业整体管理水平

会计工作是企业经济管理工作的一个重要组成部分，它既有独立性，又同其他管理工作存在着相互制约、相互促进的关系。科学而完善的会计工作组织，需要同其他经济管理工作协调与配合，同时也能促进其他经济管理工作的顺利进行。如人力资源部门对职工进行考核时，需要以财务数据为依据。战略规划部门制定企业发展战略时，也需要以财务数据作为基础。因此，只有科学合理地组织会计工作，才能处理好同其他经济管理工作之间的关系，做到相互促进、密切配合、口径一致，从而全面完成会计任务。

二、会计工作组织的原则

1. 统一性原则

会计工作必须遵循《会计法》、《企业会计准则》以及其他相关会计法规制度对会计工作的统一要求，贯彻执行国家规定的法令制度，进行会计核算，实行会计监督，以便更好地发挥会计工作在维护社会主义市场经济秩序、加强经济管理、提高经济效益等方面的作用。

2. 适应性原则

各企业应该在遵守国家法规和准则的前提下，根据自身的管理特点及规模大小等因素，制定出相应的组织安排计划，以适应企业自身发展的需要。

3. 效益性原则

企业在保证会计质量的前提下，应讲求效益，节约人力和物力。会计凭证、账簿、报表的设计，会计机构的设置及会计人员的配备，都要避免烦琐、力求精简，防止会计机构过于庞大重叠、人浮于事和形式主义，影响会计工作的效率和质量。

第二节　会计法律规范

我国的会计法律规范包括会计法、会计行政管理法规、会计部门规章三个层次。改革开放后的 30 年是我国会计法律规范建设全面发展的阶段。以下就我国会计法规的建设情况作简要介绍。

一、会计法

会计法是调整整个国民经济活动中会计关系的法律规范的总称。在我国，会计法主要指全国人民代表大会常务委员会依立法程序制定和颁布的《中华人民共和国会计法》，它是我国最基本的会计法，是一切会计法规的母法，在会计法系统中处于核心的地位和最高的层次，是制定其他会计法规的依据和指导一切会计工作的准绳，它具有普遍适用性和指导性的特点。

1985 年 1 月 21 日，第六届全国人大常委会第九次会议通过了《中华人民共和国会计法》，并于 1985 年 5 月 1 日起施行。这是我国历史上第一部《会计法》。后来，《会计法》经过两次修订，现行的《会计法》是从 2000 年 7 月 1 日开始施行的，共分 7 章 52 条，主要内容包括：第一章总则，主要规定了会计法的基本问题，如立法宗旨、适用范围、奖励制度规定、管理部门等；第二章会计核算，主要介绍了会计核算的基本要求和内容，包括会计年度、记账本位币、会计资料及会计档案等；第三章对公司、企业会计核算的特别规定，规定公司、企业必须根据实际发生的经济业务，进行确认、计量和报告；第四章会计监督，具体规定会计监督的类型；其余的三章分别是会计机构人员、法律责任及附则。

二、会计行政管理法规

按照制定机关的不同，我国的会计行政管理法规包括三种：一是会计行政法规，指由国务院制定或批准发布的规范性文件，目前主要有《总会计师条例》、《企业财务会计报告条例》和《会计人员职权条例》等。二是地方性会计法规，指由地方权力机构制定的有关会计行政管理的规范文件。三是会计规章，指有权的国家行政机关，如财政部制定和发布的具有普遍约束力的规范性文件。会计规章包括两类，一类是部门会计规章，另一类是地方会计规章。部门会计规章是指由财政部单独或与国务院有关部委联合制定的关于会计行政管理方面的规范性文件，如《会计档案管理办法》、《会计人员工作规则》、《会计专业技术资格考试暂行规定》等。地方性会计规章是指由各级地方政府或地方行政机关制定的关于会计行政管理方面的规范性文件，具有地方实用性和指导性的特点，如《××省行政、事业单位工作人员差旅费开支规定》、《××省会计证管理办法实施细则》、《××市企业主管会计委派制试行办法》等。

三、会计部门规章

（一）会计制度

会计制度按会计的主体不同，分为企业会计制度和非企业会计制度两大类，前者规范企业的会计核算工作，后者规范非企业单位的会计核算工作。

1. 企业会计制度

1980 年 9 月，我国财政部在总结历史经验和广泛调查研究的基础上，全面修订并颁布了《国营工业企业会计制度——会计科目和会计报表》。之后，在总结国营工业企业会计制度经验的基础上，又于 1981 年 8 月至 10 月制定颁布了国营供销企业、国营施工企业、建设单位的会计制度。在财政部制定颁发各项通用性较强的会计核算制度的同时，商业、铁道、交通、邮电、金融、农业等主管部门也制定颁发了经财政部审定或财政部联合颁发的行业性会计核算制度。

在涉外企业会计制度方面，为适应我国经济实行对外开放的需要，财政部于 1982 年 8 月和 12 月，先后制定发布了《中外合资经营企业中方投资及收入汇总表》和《国营对外承包企业示范会计制度——会计科目和会计报表》。1983 年 3 月和 4 月，又先后制定发布了《中外合资经营企业会计制度（试行草案）》和《中外合资工业企业会计科目和会计报表（试行草案)》。1985 年 4 月，中外合资经营企业的两项会计制度经修订后正式颁布施行。

与财政部于 1992 年 11 月 30 日发布、从 1993 年 7 月 1 日起实行的《企业会计准则》相配套，1992 年以后，财政部陆续颁布了 14 个分行业会计制度，包括《工业企业会计制度》、《商品流通企业会计制度》、《邮电通信企业会计制度》、《运输（交通）企业会计制度》、《金融企业会计制度》、《旅游、饮食服务企业会计制度》、《施工企业会计制度》、《房地产开发企业会计制度》、《对外经济合作企业会计制度》、《农业企业会计制度》、《保险企业会计制度》、《中华人民共和国外商投资企业会计制度》、《股份制试点企业会计制度》、《国营证券公司会计制度》。1998 年 6 月，财政部又下发了《关于印发〈国有建设单位会计制度补充规定〉和〈企业基建业务有关会计处理办法〉的通知》；1999 年 6 月，财政部颁发了《社会保险基金会计制度》。

随着会计改革的不断深入，我国于 2001 年 1 月 1 日开始施行新的、统一的《企业会计制度》。为了规范金融企业的会计工作，财政部颁发了《金融企业会计制度》，并规定自 2002 年 1 月 1 日起在上市的金融企业范围内实施，同时，也鼓励在其他股份制金融企业内实施。2004 年 4 月 27 日，财政部又颁布了《小企业会计制度》，于 2005 年 1 月 1 日起在小企业范围内施行。

按照规定，从 2007 年 1 月 1 日起，执行 38 项具体会计准则的企业不再执行《企业会计制度》和《金融企业会计制度》。

2. 非企业会计制度

1988 年 9 月和 10 月，财政部分别修订颁布了《事业行政单位预算会计制度》和《财政机关总预算会计制度》。随着社会主义市场经济体制的逐步建立，企业会计改革进入实质性阶段，原来的以计划经济为主导的预算管理和核算模式已经无法适应形势的变化，要求进行预算会计改革的呼声也随之高涨。1994 年，预算会计改革研究组成立，草拟了《预算会计制度改革的要点》，并在 1995 年的全国第四次会计工作会议上讨论征求意见。经过反复论证，财政部于 1996 年 2 月 7 日下发《关于发布"预算会计核算制度改革要点"的通知》，提出预算会计改革的重点：一是预算会计体系，实施行政区域单位与事业单位的会计制度分离，对事业单位的会计核算制定准则加以规范，行政单位分别制定了《财政总预算会计制度》和《行政单位会计制度》；二是预算会计核算方法，将 1963 年以来实行的资金收付记账法改为借贷记账法，依照国际惯例，将会计要素划分为以财政拨款列报支出。以此为契机，从 1997 年起，《事业单位会计制度》、《财政部预算会计制度》、《高等学校会计制度》、《行政单位会计制度》和《医院会计制度》等先后出台。2004 年 8 月 18 日，财政部正式颁布了《民间非营利组织会计制度》，自 2005 年 1 月 1 日起在我国民间非营利性组织范围内全面实施。

（二）会计准则

我国目前的会计核算规范，除了会计制度以外，还包括会计准则，准则与制度并行。会计准则是依据《会计法》制定的关于会计核算规范，是会计人员从事会计工作的行为规则和指南。对某些会计主体或会计主体的某些核算工作，会计准则起作用；在另外一些情况下，会计准则和会计制度同时起作用。

按规范的对象不同，会计准则可分为企业会计准则和非企业会计准则，其中，企业会计准则又分为基本会计准则和具体会计准则两个层次。在我国，会计准则是由财政部颁发实施的。在此只介绍我国企业会计准则的制定和发展过程。

财政部会计司于 1988 年 10 月专门成立会计准则课题组，负责必要的调研和会计准则起草工作。财政部于 1992 年 5 月印发的《企业会计准则第 1 号——基本准则（送审稿）》报有关部门审阅，经过再三修改和完善后，于 1992 年 11 月报国务院审批。1992 年 11 月 6 日，国务院批准了企业会计准则。1992 年 11 月 30 日，财政部正式发布了《企业会计准则》，并规定自 1993 年 7 月 1 日起实施。当时的《企业会计准则》只是一项基本准则。

《企业会计准则》的实施，为具体会计准则的研究和制定提供了客观基础，同时也把中国会计准则的研究和制定推向了新的阶段。之后，经过十多年的努力，我国于 2006 年 2 月 1 日发布了一套包括一项基本准则和 38 项具体准则在内的会计准则体系，该套准则从 2007 年 1 月 1 日起开始全面在上市公司范围内实施，并鼓励其他企业也实施这套准则。目前，国有大中型企业也基本上都实施了该套准则。执行新会计准则的企业不再执行《企业会计制度》和《金融企业会计制度》。下面简单介绍这套会计准则的内容。

1. 基本准则

基本准则主要是对会计核算的基本、核心概念进行界定，说明会计核算的指导思想、基本依据、主要规则和一般程序，它是制定具体准则的依据和指导。2007 年 1 月 1 日起执行的《企业会计准则——基本准则》共 11 章 50 条，主要包括会计核算的基本前提、会计信息质量要求、会计要素的确认与计量、会计计量属性、财务会计报告等方面的内容。

2. 具体准则

具体准则是按照基本准则的基本要求，对会计要素中的主要项目进行会计确认、计量和披露的规则。2007 年 1 月 1 日起执行的新会计准则体系中，共设立了 38 个具体准则，具体内容如下表所示：

具体会计准则项目表

具体会计准则编号	具体会计准则名称
企业会计准则第 1 号	存货
企业会计准则第 2 号	长期股权投资
企业会计准则第 3 号	投资性房地产
企业会计准则第 4 号	固定资产
企业会计准则第 5 号	生物资产
企业会计准则第 6 号	无形资产
企业会计准则第 7 号	非货币性资产交换
企业会计准则第 8 号	资产减值
企业会计准则第 9 号	职工薪酬
企业会计准则第 10 号	企业年金基金
企业会计准则第 11 号	股份支付
企业会计准则第 12 号	债务重组
企业会计准则第 13 号	或有事项
企业会计准则第 14 号	收入
企业会计准则第 15 号	建造合同
企业会计准则第 16 号	政府补助
企业会计准则第 17 号	借款费用
企业会计准则第 18 号	所得税
企业会计准则第 19 号	外币折算
企业会计准则第 20 号	企业合并
企业会计准则第 21 号	租赁
企业会计准则第 22 号	金融工具确认和计量
企业会计准则第 23 号	金融资产转移
企业会计准则第 24 号	套期保值
企业会计准则第 25 号	原保险合同
企业会计准则第 26 号	再保险合同
企业会计准则第 27 号	石油天然气开采
企业会计准则第 28 号	会计政策、会计估计变更和差错更正
企业会计准则第 29 号	资产负债表日后事项
企业会计准则第 30 号	财务报表列报
企业会计准则第 31 号	现金流量表
企业会计准则第 32 号	中期财务报表
企业会计准则第 33 号	合并财务报表
企业会计准则第 34 号	每股收益
企业会计准则第 35 号	分部报告
企业会计准则第 36 号	关联方披露
企业会计准则第 37 号	金融工具列报
企业会计准则第 38 号	首次执行企业会计准则

由于具体会计准则规范的内容操作性不够强，为了贯彻执行新的会计准则体系，财政部又颁布了与之配套的《企业会计准则——应用指南》（2006）。企业会计准则应用指南是对具体会计准则中的主要重点、难点、疑点的详细规范，列示了会计报表的基本格式、会计报表附注要求，并在附录中也列示了会计科目以及各个科目的详细说明。

基本准则、具体准则和应用指南构成了我国企业会计准则的三个层次。

第三节　会计机构

会计机构是各单位办理会计业务的部门。建立健全会计机构是做好会计工作，充分发挥会计职能作用的重要保证。

一、会计机构的设置要求

（一）设置会计机构应以会计业务需要为前提

根据《会计法》和《会计基础工作规范》（以下简称《规范》）的规定，是否单独设置会计机构，由各单位根据自身会计业务的需要自主决定。一般而言，一个单位是否单独设置会计机构，主要取决于下列因素：

1. 单位规模的大小

一个单位的规模，往往决定了这个单位内部职能部门的设置，也决定了是否需要会计机构。一般来说，大中型企业和具有一定规模的事业行政单位，以及财务收支数额较大、会计业务较多的社会团体和其他经济组织，都应单独设置会计机构，以便及时组织对本单位各项经济活动和财务收支的核算，实行有效的会计监督。

2. 经济业务和财务收支的繁简

经济业务多、财务收支量大的单位，有必要单独设置会计机构，以保证会计工作的效率和会计信息的质量。

3. 经营管理的要求

有效的经营管理是以信息的及时准确和全面系统为前提的。一个单位在经营管理上的要求越高，对会计信息的需求和对会计信息系统的要求也越高，从而决定了该单位是否需要设置会计机构。

（二）不设置会计机构的，应当配备会计人员

《规范》第六条规定：各单位应当根据会计业务的需要设置会计机构；不具备单独设置会计机构条件的，应当在有关机构中配备专职会计人员。这是《规范》对设置会计机构问题提出的原则性要求。对于不具备单独设置会计机构条件的单位，如财务收支数额不大、会计业务比较简单的企业、机关、团体、事业单位和个体工商户等，为了适应这些单位的内部客观需要和组织结构的特点，允许其在有关机构中配备专职的会计人员。这类机构一般应是单位内部与财务会计工作接近的机构，如计划、统计或经营管理部门，或是有利于发挥会计职能作用的内部综合部门，如办公室等。只配备会计专职人员的单位也必须具有健全的财务会计制度和严格的财务手续，其专职会计人员的专业职能不能被其他职能所替代。

二、会计机构的具体设置

如上所述，企业、事业、行政机关等单位都要按有关会计法规的要求设置从事会计工作的专职机构，或在有关机构中设置会计人员并指定会计主管人员；不具备设置条件的，应当委托经批准设立从事会计代理记账业务的中介机构代理记账。在我国，由于会计工作和财务工作都是综合性的经营管理工作，它们之间的关系非常密切，因此通常把两者合并在一起，只设置一个财务会计机构，如企业设置的财务会计科（处、部）或称财务科（处、部）等。所以，会计机构通常是指财务会计部门。值得注意的是，随着我国会计工作由核算型向核算管理型的转变，不少企业在会计机构的设置上作了很多有益的探索，如将从事会计核算的部门设置为会计科（处、部），将从事会计决策、预算、控制等工作的部门另设置为管理会计科（处、部），或专门设置融资部、投资部等，这些都体现了新形势下企业对会计管理工作的加强和重视。

在会计核算和其他会计管理工作中统一设为一个机构的情况下，基层单位的会计机构一般称为会计（财务）处、部、科、股、组等。各单位的会计机构，在行政领导人的领导下开展会计工作。设置总会计师的单位，其会计机构由总会计师直接领导，同时也接受上级财务会计部门的指导和监督。

各级主管部门一般设置会计（财务）司、局、处、科。这些会计机构负责组织、领导和监督所属单位的会计工作，它们的主要任务是：根据国家统一的会计法规、制度的要求，制定本系统适用的会计法规、制度的实施细则，审核并批复所属单位上报的会计报表，同时汇总编制本系统的汇总会计报表；检查并利用先进经验指导所属单位会计工作；核算本单位与财政机关以及上下级之间有关款项缴拨的会计事项等。

在企事业单位的各个职能部门中，会计机构是一个综合性的经济管理部门，它和单位内部其他各职能部门、各生产经营业务单位的工作有着十分密切的联系，彼此相互促进、相互制约。因此，会计机构要在主动为各职能部门、各业务单位服务的基础上，依靠各职能部门和业务单位共同做好会计工作，完成会计管理任务。此外，会计机构还要接受上级管理机构、国家财政、税务和审计等部门的指导和监督，并按规定向它们报送会计报表。

三、会计工作的组织形式

会计工作的组织形式是指在单位内组织开展会计工作的具体方式。独立核算单位的会计工作的组织形式，一般有集中核算和非集中核算两种。

集中核算又称统一核算，是指把整个单位的会计工作主要集中在单位级的会计部门进行。单位内部的其他部门和下属单位只对其发生的经济业务填制原始凭证或原始凭证汇总表，送交会计部门。原始凭证或原始凭证汇总表由会计部门审核，然后由会计部门据以填制记账凭证、登记有关账簿、编制会计报表。

非集中核算又称分散核算，就是将会计工作分散在各个有关部门（如分公司、车间等）进行，各有关部门分别设置自己的有关机构，并负责部门范围内的会计工作，单位内部会计部门以外的其他部门和下属单位在总公司或厂部会计部门的指导下，对发生在本部门或本单位的经济业务进行核算。

值得注意的是，在一个单位内部，总公司或厂部会计部门对各部门或下属单位所发生的经济业务可以分别采取集中核算和非集中核算的形式。实行集中核算或非集中核算，主要取决于经营管理的需要。如果该单位规模较大，业务较多，需要实行内部经济核算制分级管理、分级核算，就应实行非集中核算，这将有利于各部门及时利用核算资料进行日常考核和分析，因地制宜地解决生产、经营管理上的问题。如果该单位规模较小，经济业务不多，实行集中核算则可以在简化核算层次、精简机构、减少会计人员的基础上，同样达到会计管理的预期效果。

在实行内部经济核算制的单位，各部门和下属单位都有一定的经营管理权并负有完成各项任务的责任，并可根据工作成果取得一定的物质利益。这些部门为了反映和考核各自的经营成果，可以进行比较全面的核算。但这些部门和单位不能单独与外单位签订购销合同，也不能在银行开设结算账户，同外单位发生的债权债务的结算，要通过总公司或厂部会计部门负责办理。因此，实行内部经济核算制单位的各个部门和下属单位并不是独立核算单位。所谓独立核算单位，是指能对本身生产经营活动或业务活动过程及其结果进行全面、系统、独立的会计核算，并对外提供财务报表的单位。这些单位通常拥有一定量的资金，在银行独立开户，对外办理结算，独立编制计划，单独计算盈亏和编制财务报表，并具有完整的凭证、账户、账簿，能系统、完整、全面地进行记账、算账，定期编报财务报表，对其经济活动进行分析与检查。而非独立核算单位，亦称"报账单位"，是向上级机构领取一定量的物资和备用金从事业务活动，定期报送日常业务资料，由上级机构综合进行会计核算的单位，其取得的一切收入全数上缴给上级机构，发生的各项开支则向上级机关报销，平时只进行原始凭证的填制、整理和汇总，凡涉及现金日记账和实物明细账的登记工作，没有完整的会计核算，不独立计算盈亏，不单独编制财务报表。各单位的会计机构对单位内部各个非独立核算单位的核算工作，都应加强指导和监督。

第四节　会计人员

会计人员是指直接从事会计工作的人员。各企业、事业、行政机关等单位，都应根据实际需要和相关法规的规定，配备一定数量的会计人员，这是做好会计工作的决定性因素。

一、会计人员岗位责任制

一个单位会计人员的配备，首先要解决人员数量问题。而一个单位配备多少会计人员为宜，需要视行业、单位的具体情况而做出具体安排。因为会计人员的配备数量，同单位的大小、业务的多少、资产的规模、经营管理的要求、核算的组织形式以及采用什么样的核算手段等，都有着密切的关系，具体体现在会计工作岗位的设置上。

（一）设置会计工作岗位的意义

会计工作岗位是对一个单位的会计工作进行具体分工而设置的各个职能岗位。在会计机构内部设置会计工作岗位，有利于明确分工和确定各个岗位的职责。建立岗位责任制有利于会计人员钻研业务，提高工作效率和质量；有利于会计工作的程序化和规范化，加强会计的基础工作；有利于强化会计管理职能，提高会计工作的作用。同时，它也是配备数量适当的会计人员的客观依据之一。

（二）设置会计工作岗位的原则

1. 根据本单位会计业务的需要

《规范》第十一条规定：各单位应当根据会计业务需要设置会计工作岗位。由于各单位所属行业的性质、自身的规模、业务内容和数量以及会计核算与管理的要求等不同，会计工作岗位的设置条件和要求也各不相同。在设置会计工作岗位时，必须结合单位的实际情况，有的分设、有的合并、有的不设，以满足会计业务需要为原则。

2. 符合内部牵制制度的要求

《规范》第十二条规定：会计工作岗位，可以一人一岗、一人多岗或者一岗多人。但出纳人员不得兼管稽核、会计档案保管及收入、费用、债权债务账目的登记工作。目前，我国不少单位在会计工作岗位设置上存在岗位职责不清、人浮于事、手续混乱等问题。在一些小型经济组织中，会计、出纳一人兼任，或者出纳与财物保管一人兼任，为徇私舞弊和贪污挪用等违法乱纪行为留下了可乘之机。

3. 有利于会计人员全面熟悉业务，不断提高业务素质

《规范》第十三条规定：会计人员的工作岗位应当有计划地进行轮换。把轮岗列入会计工作岗位设置的原则要求，不仅可以激励会计人员不断进取，改进工作，而且在一定程度上也有助于防止违法乱纪，保护会计人员。

4. 有利于建立岗位责任制

《规范》第十一条还示范性地提出了会计工作岗位的设置方案，即将会计工作岗位分为会计机构负责人或者会计主管人员、出纳、财产物资核算、工资核算、成本费用核算、财务成果核算、资金核算、往来核算、总账报表、稽核、档案管理等。这种设置方法，基本上包括了会计业务的主要内容和主要方面，为建立岗位责任制提供了比较完整的基础，是各单位在具体制定会计工作岗位设置方案时比较理想的参考方案。

二、会计人员的任职要求

1. 持有会计资格从业证书

各单位应当根据会计业务的需要配备持有会计从业资格证书的会计人员。未取得会计从业资格证书的人员，不得从事会计工作。从事会计工作应持有会计从业资格证书，这一制度自创立以来历经数年，已经发展成熟，并在实际工作中发挥了不可低估的作用。为了规范对会计从业资格证书的管理，1990年，财政部颁发了《会计证管理办法（试行）》，1996年又对该管理办法作了全面修订。

2. 具备必要的专业知识和专业技能

《规范》第十四条规定：会计人员应当具备必要的专业知识和专业技能，熟悉国家有关法律、法规、规章和国家统一会计制度，遵守职业道德。这是对会计人员最基本的要求。因为会计工作不但专业技术性很强，而且政策性、法制性也很强，这需要会计人员具备一定的职业道德水准。我国正在建立的社会主义市场经济，是一种规范的法制经济，各个单位都应在法律允许的范围内活动。在这个前提下，一个单位的效率、效益怎样，在很大程度上取决于这个单位的主观努力，也就是包括会计机构和会计人员在内的单位内各个部门和人员的努力，以及在单位领导的统筹下形成的合力。显然，对会计人员提出这些基本要求是十分必要的。至于如何考核和确认会计人员的专业知识和业务技能，从目前来说，主要通过设置会计专业职务和会计技术资格考试来进行。

三、会计人员的主要权限

（一）会计人员的主要权限

会计人员的权限是指国家相关法律、法规赋予会计人员的工作权限，其目的是保障会计人员顺利地履行其职责，更好地完成会计管理任务。我国会计人员的主要权限可概述如下：

（1）有权要求本单位有关部门、人员认真执行国家批准的计划、预算，遵守国家法律及财经纪律和财务会计制度。在经济业务的处理过程中，对于违反法律、法规的情况，会计人员有权拒绝付款、拒绝报销或拒绝执行，并向本单位领导人报告。对于弄虚作假、徇私舞弊、欺骗上级等违法乱纪行为，会计人员必须坚决拒绝执行，并向本单位领导人或上级机关执法部门报告。

（2）有权参与本单位编制计划、制定定额、签订经济合同等工作；有权参加有关的生产、经营管理会议；有权提出有关财务开支和经济效益方面的问题和建议，单位领导人和有关部门对这些问题和建议，要认真考虑，合理的意见要加以采纳。

（3）有权监督、检查本单位有关部门的财务收支、资金使用和财产保管、收发、计算、检验等情况。有关部门要提供资料，积极配合监督检查工作，如实反映本部门的情况。

会计人员的工作权限是国家有关法律、法规所赋予的，各级领导和有关人员要支持会计人员正确地行使其工作权限。本单位领导人、上级机关和执法部门对会计人员反映的有关损害国家利益、违反财经纪律等问题，要认真、及时地调查处理。如果会计人员反映的情况属实，单位领导人或上级机关不及时采取措施加以纠正，则由领导人或上级机关承担相应责任。如果有人对会计人员坚持原则、反映情况的行为进行刁难、阻挠或打击报复，上级机关要查明情况，严肃处理，情节严重的，要给以党纪国法制裁。

（二）会计人员的主要职责

会计人员的职责是指国家相应法律、法规对会计人员提出的及时提供真实可靠的会计信息、认真贯彻执行和维护国家财经制度和财经纪律、积极参与经营管理、提高经济效益等职责要求。具体地说，我国会计人员的主要职责可概括为以下五个方面：

1. 进行会计核算

会计人员要以实际发生的经济业务为依据，记账、算账和报账，在会计业务处理过程中，要做到手续完备、内容真实、数字准确、账目清楚、日清月结、按期报账；如实反映各单位的财务状况、经营成果和财务收支情况，满足国家宏观经济管理的需要，满足各单位加强内部经营管理和有关各方了解本单位的财务状况、经营成果和财务收支情况的需要。

2. 实行会计监督

各单位的会计机构、会计人员依法对本单位实行会计监督。会计人员对不真实、不合法的原始凭证，应不予受理，并向单位负责人报告；对记载不准确、不完整的原始凭证，应予以退回，并要求有关方按规定予以更正补充；发现账簿记录与实物、款项不符的时候，应当按照有关规定进行处理，无权自行处理的，应当立即向本单位行政领导人报告，请求查明原因，做出处理；对违反国家统一的财经制度规定的收支，应不予办理。

各单位必须接受审计机关、财政机关和税务机关依照法律和国家有关规定进行的监督，如实提供会计凭证、会计账簿、财务报表和其他会计资料及有关情况，不得拒绝、隐匿、谎报。

3. 制定本单位办理会计事务的具体办法

国家制定的统一的会计法规只是对会计工作管理和会计事务处理办法作出的一般规定，各单位核算要依据国家颁发的会计法规，结合本单位的特点和需要，建立健全本单位内部使用的会计事项处理办法。例如，建立会计人员岗位责任制、内部牵制或稽核制度；制定分级核算单位、分级管理办法和费用开支报销办法，等等。

4. 参与拟订经济计划、业务计划，考核、检查财务计划的执行情况

各单位编制的经济计划或业务计划是指导该单位经济活动或业务活动的主要依据，也是会计人员编制财务计划的重要依据。会计人员参与经济计划、业务计划的拟订，不仅有利于编制切实可行的财务计划，而且可以发挥会计人员联系面广泛、经济信息灵通的优势。

会计人员通过会计核算和会计监督，可以考核、检查各项收支预算或财务计划的执行情况，提出进一步改善经营管理、提高经济效益的建议和措施。

5. 办理其他会计事务

发展经济离不开会计。经济越发展，社会分工越细，生产力水平越高，人们对经济管理的要求也就越高，作为经济管理的重要组成部分的会计也就越重要、发展越快，会计事务也必然日趋丰富多样。例如，实行责任会计、经营决策会计、电算化会计等。

会计人员的职责是考核会计人员工作质量的重要标准。会计人员应守职尽责，努力做好会计核算、会计监督、会计分析、会计决策等各项会计工作，为社会主义建设服务。

四、会计主管人员或会计机构的负责人

企业、事业、行政机关单位的会计主管人员或会计机构的负责人，是各单位会计工作的领导者和组织者，应按照国家统一的会计法规和制度，结合本单位的具体情况主持制定本单位的会计制度和实施办法，科学地组织会计工作，并领导、监督会计人员贯彻执行；参与经营决策，主持制定和考核财务计划或预算；经常研究工作、总结经验，不断改进或完善会计工作；组织会计人员学习，提高会计人员的素质，考核会计人员的工作，合理调配会计人员。

为了从组织上保障会计人员依法行使职权，履行职责不受侵犯，能够正确地处理本单位局部利益与国家整体利益的关系，国家对会计主管人员或会计机构负责人的任免，规定了特殊的程序。此外，从20世纪90年代开始，在会计主管人员或会计机构负责人方面，我国国有企业还在积极探索会计人员委派制、财务总监和稽查特派员制三种新型的出资人财务监督制度。这些新型的管理和监督机制，对提高会计工作的质量、加强会计监督起到了十分重要的作用，也对会计主管人员或会计机构负责人提出了新的、更高的要求。

根据我国《会计法》的规定，担任单位会计机构负责人或会计主管的人员，除取得会计从业资格证书外，还应当具备会计师以上专业技术职务资格或从事会计工作三年以上。

第五节 会计职业道德建设

一、会计职业道德的概念

道德是调节人与人之间及个人同社会之间关系的行为规范的总和。会计职业道德是调整会计人员与社会、会计人员与不同利害关系集团，以及会计人员之间关系的行为规范。会计职业道德属于意识形态范畴，其影响因素是多方面的，如民族文化、传统习俗、价值标准等，因此，会计职业道德规范的作用也是其他会计规范所不能取代的。会计职业道德贯穿会计工作所有领域和整个过程，其作用无所不在、无时不在。会计职业道德与其他职业道德一样，其基本要求是忠于职守，所有从事会计工作的人员在其会计岗位上，应当恪守职业道德，履行自身所承担的工作职责，完成会计任务。

会计职业道德是一种非强制性的规范，与会计法律等强制性法规不同，它是依靠会计人员乃至全体国民的信念、习俗、传统、教育和素质的力量来维持的，是依靠会计职业界自身以及社会舆论来实行监督的。在会计工作中，会计职业道德规范和其他会计规范相互补充、相互联系，共同构成会计规范体系，共同规范着会计工作。我国的会计历史悠久，会计道德源远流长，但对会计职业道德的研究却远未达到同会计法律相适应的程度，在一定意义上影响着会计人员的工作及质量。所以，加强会计职业道德的研究和对会计人员进行会计职业道德教育，对发挥会计的作用、保证会计工作的质量具有现实的意义。

近几年，会计职业道德问题受到了广泛的关注，我国《会计法》第三十九条规定，"会计人员应当遵守职业道德，提高业务素质"，从而为加强会计职业道德方面的工作提供了重要的法律保障。

会计人员主要有两类：企事业单位会计和注册会计师。企事业单位会计是在企业、行政事业单位内部进行会计核算及其他会计管理工作的人员，其任务是在单位负责人的领导下，对单位所发生的经济业务进行会计处理，定期报告单位的财务状况和经营成果。注册会计师不同于企事业单位会计，他们不在某一单位从事具体的会计管理工作，而是接受委托人的委托，专门从事查账业务、验证业务、会计咨询业务，为客户提供一种专业服务。下面分别就单位会计人员应当遵守的职业道德和注册会计师应当遵守的职业道德进行阐述。

二、单位会计人员应当遵守的职业道德

根据我国有关会计法律、法规的规定，会计人员应当遵守的职业道德包括以下六个方面：

（1）爱岗敬业。热爱本职工作是做好会计工作的出发点，会计人员应当努力钻研业务，使自己的知识和技能达到所从事工作的要求。

（2）熟悉法规。会计人员应当熟悉财经法律、法规、规章和国家统一的会计制度，并结合会计工作进行广泛宣传，提高法制观念。

（3）依法办事。会计人员必须依法办事，注意树立会计职业形象，敢于抵制各种不良

行为。

（4）客观公正。客观公正是对会计人员最主要的一条道德要求。会计人员在工作中，一定要实事求是、客观公正，不得弄虚作假。

（5）搞好服务。会计人员应当熟悉本单位的生产经营和业务管理情况，运用掌握的会计信息和会计方法，为改善单位内部管理、提高经济效益服务。

（6）保守机密。会计人员应当保守本单位的商业秘密，除法律规定和单位领导人同意外，不得私自向外界提供或者泄露单位的会计信息。

三、注册会计师应当遵守的职业道德

注册会计师是专门从事会计报表鉴证等业务的专业人员。注册会计师通常是以第三者的身份，接受委托人的委托，对企业所提供的财务会计报告进行审计，并且出具审计意见，以保证企业对外披露的会计信息客观、真实、可信。中国注册会计师协会于1996年发布的《中国注册会计师职业道德基本准则》规定："注册会计师在执行业务中必须遵循独立、客观、公正、廉洁的原则，为社会各界提供符合规定的服务。"

（1）独立原则。独立原则是指注册会计师在执行会计查账验证业务时，应当在形式上和实质上独立于外界组织和其他服务的对象。独立原则是注册会计师的灵魂，它要求注册会计师对业务的承接、执行和报告的形成与提交，均应依法办事，独立自主，不依附于其他机构和组织，也不受其干扰和影响。

（2）客观原则。客观原则要求注册会计师对有关事项的调查、判断和意见的表述应当实事求是，不以主观好恶或成见行事，不能以成见或偏见影响其分析、处理问题的客观性。

（3）公正原则。公正原则要求注册会计师应公平正直、不偏不倚地对待有关各方，不以牺牲一方利益为条件而使另一方受益。

（4）廉洁原则。廉洁原则要求注册会计师应当清正廉明，不得利用自己的身份、地位和执业中所掌握的客户资料和情况为自己或所在单位牟取私利，不得向客户索贿行贿，不得以任何方式接受客户馈赠的礼品或其他好处，也不得向客户提出超越工作正常需要之外的个人要求。

第六节　内部会计控制制度

内部会计控制制度是指各单位根据会计法律、法规、规章、制度的规定，结合本单位经营管理的特点和要求而制定的旨在规范单位内部会计管理活动的制度和办法。建立健全单位内部会计控制制度，是贯彻执行国家会计法律、法规、规章、制度，保证单位会计工作有序进行的重要措施，同时也是加强会计基础工作的重要手段。实践证明，建立并严格执行内部会计控制制度的单位，会计基础工作在经济管理中就能有效发挥作用。

一、内部会计控制制度建设的基本要求

（一）加强单位内部会计控制制度建设的必要性

1. 加强单位内部会计控制制度建设是贯彻会计法规制度的重要基础

为了规范和加强会计工作，国家制定颁布了一系列会计法律、法规、规章、制度。这些会计法律、法规、规章、制度是进行会计核算、实行会计监督和从事会计管理的基本依据。但国家颁布的会计法律、法规、规章、制度是从全国会计工作的总体要求出发而制定的，尽管在制定过程中尽可能地考虑了不同地区、部门、行业、单位的会计工作的要求和特点，以及不同的会计工作水平的要求，但相对于具体的各会计单位而言，仍需要结合本单位生产经营和业务管理的特点，要求将国家颁布的会计法律、法规、规章、制度的各项规定具体化，并作必要的补充，以使本单位的会计管理工作能够渗透到经营管理的各个环节、各个方面。这种对国家会计法律、法规、规章、制度具体化的办法和措施，就是单位内部的会计控制制度。单位内部会计控制制度是国家会计法律、法规、规章、制度的必要补充，是贯彻执行国家会计法律、法规、规章、制度的重要基础和保证。各单位必须对此重视，不断加强单位内部会计控制制度建设。

2. 加强内部会计控制制度建设是规范会计工作秩序的客观要求

会计工作涉及各个方面的利益关系，处理不当将会影响有关方面的利益，因此，会计工作必须依法进行，从我国1996年以来进行的整顿会计工作秩序的情况看，许多单位内部会计管理制度不健全，会计核算混乱，财务收支失控，这不仅损害了国家和社会公众的利益，也给本单位的经营管理带来了消极影响。因此，各单位应当加强内部会计控制制度建设，使内部会计管理工作的程序、方法、要求等制度化、规范化，这样才能保证会计管理工作有章可循、有据可依、规范有序，才能保证会计工作发挥应有的作用。

3. 加强内部会计控制制度建设是完善会计管理制度体系的要求

以企业会计工作为例，《会计法》会计准则和会计制度对企业会计工作的原则、基本方法和程序作出了规定，并赋予企业一定的理财自主权和会计核算选择权，这给企业会计工作更好地为经营管理服务提供了制度保证。但是上述规定只是指明了企业会计工作的方向和目标，实现这些目标还需要企业根据上述规定并结合本企业内部管理要求进行充实和细化，这样才能使会计法规的规定和理财自主权落到实处，进而保证会计管理制度体系的完整性和有效性。

4. 加强内部会计控制制度建设是改善单位经济管理的重要保证

财务会计管理是单位内部管理的中心环节，是一项重要的综合性、职能性管理工作。一般而言，会计可以分为财务会计和管理会计。会计法规制度主要侧重于对财务会计的基本要求作出规定，管理会计方面的内容则因其是单位内部的管理行为而未涉及。但这并不是说在财务会计与管理会计两者之间可以厚此薄彼。实际上，财务会计与管理会计都是各单位内部管理的重要手段。因此，必须制定一套规范完整的内部会计控制制度，充分保证财务会计和管理会计更好地参与单位的内部管理，使会计工作渗透到单位内部管理的各个环节、各个方面。这不仅有利于更好地发挥会计工作的职能作用，更有利于改善单位内部管理，提高经济效益。

（二）制定内部会计控制制度的原则

制定内部会计控制制度应当遵循一定的原则，以保证内部会计控制制度科学、合理、切实可行。

（1）全面性原则。内部会计控制应当贯穿决策、执行、监督的全过程，覆盖企业及所属单位的各种业务和事项。

（2）重要性原则。内部会计控制应当在全面控制的基础上，关注主要业务和高风险领域。

（3）制衡性原则。内部会计控制应当在治理机构、机构设置、权责分配、业务流程等方面相互制约、相互监督，同时兼顾运营效率。

（4）适应性原则。内部会计控制应当与企业经营规模、业务范围、竞争状况和风险水平等相适应，并随着情况的变化及时加以调整。

（5）成本效益原则。内部会计控制应当权衡实施成本与预期效益，以适当的成本实现有效控制。

二、内部会计控制制度的基本内容

内部会计控制制度的基本内容包括内部会计控制体系、会计人员岗位责任制度、财务处理程序制度、内部牵制制度、稽核制度、原始记录管理制度、计量验收制度、财产保管制度、预算控制制度、财务收支审批制度、成本核算制度和财务会计分析制度。各单位建立哪些内部会计控制制度以及各项内部会计控制制度包括哪些内容，主要取决于单位内部的经营管理需要。不同类型的单位会对内部会计控制制度有不同的选择，如非企业单位往往不需要建立成本核算制度等。

1. 内部会计控制体系

单位内部会计控制体系，主要是指一个单位的会计工作组织体系。其主要内容包括以下五个方面：

（1）明确单位领导人对会计工作的领导职责。根据《会计法》和《规范》的规定，单位领导人要对会计工作全面负责；领导会计机构、会计人员和单位其他人员要认真执行会计法律、法规、规章、制度，督促内部会计管理制度的贯彻实施；要保证会计资料合法、真实、准确、完整，保障会计人员依法行使职权；要对忠于职守、成绩显著的会计人员进行表彰奖励。

（2）明确总会计师对会计工作的领导职责。根据《会计法》和《总会计师条例》的规定，需要设置总会计师的单位应当依法设置总会计师。设置总会计师的单位，应当按照《会计法》和《总会计师条例》的规定，明确总会计师的职责和权限。

（3）决定会计机构的设置，明确会计机构以及会计机构负责人（或者会计主管人员）的职责。各单位会计机构的设置原则，结合本单位实际情况作出规定。

（4）明确会计机构与其他职能机构的分工与联系。会计部门与单位内部其他部门等有着十分密切的联系，在工作中经常发生业务联系，非常有必要明确这些部门各自的职责、分工，这样才有利于明确责任、加强协作，也有利于管理者对其进行监督和考核。

（5）确定单位内部的会计核算组织形式。主要是明确单位内部的会计核算组织体系是实行集中核算，还是分散核算（如二级核算、三级核算等）。

2. 会计人员岗位责任制度

会计人员岗位责任制度是针对有关单位内部会计人员管理的一项重要制度。其主要内容包括：①会计人员工作岗位的设置；②各个会计工作岗位的职责和工作标准；③各会计工作岗位的人员和具体分工；④会计工作岗位轮换办法；⑤对各会计工作岗位的考核办法。

3. 账务处理程序制度

账务处理程序制度主要是对会计凭证、会计账簿、会计报表及会计核算流程和基本方法的规定。其主要内容包括：①根据国家统一会计制度的规定，确定单位会计科目和明细科目的设置和使用范围；②根据《规范》的规定和单位会计核算的要求，确定本单位会计凭证格式、填制要求、审核要求、传递程序、保管要求等；③根据《规范》的规定和单位会计核算的要求，确定本单位总账、明细账、现金日记账、银行存款日记账及各种辅助账等的设置、格式、登记、对账、结算、改错等要求；④根据国家统一会计制度的要求，确定对单位财务报表的种类和编制要求，同时根据单位内部管理要求确定单位内部会计指标体系和考核要求。

4. 内部牵制制度

内部牵制制度是内部会计控制制度的重要内容之一。制定内部牵制制度时，应当与会计人员岗位责任制度结合起来考虑。其主要内容包括：内部牵制制度的原则，包括机构分离、职务分离、账钱分离、账物分离等；对出纳等岗位的职责和限制性规定；有关部门或领导对限制性岗位定期检查办法，等等。

5. 稽核制度

稽核制度是指会计机构内部指定专人对有关会计账证进行审核、复查的一种制度。该项制度的建立也应当结合会计人员岗位责任制度一并进行考虑。其主要内容包括：稽查工作的组织形式和具体分工；稽核工作的职责、权限；稽核工作的程序和基本要求，等等。

6. 原始记录管理制度

原始记录是会计核算工作的基础环节，建立规范的原始记录管理制度，对会计核算工作的正常进行能够起到重要保证作用。其主要内容包括：原始记录的格式、内容的填制方法，包括填制、签署、传递、汇集、反馈要求等；原始记录的审核要求；有关人员对原始记录管理的责任，等等。

7. 定额管理制度

定额管理制度是指确定单位定额的制定依据、制定程序、考核方法、奖惩措施的制度。其主要内容包括：额定管理的范围，如劳动定额、物资定额、成本费用定额、人员定额、工时定额等；制定和修订定额的依据、方法、程序；定额的执行、考核、奖惩的具体办法，等等。

8. 计量验收制度

计量验收制度是财务会计管理工作的基础。其主要内容包括：计量检验手段和方法，计量验收管理的要求，计量验收人员的责任和奖惩办法，等等。

9. 财产保护制度

企业应建立财产日常管理和定期清查制度，明确财务财产记录、实物保管、定期盘点、账实核对等措施以确保财产安全。企业应当严格限制未经授权的人员接触和处置财产。

10. 预算控制制度

企业应实施全面预算管理制度，明确各责任单位在预算管理中的职责权限，规范预算的编制、审定、下达和执行的程序，强化预算约束。

11. 财务收支审批制度

财务收支审批制度是指确定财务收支的审批范围、审批人员、审批权限、审批程序及其责任的制度。建立健全财务收支审批制度，是财务会计工作的关键环节。其主要内容包括：①确定财务收支的审批人员和审批权限。具体来说，应当明确单位领导人、总会计师、会计机构负责人以及其他有关机构负责人审批财务收支的范围和最高限额；超过规定限额应当报批的程序（包括管理层集体研究决定、报上级主管单位批准等）。②确定财务收支审批程序，包括经办人、审批人、批准人等应履行的手续及承担的责任等。③明确对财务收支中违反规定的责任人和领导人的处理要求。

12. 成本核算制度

成本核算制度主要适用于企业单位。其主要内容包括：成本核算对象的确定、成本核算方法和程序的确定、有关成本基础制度的规定、成本考核和成本分析等等。

13. 财务会计分析制度

建立定期的财务会计分析制度，检查财务会计指标落实情况，分析存在的问题和原因，提出相应改进措施，是加强单位内部管理，不断提高经济效益的重要措施。其主要内容包括：财务会计分析的时间、召集形式；参加的部门和人员；财务会计分析的内容和分析方法；财务会计分析报告的编写要求，等等。

第七节　会计电算化简介

会计的发展是与科技的进步、生产力的变革、经济的飞跃、企业组织形式、企业经营方式的转变分不开的。进入20世纪90年代以后，以计算机技术和网络技术为代表的信息技术的迅猛发展和广泛应用，引发了全球范围的信息革命，对社会生活的各个方面产生了重大影响。信息技术的迅速发展也为会计工作带来了机遇和挑战，会计主体的组织结构和经营方式的变化对会计工作提出了新的要求。信息技术在会计中的广泛应用为会计理论与实务的创新发展提供了新的机遇：信息技术的发展扩展了会计职能，从而为管理会计的发展提供了广阔的空间。信息技术在会计中的广泛应用要求财会人员具备更高的素质。面对上述客观环境的变化，会计工作应当在会计管理系统方面尽快实现计算机化和网络化。

一、电算化会计的含义及特点

电算化会计是以计算机为载体，将当代电子技术和信息技术应用到会计实务中，用计算机来替代人工记账、算账、报账，以及代替部分原本由会计人员完成的会计信息的分析、预算和决策的过程。电算化会计信息处理过程具有以下特点：

（1）以计算机为计算工具，数据处理代码化，速度快、精度高。电算化会计是以计算机代替人工记录和处理数据，采用对系统原始数据编码的方式以缩短数据项的长度，减少数据占用的存储空间，从而提高了会计数据筛选的速度和精度。

（2）数据处理人机结合，系统内部控制程序化、复杂化。电算化会计的整个信息处理过程表现为计算机与人工的结合。计算机对数据（信息）的处理是通过程序来进行的，系统内部控制方式均要求程序化。同时，由于数据处理的人机结合和系统内部控制方式的程序化，使得系统控制复杂化。其控制点由手工会计对人的控制转到对人和机器两方面的控制，控制的内容涉及人员分工、职能分离和计算机软件及硬件的维护，以及会计信息和会计档案的保存和保管。

（3）数据处理自动化、财务处理一体化。电算化会计信息处理过程分为输入、处理和输出三个环节：首先，将分散于各个核算岗位的会计数据统一收集后集中输入计算机；然后，计算机对输入数据自动进行过账、转账和编表处理；最后，由计算机根据指令将所属信息以账表形式打印输出。中间环节在机内自动操作，而需要的任何资料均可通过查询得到，真正实现了数出一门、数据共享。

（4）信息处理规范化、会计存储磁性化。电算化会计要求建立规范化的会计基础工作，它对数据的处理也按规范化的程序进行。在电算化系统中，各种会计数据以文件的形式组织，磁性介质成为保存会计信息和会计档案的主要载体。

（5）具有选择判断及作出合理决定的逻辑功能。计算机系统具有多功能的输入、输出设备，具有记忆功能。一般来说，任何复杂的工作只要能够简化为一系列的计算或逻辑运算，都可以用计算机迅速而准确地处理。系统设计与开发中的数学、运筹学、决策论等方法的运用，增强了系统的预测和决策功能。

二、电算化与手工会计的比较

为了便于学生理解电算化会计到底保留了传统会计的哪些元素，同时改变或增加了哪些元素，我们将从共性和差异两个角度对电算化会计与手工会计进行比较分析。

（一）共性分析

手工会计与电算化会计必然有相同之处，这主要表现在以下六点：

（1）二者目标一致。无论是手工会计还是电算化会计，其最终目标都是加强经营管理，提供会计信息，参与经营决策，提高经济效益。

（2）二者都要遵循基本的会计理论和会计方法。电算化会计在会计理论和会计方法上的变化是渐进的，而不是突变型的。迄今为止，电算化会计仍遵循既定的基本会计理论和会计方法。

（3）二者共同遵守会计法规和会计准则。会计法规是进行会计工作的法律依据，会计准则是指导会计工作的规范。电算化会计应当更严格地遵守会计法规和会计准则，从措施上、技术上杜绝可能出现的失误。

（4）二者采用的数据处理步骤基本相似。手工会计和电算化会计都包括以下数据处理步骤：一是采集数据，予以输入；二是存储记录和资料；三是对数据采取加工处理，如排序、分类、计算和传递；四是制定各种程序，规定需要何种数据，于何时何地取得该项数据以及如何使用和传递；五是编制输出财务报表，在电算化会计环境下，由于使用了现代化的装备和科学的管理体制，报表输出被赋予新的含义；六是进行财务分析、预测，为企业管理当局提供决策支持。

（5）二者运用借贷记账法的原理相同。不管是手工会计还是电算化会计，对发生的经济业务都要运用借贷平衡原理，编制会计分录，记入账户，再进行排序、分类、计算、记录、判断等加工处理，然后编制财务报表。电子计算机可以对输入的原始资料按照事先编好的程序自动地产生会计分录，并在棋盘式账户（矩阵簿记）中记账，它所遵循的依然是借贷记账法的原理。

（6）二者都必须保存会计档案。会计档案是会计工作的重要历史资料，必须按照规定妥善保管。在电算化会计环境下，大部分会计档案的物理性质发生了变化，由纸质的会计档案变为磁性介质的会计档案，这就要求用更科学的方法加强对会计档案的保管。

（二）差异分析

尽管电算化会计与手工会计存在上述相同之处，但两者还是存在许多差别，主要表现在以下几方面：

1. 会计数据存储介质不同

手工会计是以纸介质作为会计数据的存储介质的，这种介质的特点是具有可见性，正本与副本容易区分，比较难以全真复制，是审计线索记录的比较理想的介质。但是通过这种介质存放的会计数据存在融合性差、不易长久保存、共享性差等致命弱点，与现代信息技术格格不入。电算化会计主要是以电磁介质作为会计数据的存储介质，这种介质的特点是无形性、易改变性、易复制性且自制几乎没有成本，存储在此介质上的会计数据如不采取特别的措施，就很难保证安全、可靠、有证据力。通过这种介质存放的会计数据易携带、易传递、易长期保存、可方便共享，便于数据汇总分析、便于检索，并且与现代信息技术的融合性比较好。通过采取必要的数字签名或数据加密等手段，这种介质所记载的数据的证据力不亚于纸介质所记载的数据。

2. 会计数据收集方式以及采集数据的内容不同

计算机系统和手工系统收集会计数据均以"审计和编制会计凭证"为起点，但在电算化会计方式下，系统收集会计数据与手工方式相比至少有两种变化：①收集会计数据方式不同。电算化会计收集数据一般有三种方式：第一，手工编制的零星业务的人工凭证；第二，其他业务子系统（如生产部门、人事部门等）对业务（入库单、工资表）处理后，自动编制形成的机制凭证；第三，账务处理子系统定期（月、年）对固定业务（如税金结转、期末结汇、损益结转等）产生的机制凭证。②收集会计数据的具体内容不同。电算化会计系统可以通过各个部门的数据接口转换和接收数据。

3. 会计核算上的差异

传统的手工会计是一个封闭的会计核算系统，而电算化会计则提供了一个完全开放的会计核算平台。具体来说，两者在会计核算上存在下列四方面的差异：

（1）会计核算形式上的差异。在手工条件下，对会计信息的分类整理是通过将记账凭证的数据按会计科目转抄到日记账、明细分类账以及总分类账的形式来实现的。因此，围绕着如何减少登记，尤其是登记总账的工作量而产生了各种不同的会计核算形式。在电算化条件下，会计系统可以根据需要从数据库文件中随机轻易地提取各种形式和内容的账簿，因而传统会计为减少登记工作量而建立的各种会计核算形式将失去意义。

（2）会计核算重点和内容发生了改变。在手工条件下，由于受处理手段和工具等各种客观因素的限制，财会人员需要投入大量的精力和时间从各业务部门采集会计数据，此时的核算工作重点是如何及时、准确地完成登账和编制财务报表等事务性工作。在电算化条件下，计算机代替财会人员完成记账、算账、报账任务，尤其在 ERP 环境下，财会人员可以适时采集到反映企业经济活动的会计数据，因而客观上要求财会人员能够准确地分析数据、提出科学的分析结论和决策方案。因此，会计工作的重心自然就从记账、算账、报账转移到了财会监控、分析和财会决策上。

（3）会计核算流程发生了变化。在手工条件下，会计核算流程按照组织内部事先规定的程序人为执行；而在电算化条件下，会计对交易事项的确认、计量、记录、报告等数据处理过程趋于程序化和自动化，整个会计数据处理过程中人为的主观因素将减少。

（4）账簿体系的不同。在电算化条件下，会计账簿体系也发生了显著变化：第一，账簿的组织过程不同。实施电算化后，账簿只不过是记账凭证数据库按会计科目进行归类、统计的中间结果，采用用户"点菜"的方式，只要一个会计科目，计算机随时就可将涉及该科目的所有业务全部筛选出来，形成所需的各种账簿，如日记账、总分类账或明细分类账。第二，账簿的外观形式不同。电算化系统中的账簿突破了传统会计的分类界限，只要需要，任何一个会计科目（如应收账款）均可以生成日记账、三栏账或多栏账。此外，由于打印技术的限制，不能打印订本式账簿，因而财政部在有关电算化会计制度中规定，所有账页均可采用活页式。

4. 财务分工及授权方式发生了变化

财务分工及授权是保证财务数据可靠性和准确性的手段之一，也是财务监督的形式之一。在手工条件下，主要通过职权分割和岗位责任制的落实来进行财务分工和授权，并通过复核、平等登记、对账、记账、试算平衡等技术方法来防范人为舞弊以及财务错误。在电算化会计环境下，计算机信息处理的集中性、自动性和传统职权分割的控制作用近乎消失，通过机器的自动控制处理可以代替分离的人的角色，同时还可以消除一个人执行两项不相容业务的风险。

5. 会计信息交换方式发生了变化

在手工条件下，会计信息的交换是以会计凭证、账簿、财务报表等纸介质为载体，以人工传递的方式实现的。电算化会计系统极大地改变了会计信息传统的交换方式，它主要以电磁波、软盘、光盘等介质为载体，并以电缆、电波的方式传递信息，当前已呈现出一体化、网络化、远程通信化的趋势。这种交换方式使会计信息的传递更加迅速、安全、准确、直观，同时也更加宽广，为系统实施适时控制、实现由"核算型"向"管理型"的战略转移提供了先决条件。

6. 报表编制方法和财务报告披露模式发生了巨大变化

随着企业的发展和形式上的多样化，报表使用者对其会计信息的关注点也发生变化，而且差异将愈来愈大。例如，投资人关注目前的财务状况和经营成果；潜在投资人关心企业未来的投资收益；经营者侧重的是政府的有关政策和同行业其他企业的相关收入、成本信息，等等。这些都对传统财务会计报告模式提出了挑战。为特殊目的提供几种特殊报表，要比无目的的提供一种通用报表更好，只是技术问题限制了特殊报表的编制。随着现代信息技术和电算化会计的发展，信息的收集、加工、处理、呈报的技术障碍减少，成本降低，使得向不同信息使用者提供不同格式和内容的报表成为可能。

7. 会计组织发生了变化

在手工会计中，会计组织设计以会计事务的不同性质作为主要依据，如可将会计部门划分为材料组、成本组、工资组、资金组、综合组等，它们之间通过信息资料的传递、交换建立联系，相互稽核牵制，使会计工作正常运行。而在电算化会计中，会计组织设计原则通常以数据的不同形态作为主要依据，例如，可将会计部门划分为数据收集组、凭证编码组、数据处理组、信息组、系统维护组等。会计组织的这种变化，其特点是会计部门的信息分析、管理控制、参与决策的职能更加突出，而业务核算职能则随自动化程度的提高而逐渐缩小。电算化会计将手工会计对数据分散收集、分散处理、重复记录的操作方式，改变为集中收集、统一处理、数据共享的操作方式，使会计信息的提取、应用更适应于现代化管理的要求。

8. 会计从业人员的素质要求发生了变化

手工会计的人员均是会计专业人员，而在电算化会计条件下，其从业人员应由会计专业人员，电子计算机软件、硬件和操作人员共同组成。在电算化会计条件下，会计从业人员除了要掌握会计专业知识以外，还必须掌握现代信息技术的相关知识，要能识别现代信息技术在改造传统会计过程中可能带来的新的潜在风险，要更好地学会使用现代信息技术，同时使之成为一种防范风险的有效工具。因此，在电算化方式下，对会计从业人员的素质要求大大提高了。

三、电算化会计的内容

电算化会计系统应当是包括事前会计管理、事中会计管理和事后会计管理的一个完整的电算化会计系统，目前较为成熟的、已经形成商品化软件的是属于事中会计管理的电算化会计核算系统。

（一）电算化会计核算系统

电算化会计核算系统就是利用计算机完成企业的日常核算工作，包括输入凭证、登记账簿和编制会计报表的系统。通常电算化会计核算系统包括账务处理子系统、各种专业核算子系统（如工资核算子系统、固定资产核算子系统、存货核算子系统、成本核算子系统、销售和利润核算子系统）以及报表子系统等。其中，账务处理子系统包括科目的设置、账务体系的生成和账务处理三方面，其主要任务是一次性完成科目体系设置和账务的生成，通过该系统输入各种记账凭证（或原始凭证），由计算机自动完成明细、总分类账的记录及各种统计工作的实施，并提供查询、更新、储存等功能。在账务处理系统中，设置科目体系是一项很重要的工作，其质量的好坏直接影响其他模块功能的发挥，所以要力争把此项工作做好。各种专业核算子系统的设计一般包括初始化、输入信息的计价、专业计算、差异分配、查询和统计、输出等模块。报表编制子系统则包括初始化、输入、计算汇总、查询、分析、输出等模块。需要指出的是，上述账务处理系统的各专业核算子系统的设计要考虑有关会计制度的要求，在模拟手工操作方式的基础上充分考虑电子计算机的特点，使两者有机结合，在尽量发挥电子计算机优势的前提下进行。早期的会计软件只包括电算化会计核算系统，即使在现在的会计软件中，电算化会计核算系统仍然是其核心内容。

（二）电算化会计管理系统

随着经济的发展，核算以外的会计职能越来越受到重视，核算型会计正在向管理型会计转化。核算型会计向管理型会计转化的标准称谓是会计由核算型向核算管理型转化，其基本含义包括三方面：第一，要使财务会计与管理会计融为一体，重新构建一个既有核算又有管理的新的会计体系；第二，要使财务会计在现有的事后核算为主的基础上加强参与决策，实施控制和开展分析等活动；第三，要建立包括事前、事中、事后在内的全面核算和全过程管理系统。这样的会计系统也就是包括事前的预测、决策，事中的核算控制和事后的考评在内的全过程管理系统。事中的核算与管理，应当包括分解指标、落实计划、实施责任会计、进行标准成本计算或作业成本计算，并使之与财务会计相结合组成一种完整的适时核算和管理会计系统。会计的事后核算与管理是指定期对企业及其内部各责任单位的财务状况和经营成果进行揭示、分析与评估。

四、计算机网络

电算化会计信息系统的设计、安装、使用与计算机网络紧密地联系在一起，因此对会计人员来说，网络技术掌握的好坏对会计信息的收集、加工、管理和使用都会产生直接的影响。为此，在初学会计电算化过程中，会计人员必须认真学习网络技术知识，了解电算化会计信息系统环境中的局域网、广域网的工作原理、类型、基本组成、网络应用系统模式、网络用户与授权管理、网络数据传递和接收、网络安全管理等内容。

所谓计算机网络，就是将分散的计算机、终端、外部设备和数据站等设备通过通信线路连接在一起，最终达到资源共享的一种系统。按照网络覆盖范围的大小和应用的技术条件及工作环境，可以将计算机网络分为广域网和局域网，目前会计系统的联网大多以局域网为主。

复习思考题

1. 简述会计工作组织的意义和原则。
2. 我国的《会计法》包括哪些内容？
3. 应如何区分我国企业会计制度与企业会计准则的具体适用范围？
4. 会计机构的设置要求有哪些？
5. 会计人员的职责和权限有哪些？
6. 集中核算与非集中核算各有什么优缺点？
7. 简述单位会计人员和注册会计师应遵守的职业道德。
8. 什么是内部控制会计制度？其制定的意义何在？
9. 制定内部会计控制制度应当遵循哪些原则？
10. 内部会计控制制度具体包含哪些内容？
11. 电算化会计信息处理有哪些特点？
12. 电算化会计与手工会计有哪些异同？
13. 电算化会计系统应包含哪些内容？

总复习题

1. 汉中汉江公司20××年10月试算平衡表如下表所示：

会计科目	期末余额	
	借方	贷方
库存现金	650	
银行存款	141 000	
应收账款	54 200	
坏账准备		2 400
原材料	58 000	
库存商品	112 500	
存货跌价准备		10 050
固定资产	585 000	
累计折旧		25 800
固定资产清理		3 000
长期待摊费用	97 400	
应付账款		36 000
预收账款		12 000
应付债券		145 000
长期借款		223 000
实收资本		500 000
盈余公积		5 500
利润分配		41 000
本年利润		45 000
合计	1 048 750	1 048 750

其中：

①长期待摊费用中含将于一年内摊销的金额3 000元。

②长期借款余额中将于一年内到期归还的长期借款金额为30 000元。

③应收账款有关明细账期末余额情况为：

应收账款——A公司　贷　11 000

　　　　　——B公司　借　65 200

应付账款——C公司　贷　48 000

　　　　　——D公司　借　12 000

预收账款——E公司　贷　14 500

　　　　　——F公司　借　2 500

要求：根据上述资料计算汉中汉江公司 20××年 10 月 31 日资产负债表下列项目的期末数。

(1) 货币资金（　　）元；　　　　(9) 应付账款（　　）元；

(2) 应收账款（　　）元；　　　　(10) 预收款项（　　）元；

(3) 预付款项（　　）元；　　　　(11) 流动负债合计（　　）元；

(4) 存货（　　）元；　　　　　　(12) 长期借款（　　）元；

(5) 流动资产合计（　　）元；　　(13) 负债合计（　　）元；

(6) 固定资产（　　）元；　　　　(14) 所有者权益合计（　　）元；

(7) 非流动资产合计（　　）元；　(15) 权益合计（　　）元。

(8) 资产合计（　　）元；

2. 汉中汉江公司 20××年 12 月银行存款日记账与银行对账单在 21 号以后的资料如下表所示（假设 21 号以前的记录均正确）：

汉中汉江公司银行存款日记账的账面记录：

日期	摘要	余额
29 日	存入购货主转账支票 # 891	24 800
30 日	开出转账支票 # 352 支付购料款	16 400
30 日	开出转账支票 # 353 支付运输费	800
31 日	存入购货主转账支票 # 740	16 000
	银行存款日记账期末余额	76 500

银行对账单的记录：

日期	摘要	余额
30 日	存入转账支票 # 891	24 800
30 日	转账支票 # 352	16 400
31 日	代付借款利息	1 500
31 日	收到托收的货款	13 500
	银行对账单期末余额	73 300

要求：根据以上资料完成 20××年 12 月 31 日的银行存款余额调节表。

项目	金额	项目	金额
银行存款日记账余额	(1)	银行对账单余额	(5)
加：银行已收企业未收	(2)	加：企业已收银行未收	(6)
减：银行已付企业未付	(3)	减：企业已付银行未付	(7)
调整后余额	(4)	调整后余额	(8)

3. 已知武侯公司20××年末资产总额是年末流动负债的4倍，年末流动负债比年初流动负债多10 000元，年末流动资产比年初流动资产多50 000元，20××年的资产负债表如下：

资产	年初数	年末数	负债及所有者权益	年初数	年末数
流动资产：			流动负债：		
货币资金	89 400	101 200	短期贷款	28 000	35 000
应收账款	35 500	（1）	应付账款	65 000	（8）
其他应收款	1 800	1 500	应交税费	（9）	10 680
存货	（2）	58 600	流动负债合计	（10）	108 500
流动资产合计	（3）	（4）	非流动负债：		
非流动资产：			长期贷款	30 000	50 000
固定资产	（5）	21 000	所有者权益：		
资产合计	（6）	（7）	实收资本	250 000	250 000
			盈余公积	（11）	（12）
			所有者权益合计	（13）	（14）
			负债及所有者权益合计	387 000	（15）

要求：根据以上资料填上正确数字完成20××年的资产负债表。

4. 汉中汉江公司20××年12月利润表如下：

项目	本年金额	（重新填）项目
一、营业收入	560 000	
减：营业成本	250 000	
营业税金及附加	75 000	
销售费用	38 000	
管理费用	40 000	
财务费用	7 000	
二、营业利润	150 000	
加：营业外收入	2 500	
减：营业外支出	4 500	
三、利润总额	148 000	
减：所得税费用	37 000	
四、净利润	111 000	

经查，有以下错误：

①有一笔产品销售业务结转的销售成本为20 000元，而实际应结转的销售成本是30 000元，少结转成本10 000元。

②提前确认了一笔金额为30 000元的销售业务，从而导致收入多计30 000元（假定该销售收入收到银行存款）。

③将一笔45 000元的销售收入误记为55 000元，多计收入10 000元（假定该销售收入收到银行存款）。

要求：（1）写出各笔错账的更正方法，并编错账更正分录。

（2）填写正确利润表（所得税税率为25%）。

5. 汉江公司20××年12月末科目如下表所示：

账户名称	借方余额	贷方余额
库存现金	510	
银行存款	12 000	
应收账款	20 000	
库存商品	18 900	
原材料	8 000	
固定资产	173 000	
短期借款		35 000
应付账款		8 050
实收资本		200 000
主营业务收入		19 000
主营业务成本	8 000	
销售费用	2 000	
管理费用	3 000	
合计	245 410	262 050

经查，有以下错误：

①用银行存款支付广告费5 400元，误记为4 500元。

②赊销商品一批，计8 500元，过账时误记入应收账款账户贷方。

③虚记一笔赊销商品业务，金额为5 000元。

④用银行存款支付本月水电费150元，过账时管理费用账户借记5 10元。

⑤用银行存款购买办公用的复印机一台，价值3 500元，误作为库存商品登记入账。

要求：纠正错误后填入下表。

账户名称	借方余额	贷方余额
库存现金	(1)	
银行存款	(2)	
应收账款	(3)	
库存商品	(4)	
原材料	(5)	
固定资产	(6)	
短期借款		35 000
应付账款		(7)
实收资本		200 000
主营业务收入		(8)
主营业务成本	8 000	
销售费用	(9)	
管理费用	(10)	
合计	(11)	(12)

6. 咸河公司 20××年 12 月初账户余额为：

账户名称	借方	账户名称	贷方
库存现金	1 000	累计折旧	43 000
银行存款	70 000	应付账款	80 000
应收账款	58 000	预收账款	16 000
库存商品	108 000	短期借款	27 000
固定资产	459 000	实收资本	600 000
长期股权投资	87 000	未分配利润	17 000
合计	783 000	合计	783 000

20××年 12 月发生以下业务：

①提取现金 1 500 元备用。

②赊购商品，价款 10 000 元，增值税 1 700 元，已入库，款未付。

③销售商品 1 000 件，每件售价为 100 元，每件成本为 50 元，税率 17%，款项已存入银行。

④从存款中归还短期借款 17 000 元以及付本月借款利息 180 元。

⑤收到其他单位所欠货款 30 000 元，存入银行。

要求：填以下空：

(1) 货币资金（　　）元；　　　　(9) 应付账款（　　）元；

(2) 应收账款（　　）元；　　　　(10) 短期借款（　　）元；

（3）存货（　　）元；　　　（11）应交税费（　　　）元；

（4）流动资产合计（　　）元；　（12）负债合计（　　）元；

（5）固定资产（　　）元；　　　（13）未分配利润（　　）元；

（6）长期股权投资（　　）元；　（14）所有者权益合计（　　）元；

（7）非流动资产合计（　　）元；（15）负债及所有者权益合计（　　）元。

（8）资产合计（　　）元；

7. 莲水公司所得税税率为25%，该公司20××年11月份损益类账为：

项目		本年累计金额
一、营业收入		2 985 000
减：营业成本		1 500 000
营业税金及附加		88 000
销售费用		210 000
管理费用		350 000
财务费用	本期略	4 000
资产减值损失		3 000
二、营业利润		830 000
加：营业外收入		3 000
减：营业外支出		8 000
三、利润总额		825 000
减：所得税费用		206 250
四、净利润		618 750

该公司20××年12月份发生以下业务：

①对外销售甲商品3 500件，单价68元，增值税17%，已办妥银行托收货款手续。

②经批准处理财产清查中的账外设备一台，估计原价10 000元，七成新。

③计算分配本月职工工资共计40 000元，其中管理部门25 000元，专设销售机构人员工资15 000元。

④结转已销售的3 500件甲商品的销售成本140 000元。

⑤将本月实现的损益结转至"本年利润"账户。

要求：填以下空白处：

项目	金额
一、营业收入	（1）
减：营业成本	1 640 000
营业税金及附加	88 000

（续上表）

项目	金额
销售费用	225 000
管理费用	（2）
财务费用	4 000
资产减值损失	3 000
二、营业利润	（3）
加：营业外收入	10 000
减：营业外支出	8 000
三、利润总额	（4）
减：所得税费用	（5）
四、净利润	（6）

8. 老城公司20××年6月30日收到银行对账单的存款余额为67 000元，与银行存款日记账余额不符，经核对公司均无记账错误。未达账款如下：

①6月28日，老城公司开出一张金额为15 800元的转账支票用以支付货款，供货方尚未持该支票到银行兑现。

②6月29日，老城公司收到存款银行某客户转账支票4 200元，因对方存款不足而被退票，而公司未接到通知。

③6月30日，老城公司当日的水电费用1 300元银行已代为支付，但公司未接到付款通知尚未入账。

④6月30日，银行计算应付给老城公司的存款利息360元，银行已入账，而公司尚未收到通知。

⑤6月30日，老城公司委托银行代收的款项11 000元，银行已转入公司的存款户，但公司尚未收到通知入账。

⑥6月30日，老城公司收到购货方转账支票一张，金额为7 900元，已送存银行，但银行尚未入账。

假定老城公司与银行存款调整后相符。

要求：填以下空白处：

项目	金额	项目	金额
银行存款日记账余额	（1）	银行对账单余额	（5）
加：银行已收，企业未收	（2）	加：企业已收，银行未收	（6）
减：银行已付，企业未付	（3）	减：企业已付，银行未付	（7）
调整后余额	（4）	调整后余额	（8）

9. 莲水公司20××年10月份发生如下经济业务（不考虑增值税）：

①10月2日，对外销售商品一批，共3 000件，收到购货方金额为15 000元的转账支

票，已存入银行。

②10月6日，收到环保部门的罚单，开出转账支票支付罚款1 000元。

③10月9日，接银行通知，异地购货方上月所欠货款8 000元已到账。

④10月13日，收到投资人追加投入资本金100 000元，已存入银行。

⑤10月31日，将本月2日销售的产品成本10 000元，结转至主营业务成本。

⑥10月31日，将本月的损益类账户结转至本年利润。

要求：在下表中填上正确数字并完成20××年莲水公司10月份发生额试算平衡表的编制。

发生额试算平衡表

20××年10月

账户名称	发生额	发生额
	借方	贷方
银行存款	(1)	(2)
应收账款		(3)
库存商品		(4)
实收资本		(5)
主营业务收入	15 000	(6)
主营业务成本	(7)	10 000
营业外支出	(8)	1 000
本年利润	(9)	(10)
合计	(11)	(12)

10. 山根有限公司20××年11月30日有关总账和明细账户的余额，如下表所示：

账户	借或贷	余额	负债和所有者权益	借或贷	余额
库存现金	借	800	短期借款	贷	18 900
银行存款	借	106 000	应付账款	贷	6 500
应收账款	借	45 000	——丙企业	贷	10 500
——甲公司	借	54 000	——丁企业	借	4 000
——乙公司	贷	9 000	预收账款	贷	5 500
坏账准备	贷	1 000	——C公司	贷	5 500
预付账款	借	7 500	长期借款	贷	50 000
——A公司	借	10 000	应付债券	贷	50 000
——B公司	贷	2 500	其中一年到期的应付债券	贷	20 000
原材料	借	11 600	实收资本	贷	200 000
生产成本	借	7 600	资本公积	贷	6 000

（续上表）

账户	借或贷	余额	负债和所有者权益	借或贷	余额
库存商品	借	25 000	盈余公积	贷	14 500
固定资产	借	187 000	利润分配	贷	18 600
累计折旧	贷	7 000	——未分配利润	贷	18 600
固定资产清理	贷	2 500	本年利润	贷	10 000
合计		380 000	合计		380 000

要求：填写山根有限公司20××年11月30日资产负债表的下列项目金额：

(1) 货币资金（　　　）元；　　　　　(9) 应付账款（　　　）元；

(2) 应收账款（　　　）元；　　　　　(10) 预收账款（　　　）元；

(3) 预付账款（　　　）元；　　　　　(11) 流动负债合计（　　　）元；

(4) 存货（　　　）元；　　　　　　　(12) 应付债券（　　　）元；

(5) 流动资产合计（　　　）元；　　　(13) 负债合计（　　　）元；

(6) 固定资产（　　　）元；　　　　　(14) 未分配利润（　　　）元；

(7) 非流动资产合计（　　　）元；　　(15) 所有者权益合计（　　　）元；

(8) 资产合计（　　　）元；　　　　　(16) 权益合计（　　　）元。

11. 山根有限公司20××年8月发生的经济业务及登记的总分类账和明细分类账如下：

① 4日，向A企业购入甲材料1 000千克，单价17元，计17 000元；购入乙材料2 500千克，单价9元，计22 500元。货物已验收入库，货款项39 500元尚未支付。（不考虑增值税，下同）

② 8日，向B企业购入甲材料2 000千克，单价17元，计34 000元，货物已验收入库，款项尚未支付。

③ 13日，生产车间为生产产品领用材料，其中领用甲材料1 400千克，单价17元，价值23 800元；领用乙材料3 000千克，单价9元，价值27 000元。

④ 23日，向A企业偿还前欠货款20 000元，向B企业偿还前欠货款40 000元，用银行存款支付。

⑤ 26日，向A企业购入乙材料1 600千克，单价9元，计14 400元，已用银行存款支付，货物同时验收入库。

要求：根据资料及总分类账和明细分类账的勾稽关系，将总分类和明细分类中空缺的数字补充完整。

总分类账户

会计科目：应付账款

20××年		凭证编号	摘要	借方	贷方	借或贷	余额
月	日						
8	1	（略）	月初余额			贷	（1）
	4		购入材料		（2）	贷	82 500
	8		购入材料		34 000	贷	（3）
	23		归还前欠货款	60 000		贷	56 500
	31		本月合计	（4）	73 500	贷	56 500

总分类账户

会计科目：原材料

20××年		凭证编号	摘要	借方	贷方	借或贷	余额
月	日						
8	1		月初余额			借	（5）
	4	（略）	购入材料	39 500		借	（6）
	8		购入材料	（7）		借	88 400
	13		生产领用材料		（8）	借	37 600
	26		购入材料	14 400		借	（9）
	31		合计	87 900	50 800	借	52 000

原材料明细分类账

明细科目：甲材料   数量单位：千克

20××年		凭证编号	摘要	收入			发出			结存		
月	日			数量	单价	金额	数量	单价	金额	数量	单价	金额
8	1		月初余额							400	17	6 800
	4		购入材料	1 000	17	（10）				1 400	17	23 800
	8		购入材料	2 000	17	34 000				（11）	17	（12）
	13		领用材料				1 400	17	23 800	2 000	17	34 000
	31		合计	3 000	17	51 000	（13）	17	（14）	2 000	17	34 000

12. 连有公司20××年12月最后十天的银行存款日记账和银行对账单的有关记录如下表所示：

连有公司银行存款日记账的记录：（单位：元）

日期	摘要	金额
12 月 29 日	因销售商品收到 ＃98 转账支票一张	15 000
12 月 29 日	开出 ＃78 现金支票一张	1 000
12 月 30 日	收到 A 公司交来的 ＃355 转账支票一张	3 800
12 月 30 日	开出 ＃105 转账支票以支付货款	17 100
12 月 31 日	开出 ＃106 转账支票支付明年报刊订阅费	500
月末余额	147 800	

银行对账单的记录（假定银行记录无误）：

日期	摘要	金额
12 月 29 日	支付 ＃78 现金支票	1 000
12 月 30 日	收到 ＃98 转账支票	15 000
12 月 30 日	收到托收的货款	25 000
12 月 30 日	支付 ＃105 转账支票	11 700
12 月 31 日	结转银行结算手续费	100
月末余额	174 800	

要求：代连有公司完成下列错账更正后的银行存款余额调节表的编制。

银行存款余额调节表

20××年 12 月 31 日　　　　　　　　　　　　　　　单位：元

项目	金额	项目	金额
企业银行存款日记账余额	(1)	银行对账单余额	(5)
加：银行已收企业未收的款项合计	(2)	加：企业已收银行未收的款项合计	(6)
减：银行已付企业未付的款项合计	(3)	减：企业已付银行未付的款项合计	(7)
调节后余额	(4)	调节后余额	(8)

13. 水磨弯公司 20××年 12 月末结账前的余额试算表如下。

结账前余额试算表

20××年 12 月　　　　　　　　　　　　　　　　　单位：元

账户名称	借方余额	贷方余额
库存现金	500	
银行存款	85 000	
应收账款	45 500	
库存商品	170 000	

（续上表）

账户名称	借方余额	贷方余额
固定资产	200 000	
累计折旧		5 000
短期借款		20 000
应付账款		50 000
实收资本		200 000
盈余公积		2 000
利润分配		8 000
本年利润		40 000
主营业务收入		206 000
销售费用	10 000	
管理费用	20 000	
合计	531 000	531 000

月末，水磨弯公司的会计人员对以下经济事项进行了结账处理：

①计提本月办公用固定资产折旧 1 000 元；

②结转本月已售商品成本，共计 100 000 元；

③结转本月损益类账户至"本年利润"账户；

④按 25% 的所得税税率计算本月应交所得税；

⑤将本月所得税结转至"本年利润"账户；

⑥结转"本年利润"账户。

要求：根据上述资料，完成下列水磨弯公司 20××年 12 月结账后试算平衡表的编制。

结账后余额试算表

20××年 12 月 单位：元

账户名称	借方余额	贷方余额
库存现金	500	
银行存款	(1)	
应收账款	(2)	
库存商品	(3)	
固定资产	(4)	
累计折旧		(5)
短期借款		(6)
应付账款		(7)
应交税费		(8)
实收资本		200 000

（续上表）

账户名称	借方余额	贷方余额
盈余公积		(9)
利润分配		(10)
合计	(11)	(12)

14. 武侯公司20××年10月的余额试算平衡表如下表所示：

余额试算平衡表

会计科目	期末余额	
	借方	贷方
库存现金	380	
银行存款	65 000	
其他货币资金	1 220	
应收账款	36 400	
坏账准备		500
原材料	27 400	
库存商品	41 500	
材料成本差异		1 900
固定资产	324 500	
累计折旧		14 500
固定资产清理		5 000
长期待摊费用	39 300	
应付账款		31 400
预收账款		4 200
长期借款		118 000
实收资本		300 000
盈余公积		1 500
利润分配		8 700
本年利润		50 000
合计	535 700	535 700

补充资料：

①长期待摊费用中含将于一年内摊销的金额5 000元。

②长期借款期末余额中将于一年内到期归还的长期借款数为50 000元。

③应收账款有关明细账期末余额情况为：

应收账款——A公司   贷方余额   5 000

　　　　　　　——B 公司　借方余额　41 400

④应付账款有关明细账期末余额情况为：

应付账款——C 公司　贷方余额　39 500

　　　　　　　——D 公司　借方余额　8 100

⑤预收账款有关明细账期末余额情况为：

预收账款——E 公司　贷方余额　7 200

　　　　　　　——F 公司　借方余额　3 000

　　要求：根据上述资料，计算武侯公司 20××年 10 月 31 日资产负债表中下列项目的期末数。

（1）货币资金（　　　）元；　　　　（9）应付账款（　　　）元；

（2）应收账款（　　　）元；　　　　（10）预收账款（　　　）元；

（3）预付账款（　　　）元；　　　　（11）流动负债合计（　　　）元；

（4）存货（　　　）元；　　　　　　（12）长期借款（　　　）元；

（5）流动资产合计（　　　）元；　　（13）负债合计（　　　）元；

（6）固定资产（　　　）元；　　　　（14）所有者权益合计（　　　）元；

（7）非流动资产合计（　　　）元；　（15）权益合计（　　　）元。

（8）资产合计（　　　）元；

15. 武侯公司所得税税率为 25%，该公司 20××年的收入和费用有关资料如下表所示：

会计科目	期末余额	
	借方	贷方
主营业务收入		650 000
其他业务收入		85 000
营业外收入		3 500
投资收益		11 800
主营业务成本	370 000	
其他业务成本	41 000	
营业税金及附加	7 800	
销售费用	12 000	
管理费用	23 000	
财务费用	3 500	
资产减值损失	4 500	
营业外支出	8 000	

　　要求：计算武侯公司 20××年度的利润表中下列项目的金额。

（1）营业收入（　　　）元；　　　　（4）利润总额（　　　）元；

（2）营业成本（　　　）元；　　　　（5）所得税费用（　　　）元；

（3）营业利润（　　　）元；　　　　（6）净利润（　　　）元。

16. 汉江公司20××年12月31日有关损益类账户本期发生额如下表所示：

损益类账户本期发生额　　　　　　　　单位：元

账户名称	借方	贷方
主营业务收入		1 750 000
其他业务收入		31 000
营业外收入		65 000
主营业务成本	985 000	
营业税金及附加	75 000	
销售费用	40 000	
管理费用	60 000	
财务费用	20 000	
其他业务成本	22 000	
营业外支出	28 000	
资产减值损失	23 000	

假设汉江公司利润总额与应纳税所得额一致，所得税税率为25%。

要求：根据以上业务完成下列任务：

（1）写出期末将所有损益类账户余额结转至"本年利润"的会计分录。

（2）根据上述资料，计算汉江公司20××年度的营业利润。

（3）根据上述资料，计算汉江公司20××年度的利润总额。

（4）根据上述资料，计算汉江公司20××年度的净利润。

（5）写出汉江公司本期计提、结转并缴纳企业所得税时，应编制的会计分录。

17. 某制造公司20××年12月的试算平衡表，如下表所示：

试算平衡表

20××年12月31日

会计科目	期末余额	
	借方	贷方
库存现金	370	
银行存款	63 500	
应收账款	21 200	
坏账准备		1 350
原材料	46 000	
库存商品	56 800	
存货跌价准备		3 060

（续上表）

会计科目	期末余额	
	借方	贷方
固定资产	488 000	
累计折旧		4 860
固定资产清理		5 500
短期借款		25 000
应付账款		24 100
预收账款		4 500
长期借款		100 000
实收资本		450 000
盈余公积		4 500
本年利润		53 000
合计	675 870	675 870

补充资料：

①长期借款期末余额中将于 1 年内到期归还的长期借款数为 45 000 元。

②应收账款有关明细账期末余额情况为：

应收账款——A 公司　贷方余额　5 800

　　　　——B 公司　借方余额　27 000

③应付账款有关明细账期末余额情况为：

应付账款——C 公司　贷方余额　32 500

　　　　——D 公司　借方余额　8 400

④预收账款有关明细账期末余额情况为：

预收账款——E 公司　贷方余额　4 500

要求：请根据上述资料，计算该公司 20××年 12 月 31 日资产负债表中下列项目的期末数。

（1）应收账款（　　　）元；

（2）存货（　　　）元；

（3）流动资产合计（　　　）元；

（4）预收款项（　　　）元；

（5）流动负债合计（　　　）元。

18. 水磨弯公司 20××年发生以下业务：

①从甲公司购入原材料 800 千克，单价 600 元，增值税税率 17%，价税合计 561 600 元，款项已付，原材料已验收入库。

②以银行存款偿还长期借款 90 000 元。

③向 B 公司销售商品 1 000 件，单价 460 元，增值税税率 17%，价税合计 538 200 元，款项尚未收到。

④购入设备一台，价款 120 000 元，增值税税率 17%，价税合计 140 400 元，以银行存

款支付。

　　⑤结转销售给 B 公司商品的销售成本 320 000 元。

　　要求：编制有关会计分录。

　　19. 勉县有限责任公司 20××年 9 月 30 日银行存款日记账的余额为 68 000 元。经逐笔核对，发现以下未达账项：

　　①企业送存银行转账支票 30 000 元，并已登记银行存款增加，银行尚未记账。

　　②企业开出转账支票 25 000 元，持票单位未到银行办理转账业务，银行尚未记账。

　　③企业委托银行代收某公司购货款 39 000 元，银行已收妥入账，但企业尚未收到收款通知，尚未记账。

　　④银行代扣企业电话费 5 000 元，银行已登记企业银行存款减少，但企业未收到银行付款通知，尚未记账。

　　要求：根据以上资料，将准确数字填入银行余额调节表。

银行余额调节表

20××年 9 月 30 日

项目	金额	项目	金额
企业账面余额	（1）	银行对账单余额	（5）
加：银行已收，企业未收	（2）	加：企业已收，银行未收	（6）
减：银行已付，企业未付	（3）	减：企业已付，银行未付	（7）
调节后余额	（4）	调节后余额	（8）

　　20. 大黑公司 20××年 12 月初有关账户余额，如下表所示：

12 月初有关账户余额

单位：元

账户名称	借方余额	账户名称	贷方余额
库存现金	1 280	应付账款	75 400
银行存款	223 450	短期借款	100 000
应收账款	87 600	应交税费	15 800
库存商品	158 900	累计折旧	24 600
固定资产	587 570	实收资本	800 000
长期股权投资	100 000	未分配利润	143 000
合计	1 158 800	合计	1 158 800

　　大黑公司 12 月份发生以下业务：

　　①收到其他单位前欠货款 32 000 元，已存入银行。

　　②销售商品 1 000 件，每件售价 100 元，每件成本 70 元，增值税税率 17%，款项已收，已存入银行。

　　③采购商品一批，增值税专用发票列示的价款 50 000 元，增值税税率 17%，货已入

库，款项尚未支付。

④开出转账支票支付上述销售商品的运杂费用 2 000 元。

⑤从银行存款户中归还短期借款 50 000 元以及本月借款利息 350 元。

⑥通过银行转账支付上述部分购料款 58 500 元。

要求：根据上述资料，代大黑公司完成下列资产负债表的编制。

资产负债表

20××年 12 月 31 日

制表单位：大黑公司 单位：元

资产	年初数	年末数	负债和所有者权益	年初数	年末数
流动资产：	略		流动负债：	略	
货币资金		282 880	短期借款		50 000
应收账款		（1）	应付账款		（4）
存货		（2）	应交税费		（5）
流动资产合计		（3）	流动负债合计		169 700
非流动资产：			所有者权益：		
长期股权投资		100 000	实收资本		800 000
固定资产		562 970	未分配利润		170 650
非流动资产合计		662 970	所有者权益合计		970 650
资产总计		1 140 350	负债和所有者权益总计		1 140 350

21. 大黑公司固定资产采用年限平均法计提折旧。20××年 9 月初，该公司应计提折旧的固定资产构成如下表所示：

固定资产折旧规定

类别	原价（元）	预计使用年限	预计净残值率（%）
房屋、建筑物	3 100 000	20	3
运输工具	500 000	5	4
设备	450 000	10	3

9 月份发生以下固定资产变动：

① 9 月 21 日，购入货车一辆，以银行存款支付买价 70 000 元、运杂费 10 000 元，购入后当即投入使用。

② 9 月 30 日，报废设备一台，该设备原价 240 000 元，已计提折旧 160 000 元。

要求：根据上述资料，回答下列问题。

（1）计算大黑公司运输工具的年折旧率。

（2）计算 9 月 21 日购入的货车应计入固定资产的价值。

（3）计算大黑公司 9 月份的折旧额。

（4）计算大黑公司 9 月 30 日报废的设备计入营业外支出的金额。

（5）假设在此之前固定资产已累计计提折旧 350 000 元，计算出本月末"固定资产"项目的余额。

22. 大黑公司 20××年 6 月期初存货 500 件，单件 25 元（存货按照实际成本法核算），当月原材料收发情况如下：

① 5 日，购入 200 件，增值税专用发票上注明价款 5 600 元，增值税税率 17%，材料尚未到达，签发商业承兑汇票支付货款。

② 7 日，购入 200 件材料运抵企业验收入库。

③ 8 日，生产产品领用原材料 400 件，车间领用 200 件。

④ 11 日，购入材料 700 件，增值税专用发票上注明价款 21 000 元，增值税额 3 570 元，材料已验收入库，以上月申请的银行汇票支付货款，票面金额 30 000 元。

⑤ 15 日，购入材料 300 件，材料已验收入库，但发票账单未到；暂估价 12 000 元。

⑥ 22 日，生产产品领用材料 600 件。

⑦ 25 日，管理部门领用原材料 100 件。

要求：根据以上业务完成下列任务。

（1）写出 20××年 6 月 5 日该项交易事项的账务处理。

（2）写出 20××年 6 月 15 日该项交易事项的账务处理。

（3）按照全月一次加权平均法计算本期发出材料的成本及期末库存结余的成本。

（4）按照先进先出法计算本期发出材料的成本及期末库存结余的成本。

（5）按照全月一次加权平均法编制本期发出材料的会计分录。

23. 大黑公司根据"工资结算汇总表"列示，当月应付工资总额为 680 000 元，扣除企业已为职工代垫的医药费 2 000 元和受房管部门委托代扣的职工房租 26 000 元，实发工资总额为 652 000 元。上述工资总额中，根据"工资费用分配表"列示，产品生产人员工资为 560 000 元，车间管理人员工资为 50 000 元，企业行政管理人员工资为 60 000 元。

要求：根据以上业务完成下列任务。

（1）编制向银行提取现金的会计分录。

（2）编制发放工资的会计分录。

（3）编制代扣款项的会计分录。

（4）编制将有关工资费用结转至生产成本的会计分录。

（5）编制将有关工资费用结转至制造费用的会计分录。

24. 莲花池公司为增值税一般纳税人，20××年 3 月发生以下业务：

① 3 月 2 日，销售一批商品，开具的增值税专用发票上注明的售价为 800 000 元，增值税税额为 136 000 元。商品已发出，货款尚未收到。该批商品的成本为 600 000 元。

② 3 月 10 日，销售一批材料，开具的增值税专用发票上注明的售价为 60 000 元，增值税税额为 10 200 元，款项已由银行收讫。该批原材料的实际成本为 34 000 元。

③ 3 月份，销售部门发生费用 340 000 元。其中，销售人员薪酬 250 000 元，销售部专用办公设备折旧费 90 000 元。

④ 3 月份，行政管理部门发生费用 210 000 元。其中，行政人员薪酬 100 000 元，行政部门专用办公设备折旧费 35 000 元，报销行政人员差旅费 25 000 元（假定报销人未预借差旅费），发生业务招待费 50 000 元（以银行存款支付）。

⑤ 3 月 31 日，发生公益性捐赠 40 000 元，通过银行转账支付。

要求：逐笔编制上述业务的会计分录。

25. 读书台公司 20 × × 年 1 月发生的经济业务及登记的总分类账和明细分类账如下：

① 3 日，向 A 企业购入甲材料 800 千克，单价 22 元，价款 17 600 元；购入乙材料 700 千克，单价 16 元，价款 11 200 元。货物已验收入库，款项尚未支付。（不考虑增值税，下同）

② 6 日，向 B 企业购入丙材料 1 000 千克，单价 20 元，货物已验收入库，款项尚未支付。

③ 12 日，生产车间为生产产品领用材料，其中领用甲材料 1 200 千克，单价 22 元；领用乙材料 1 100 千克，单价 16 元。

④ 21 日，向 A 企业偿还前欠货款 30 000 元，向 B 企业偿还前欠货款 10 000 元，用银行存款支付。

⑤ 25 日，向 A 企业购入乙材料 1 100 千克，单价 16 元，价款已用银行存款支付，货物同时验收入库。

总分类账户

会计科目：应付账款

20 × × 年		凭证编号	摘要	借方	贷方	借或贷	余额
月	日						
1	1	略	月初余额			贷	36 000
	3		购入材料		28 800	贷	64 800
	6		购入材料		(1)	贷	84 800
	21		归还前欠货款	(2)		贷	(3)
	31		本月合计		50 800	贷	

应付账款明细分类账户

会计科目：A 企业

20 × × 年		凭证编号	摘要	借方	贷方	借或贷	余额
月	日						
1	1	略	月初余额			贷	(4)
	3		购入材料		(5)	贷	54 800
	21		归还前欠货款	30 000		贷	24 800
	31		本月合计			贷	

要求：根据资料及总分类账和明细分类账的勾稽关系，将总分类和明细分类账中空缺的数字填上。

26. 忠海公司20××年4月份发生以下经济业务：

① 2日，收到出租包装物租金现金900元。

② 8日，以银行汇票存款支付采购材料价款20 000元，增值税3 400元。忠海公司对该种材料采用计划成本核算，原计划成本为22 000元。材料现已验收入库。

③ 20日，根据"固定资产折旧计算表"，本月固定资产折旧共计35 000元。其中，生产车间固定资产折旧为23 000元，管理部门固定资产折旧为12 000元。

④ 28日，盘点库存现金时，发现属于无法查明原因的短款22元，当天完成审批。

⑤ 30日，根据"工资结算汇总表"，本月应付工资总额为560 000元，代扣企业代垫的职工医药费为60 000元，实发工资为500 000元（包括提取现金、发放工资、代扣款项）。

要求：根据经济业务编制会计分录。

27. 福元公司每年的6月30日和12月31日出具财务会计报告。公司于20××年5月12日购入A公司20 000股，每股面值1元，每股购买价13元（其中包含已宣告发放而未领取的股利每股0.5元），发生交易费50 000元，均用存入投资款银行账户支付完毕。5月20日收到A公司发放的股利10 000元，存入公司的存出投资款银行账户。6月30日，该股票公允价值为每股14元。7月12日出售该股票，售价为310 000元。款项由存出投资款银行账户接收。

要求：根据上述材料，按交易性金融资产核算方法完成下列任务。

（1）计算该股票的入账价值。

（2）编制5月12日的会计分录。

（3）编制5月20日的会计分录。

（4）编制6月30日的会计分录。

（5）编制7月12日的会计分录。

28. 庆生公司为增值税一般纳税人，20××年8月份发生下列经济业务：

① 8月1日，企业向银行借期限为1年的借款1 000 000元，存入银行。

② 8月2日，向一颂公司购进甲材料100吨，单价200元，计20 000元，增值税进项税3 400元；乙材料400吨，单价100元，计40 000元，增值税进项税6 800元。款项尚未支付，材料已经验收入库。

③ 8月10日，计提职工工资300 000元，其中办公室人员40 000元，财务人员30 000元，销售人员70 000元，生产工人160 000元。

④ 8月24日，以银行存款300 000元发放工资。

⑤ 8月26日，陈经理出差归来报销差旅费2 800元，交回多余现金200元，现金收讫。

要求：根据以上经济业务编制会计分录。

（1）编制8月1日向银行借款的会计分录。

（2）编制8月2日购进甲、乙两种材料的会计分录。

（3）编制8月10日计提职工工资的会计分录。

（4）编制8月24日以银行存款发放工资的会计分录。

（5）编制8月26日报销差旅费的会计分录。

29. 全生哥公司20××年4月末总账账户余额如下：银行存款345 000元，库存现金5 000元，原材料120 000元，短期借款40 000元，应付账款20 000元，实收资本300 000元，资本公积80 000元。该公司20××年5月份发生下列经济业务：

①收到投资人追加投资 120 000 元，存入银行（不考虑其他因素）。

②购入原材料一批，计 20 000 元，原材料已入库，尚未付款。

③以银行存款支付前欠购货款 10 000 元。

④从银行提取现金 12 000 元，备用。

⑤经批准用资本公积 50 000 元转增实收资本。

全生哥公司采用通用记账凭证记账，现已完成填制记账凭证、记账、结账以及试算平衡等工作。

要求：根据上述资料，计算出全生哥公司"应付账款"账户、"银行存款"账户、"实收资本"账户、"货币资金"项目 20×× 年 5 月末余额及 20×× 年 5 月的本期发生额合计。

30. 20×× 年 3 月，全成哥公司从证券市场购入股票，具体的业务如下：

① 3 月 1 日，全成哥公司向 D 证券公司划出投资款 1 000 万元，款项已通过开启行转入兴业证券公司投资款账户。

② 3 月 2 日，委托兴业证券公司购入 A 上市公司股票 100 万股（每股面值 1 元），每股 8.2 元（包括已宣告发放而未领取的现金股利 0.2 元），另发生相关的交易费用 2 万元，并将该股票划分为交易性金融资产。

③ 3 月 31 日，该股票在证券交易所的收盘价格为每股 7.70 元。

④ 4 月 5 日，收到宣告分配的股利，存入投资款账户。

⑤ 4 月 30 日，该股票在证券交易所的收盘价格为每股 8.10 元。

⑥ 5 月 10 日，全成哥公司将所持有的 A 公司股票全部出售，实际收到款项为 825 万元，存入投资款账户。假定不考虑相关税费。

要求：根据以上业务回答下列问题。

（1）计算全成哥公司 2011 年 3 月 2 日购入的 A 上市公司股票的入账价值。

（2）编制全成哥公司 2011 年 3 月 2 日购入的 A 上市公司股票时的会计分录。

（3）编制全成哥公司持有该交易性金融资产期间应作的会计分录。

（4）编制全成哥公司 2011 年 5 月 10 日出售该交易性金融资产时的会计分录。

（5）计算全成哥公司该项交易性金融资产累计产生的损益。

31. 全英姐公司属于商业企业，于 20×× 年 1 月 1 日开始营业，1 月底，该公司现金账户记录本月有关货币收支的经济业务如下：

①现金收入：

A. 从客户那里取得 19 800 元的定金，货物下月交付；

B. 本月钱货两清销售取得现金收入 140 000 元。

②现金支出：

A. 支付两个月的房租费 5 000 元；

B. 支付全年保险费 24 000 元；

C. 支付本月水电费 1 850 元；

D. 支付本月工资 12 250 元。

另外的信息有：

A. 本月赊销给客户欠款 27 500 元；

B. 尚未支付的电话费 3 760 元；

C. 欠发本月工资 10 000 元。

要求：如果全英姐公司月初现金账户货币资金为 50 000 元，利用权责发生制计算本月的收入、费用和税前利润及营业净现金流量、月末货币资金。

32. 晓莉公司 20×× 年 6 月 8 日出售一座仓库取得价款 100 万元存入银行。该仓库原值 60 万元，已提折旧 45 万元，用存款支付相关契税和费用等 6 万元；该公司按规定还应计提并缴纳营业税，营业税税率为 5%。

要求：对晓莉公司固定资产处置的相关业务进行账务处理，并结清固定资产清理净收益。

33. 晓燕公司 20×× 年 6 月初甲类材料数量为 1 000 千克，实际成本为 10 000 元；6 月 5 日购进一批甲类材料 2 000 千克、单价 9.5 元；6 月 8 日购进一批甲类材料 1 500 千克、单价 11 元；6 月 10 日发出一批甲类材料 2 500 千克；6 月 15 日购进一批甲类材料 2 000 千克、单价 11.5 元；6 月 18 日发出一批甲类材料 3 000 千克；6 月 20 日购进一批甲类材料 1 000 千克、单价 12 元。

要求：用先进先出法、月末一次加权平均法和移动加权平均法计算晓燕公司 6 月发出甲类材料实际成本和月末库存甲类材料实际成本，并对发出材料进行账务处理。

34. 王燕公司将乙类材料按计划成本进行核算。20×× 年 6 月初乙类材料计划成本 400 万元，本月购进乙类材料计划成本 600 万元；6 月初材料成本差异中乙类材料为贷方 5 万元；本月购进使乙类材料成本差异借方发生额为 10 万元、贷方发生额为 55 万元；本月生产领用乙类材料计划成本为 700 万元。

要求：计算王燕公司 6 月生产用材料实际成本和月末库存材料实际成本，并对发出材料、摊销成本差异的业务进行账务处理。

35. 桂林公司 20×0 年末应收账款借方余额为 500 万元，坏账准备贷方余额为 15 万元，坏账准备计提比例为 3%。20×1 年 3 月该公司发生坏账 15 万元；20×1 年 8 月该公司又发生坏账 11 万元；20×1 年末桂林公司应收账款余额为借方 900 万元；20×2 年 6 月 8 日已在 20×1 年 3 月核销的坏账又收回；20×2 年末桂林公司应收账款的余额为 600 万元。20×3 年 5 月 8 日将已在 20×1 年 8 月核销的坏账又收回；20×3 年末桂林公司的应收账款余额为 400 万元。

要求：对桂林公司坏账准备的有关业务进行账务处理。

36. 新民哥公司为增值税的一般纳税人。新民哥公司于 20×× 年 5 月 10 日用存款向西安 A 公司支付购甲材料定金 15 万元，5 月 28 日该公司收到西安 A 公司发来的甲材料一批 5 000 千克、单价 40 元，增值税税率 17%，材料当日验收入库；5 月 29 日新民哥公司以转账方式补清 A 公司货款和税款。

要求：对新民哥公司预付定金购进的业务进行核算。

37. 佘博公司为增值税的一般纳税人。佘博公司于 20×× 年 7 月 15 日收到汉中甲公司购货定金 20 万元存入银行；佘博公司于 7 月 16 日当即将产品 40 吨、单价 8 000 元、货款 320 000 元、增值税 54 400 元的货发给汉中甲公司，并用存款代垫运费 12 000 元。7 月 30 日佘博公司收到汉中甲公司的补付款。

要求：对佘博公司预收定金的销售业务进行核算。

38. 王涛公司将 C 类材料按计划成本进行核算。20×× 年 8 月初 C 类材料计划成本 500 万元，本月购进 C 类材料计划成本 1 500 万元；8 月初材料成本差异中 C 类材料为借方 5 万元；本月购进使 C 类材料成本差异借方发生额为 70 万元、贷方发生额为 15 万元；本月生产领用 C 类材料计划成本为 1 600 万元。

要求：计算王涛公司 8 月生产用材料实际成本和月末库存材料实际成本，并对发出材料、摊销成本差异的业务进行账务处理。

39. 清华公司 20××年 9 月份发生以下经济业务：

①销售产品 40 000 元，款已收到，存入银行。

②收到某单位归还上月所欠货款 35 000 元，款已存入银行。

③销售产品 20 000 元，本月未收到货款。

④收到甲单位预付货款 25 000 元，款已存入银行。

⑤预付第四季度财产保险费 1 200 元。

⑥支付本季度借款利息共 3 200 元（7 月份 1 000 元，8 月份 1 050 元）。

⑦用银行存款支付本月广告费 30 000 元。

要求：分别采用权责发生制和收付实现制计算 9 月份的收入和费用。

40. 康康公司的开户银行为中国建设银行广州营业部，账号为 2000638。

20××年 5 月 21 日康康公司收到乙公司支票一张，金额为 30 200 元（支票中列明中行城交分理处，账号为 765800033，支票号为 03800658）。

要求：帮助康康公司的出纳填写进账单。

中国建设银行进账单（回单）

年　月　日

出票人	全　称		收款人	全　称												
	账　号			账　号												
	开户银行			开户银行												
金额	人民币（大写）				亿	千	百	十	万	千	百	十	元	角	分
票据种类		票据张数													
票据号码															
	复核　　　记账														

41. 剑剑公司发生以下经济业务：

①盘盈甲材料 3 000 元，其中 2 000 元属自然升溢造成，1 000 元属计量误差造成。盘亏乙材料 9 000 元，经核查，其中 1 800 元属定额内自然损耗造成；1 200 元属计量误差造成；100 元属保管员王某责任，责令其赔偿，从下月工资中扣除；5 000 元属暴风雨袭击，按规定保险公司应赔偿 4 000 元，其余计入营业外支出（非常损失）。

②盘盈机器设备一台，同类固定资产的市场价格为 10 000 元，经鉴定为七成新，经核查，属于未入账设备；另外，盘亏机床一台，账面价值为 43 000 元，已提折旧 13 000 元，经核查属于自然灾害所致，按规定应向保险公司索赔 25 000 元，款项未收到，其余作营业外支出处理。

③短缺现金 200 元，无法查明原因，决定由出纳员承担责任，尚未收到赔款。

要求：根据上述经济业务编制报经批准前和批准后的会计分录。

42. 陈剑公司20××年3月份原材料总账及所属A材料、B材料和C材料明细分类账部分记录如下：

借	原材料		贷
期初余额	480 000		
本期发生额	（　　）	本期发生额	860 000
期末余额	310 000		

（1）借	原材料——A材料		贷
期初余额	176 000		
本期发生额	320 000	本期发生额	（　　）
期末余额	（　　）		

（2）借	原材料——B材料		贷
期初余额	（　　）		
本期发生额	213 000	本期发生额	298 000
期末余额	（　　）		

（3）借	原材料——C材料		贷
期初余额	115 000		
本期发生额	（　　）	本期发生额	（　　）
期末余额	76 000		

要求：根据总分类账户和明细分类账户平行登记的原理，将有关账户中的空缺数字列齐全。

43. 练习分类账的登记方法。

（1）资料：

①陈剑公司总账账户的期初余额资料如下：

账户名称	借方余额	账户名称	贷方余额
库存现金	1 290	短期借款	500 000
银行存款	66 000	应付账款	45 000
交易性金融资产	62 000	应付职工薪酬	20 000
应收票据	4 310	应交税费	86 000

（续上表）

账户名称	借方余额	账户名称	贷方余额
应收账款	11 000	其他应付款	3 000
预付账款	24 400	累计折旧	67 200
原材料	280 000	实收资本	500 000
库存商品	149 400	资本公积	60 000
长期股权投资	160 000	盈余公积	42 000
固定资产	756 000	本年利润	85 300
利润分配	105 900		

②陈剑公司有关明细账户的资料如下：

A."原材料"明细账户的期初资料如下：

材料名称	数量（千克）	单价	金额
甲材料	20 000	8.80	176 000
乙材料	20 800	5.00	104 000

B."库存商品"明细账户的期初资料如下：

产品名称	数量（千克）	单价	金额
a 产品	20 000	4.95	99 000
b 产品	10 000	5.04	50 400

C."实收资本"明细账户的期初资料如下：

投资人	贷方金额
惠州市	400 000
汉江公司	100 000

③陈剑公司本月发生以下经济业务：

A. 6 月 2 日，收到银行收款通知，汉江公司投入现金 200 000 元，已存入银行。

B. 6 月 5 日，签发转账支票，缴纳上月的增值税 80 000 元，所得税 6 000 元，已存入银行。

C. 6 月 7 日，从银行取得短期借款 500 000 元，已存入银行。

D. 6 月 8 日，收到惠州市投入的机器一台，经评估作价为 250 000 元。

E. 6 月 10 日，从汉台工厂购入甲材料 6 000 千克，单价 8.60 元，计 51 600 元，增值税 8 772 元，共计 60 372 元；乙材料 5 000 千克，单价 4.80 元，计 24 000 元，增值税为 4 080

元，共计 28 080 元。对方代垫运杂费 2 200 元（按重量比例分配），收到对方发货票随单联、代垫运费单据和银行转来的付款通知，予以承付。

F. 6 月 15 日，收到汉台工厂发货票随货联，填制收货单，如数验收入库。

G. 6 月 16 日，生产车间及管理部门领用原材料，领料单内容如下：

领用单位	甲材料（千克）	乙材料（千克）
a 产品	2 000	500
b 产品	800	2 400
生产车间	200	100
管理部门	10	15

H. 6 月 16 日，编制工资单计列应付工资总额为 30 000 元，其中 a 产品工人工资为 12 000 元，b 产品工人工资为 10 000 元，车间管理人员工资为 3 000 元，企业管理人员工资为 5 000 元。

I. 6 月 16 日，从银行提取现金 30 000 元，发放工资。

J. 6 月 18 日，编制应付福利费计算表，按工资总额的 14% 计提职工福利费。

K. 6 月 19 日，编制固定资产折旧计算表，其中车间应计折旧 5 000 元，管理部门应计折旧 2 000 元。

L. 6 月 19 日，用银行存款支付本月行政部门报刊费 600 元。

M. 6 月 20 日，预提应由本月负担的银行借款利息 3 000 元。

N. 6 月 20 日，汇集全月制造费用，并按工人工资比例在 a、b 产品间进行分配。

O. 6 月 20 日，本月生产 a 产品 8 000 件，b 产品 7 000 件，已全部完工验收入库。

P. 6 月 21 日，开出发货票，售给勉县百货公司 a 产品 6 000 件，单价 9.80 元，计 58 800 元，增值税为 9 996 元，合计 68 796 元；b 产品 2 000 件，单价 12.84 元，计 25 680 元，增值税为 4 365.60 元，合计 30 045.60 元，收到勉县百货公司如数开来的转账支票一张。

Q、6 月 23 日，开出发货票售给汉中百货公司 a 产品 2 000 件，单价 9.78 元，计 19 560 元，增值税款 3 325.20 元，合计 22 885.20 元；b 产品 4 500 件，单价 12.80 元，计 57 600 元，增值税款为 9 792 元，合计 67 392 元，收到对方开来并承兑的商业汇票。

R. 6 月 24 日，开出转账支票支付电视台广告费 4 000 元，收到电视台开来的收据。

S. 6 月 25 日，购入阳平关公司普通股票 1 000 股，每股面值 1 元，每股买价 8 元，另按成交金额的 5‰ 和 3‰ 支付经纪人佣金和印花税，开出转账支票支付，收到有关的收款收据。

T. 6 月 28 日，结转本月已销产品生产成本。

U. 6 月 28 日，按销售收入 1% 计提本月应交城市维护建设税。

V. 6 月 28 日，将以上各收入账户的发生额结转到"本年利润"账户的贷方，将以上各支出账户的发生额结转到"本年利润"账户的借方。

W. 6 月 28 日，按本年利润总额的 25% 计提应交所得税。

X. 6 月 28 日，按税后利润的 10% 和 5% 分别计提法定盈余公积和任意盈余公积。

Y. 6 月 28 日，按税后利润的 40% 计提应付给投资人的利润。

（2）要求：

A. 根据资料①开设总分类账户，将期初余额记入。

B. 根据资料②开设明细分类账户，将期初余额记入。

C. 根据资料③编制记账凭证，按月编制科目汇总表。

D. 根据资料③及记账凭证登记"原材料"、"库存商品"、"实收资本"、"材料采购"、"生产成本"、"制造费用"明细分类账，并结出本期发生额和余额。

E. 根据资料③按月、按贷方编制汇总记账凭证。

F. 根据科目汇总表登记总分类账户。

G. 根据汇总记账凭证登记总分类账户。

H. 编制陈剑公司总分类账户本期发生额及月末余额试算平衡表。

参考文献

[1] 黄惠琴，李忠波．会计学原理．上海：上海财经大学出版社，2008.

[2] 赵德武．会计学原理．大连：东北财经大学出版社，2011.

[3] 郭涛，何乃飞．会计学原理．北京：机械工业出版社，2012.

[4] 唐国平．会计学原理．上海：上海财经大学出版社，2008.

[5] 李海波．会计学原理．北京：立信会计出版社，2011.

[6] 石本仁，谭小平．会计学原理．北京：中国人民大学出版社，2010.

[7] 崔智敏，陈爱玲．会计学基础（第6版）．北京：中国人民大学出版社，2012.

[8] 王艳茹．会计学原理．北京：中国人民大学出版社，2011.

[9] ［美］怀尔德．会计学原理．北京：中国人民大学出版社，2009.

[10] 任月君，陈元铭．会计学原理．大连：东北财经大学出版社，2012.